westermann

Bernd Ettmann, Sonja Gritzmann, Barbara Ritterbach, Sören Sauder, Jan Schuster,
Dr. Günter Wierichs

Herausgeber: Bernd Ettmann, Dr. Günter Wierichs

GUT BERATEN in der Bank

Bankkaufmann / Bankkauffrau 3. Ausbildungsjahr
Lernsituationen

1. Auflage

Bestellnummer 32809

Zusatzmaterialien zu *GUT BERATEN in der Bank. Bankkaufmann/Bankkauffrau 3. Ausbildungsjahr – Lernsituationen*

Für Lehrerinnen und Lehrer

Lösungen zum Arbeitsbuch: 978-3-427-32817-9
Lösungen zum Arbeitsbuch Download: 978-3-427-32813-1

BiBox Einzellizenz für Lehrer/-innen (Dauerlizenz): 978-3-427-32821-6
BiBox Kollegiumslizenz für Lehrer/-innen (Dauerlizenz): 978-3-427-32825-4
BiBox Kollegiumslizenz für Lehrer/-innen (1 Schuljahr): 978-3-427-83401-4

BiBox westermann
inkl. E-Book

Für Schülerinnen und Schüler

Schülerband: 978-3-427-32773-8

BiBox Einzellizenz für Schüler/-innen (1 Schuljahr): 978-3-427-32829-2

BiBox westermann
inkl. E-Book

westermann GRUPPE

Die Seiten dieses Arbeitshefts bestehen zu 100% aus Altpapier.

Damit tragen wir dazu bei, dass Wald geschützt wird, Ressourcen geschont werden und der Einsatz von Chemikalien reduziert wird. Die Produktion eines Klassensatzes unserer Arbeitshefte aus reinem Altpapier spart durchschnittlich 12 Kilogramm Holz und 178 Liter Wasser, sie vermeidet 7 Kilogramm Abfall und reduziert den Ausstoß von Kohlendioxid im Vergleich zu einem Klassensatz aus Frischfaserpapier. Unser Recyclingpapier ist nach den Richtlinien des Blauen Engels zertifiziert.

Druck und Bindung: Westermann Druck GmbH, Georg-Westermann-Allee 66, 38104 Braunschweig

ISBN 978-3-427-**32809**-4

Vorwort

Liebe Auszubildende,

Ziel Ihrer Ausbildung ist der Erwerb einer umfassenden Handlungskompetenz, die Sie dazu befähigt, berufliche Aufgabenstellungen selbstständig zu bearbeiten. Hierzu benötigen Sie fundierte Fachkenntnisse, kommunikative Fähigkeiten, vernetztes und analytisches Denken sowie Eigeninitiative und Empathie. Zudem müssen Sie die in den Geschäftsprozessen verwendeten digitalen Techniken sachgerecht und reflektiert einsetzen können.

Das **Arbeitsbuch *GUT BERATEN in der Bank*** unterstützt Sie beim Erwerb dieser umfänglichen Kompetenzen.

Lernsituationen konfrontieren Sie mit typischen Aufgabenstellungen aus der betrieblichen Praxis, die Sie weitgehend selbstständig alleine oder in Zusammenarbeit mit anderen Auszubildenden bearbeiten. Dabei beschäftigen Sie sich mit fachlichen und überfachlichen Inhalten.

Die Bearbeitung einer Lernsituation umfasst folgende Phasen:

Informationsphase	Sie informieren sich über die Aufgabenstellung und stellen sich dabei folgende Fragen: • Was ist das Problem? • Was ist unsere Aufgabe?
Planungs- und Entscheidungsphase	Sie planen Ihre weitere Vorgehensweise und erstellen einen Arbeitsplan: • Wie gehen wir vor, in Gruppen, mit Partner, allein, arbeitsteilig? • Welche Informationen benötigen wir? • Welchen Zeitrahmen benötigen wir?
Durchführungsphase	Sie erstellen bestimmte Handlungsprodukte. Dies sind zum Beispiel • Kundeninformationen, • E-Mails und Geschäftsbriefe, • Beratungsgespräche, • Präsentationen.
Kontrollphase	Sie prüfen Ihre Arbeitsergebnisse sowie Ihre Vorgehensweise und Ihr Kommunikationsverhalten.
Bewertungsphase	Sie bewerten den gesamten Arbeitsprozess und die Arbeitsergebnisse, um Verbesserungsmöglichkeiten für die Bearbeitung zukünftig anstehender Aufgaben zu identifizieren. Dabei reflektieren Sie auch die Kommunikation und Kooperation in Ihrer Arbeitsgruppe sowie den Einsatz digitaler Techniken.

Die Gestaltung der Lernsituationen ermöglicht Ihnen einen strukturierten und planvollen Kompetenzaufbau.

Aufgaben zu den **Lernsituationen** und zu den **Lernfeldern** vertiefen und festigen Ihre Kompetenzen und helfen Ihnen bei der Vorbereitung auf Klausuren und Prüfungen.

Der vorliegende Band 3 des Arbeitsbuches enthält Lernsituationen und Aufgaben zu den Lernfeldern 10 bis 13 des Rahmenlehrplans für den Ausbildungsberuf Bankkaufmann/Bankkauffrau.

Hilfestellung bei der Bearbeitung gibt Ihnen der Schülerband ***GUT BERATEN in der Bank*** (Best.-Nr. 32773) mit umfassenden Sachinformationen zu den Lernfeldinhalten.

Wir wünschen Ihnen viel Spaß und viel Erfolg bei der Nutzung dieses Arbeitsbuches.

Das Autorenteam

Inhaltsverzeichnis

Lernfeld 10:

Gesamtwirtschaftliche Einflüsse analysieren und beurteilen

10

Zielbeschreibung:

Sie verfügen über die Kompetenz, sich über die verschiedenen Konzepte und Instrumente der Wirtschaftspolitik zu informieren, diese zu analysieren und zu beurteilen.

1 Lernsituationen

1.1 Der Bau eines Logistikzentrums vor dem Hintergrund der wirtschaftspolitischen Ziele nach dem Stabilitäts- und Wachstumsgesetz

Situationsbeschreibung

In Ihrer Region plant ein großer Onlinehändler den Bau eines Logistikzentrums. Dazu lesen Sie folgenden Artikel in einer Zeitung:

Online-Riese plant großes Logistikzentrum mit 45 000 m² und 2 500 neuen Arbeitsplätzen

Der Online-Riese Easy-Direct plant die Errichtung eines Logistikzentrums in Ihrem Landkreis. Dort soll neueste Technik zum Einsatz kommen. Transportroboter und künstliche Intelligenz werden die Arbeit beschleunigen und erleichtern. Damit setzt Easy-Direct Standards in der Branche. Easy-Direct dürfte so zu einem der modernsten und zuverlässigsten Arbeitgeber und Ausbilder werden und die Region auf Trab bringen. Es ist eine Investitionssumme von 85 Mio. EUR im Gespräch.

Die Planer gehen davon aus, dass der Bau des Logistikzentrums weitere Investoren anzieht. So sollen die Autobahnanbindung und das Schienennetz ausgebaut werden. Aufgrund der dezentralen Lage soll für die Mitarbeiter ein Shuttleservice eingerichtet werden, damit die Anbindung an den öffentlichen Nahverkehr gewährleistet ist. Zur Versorgung der Mitarbeiter wird sogar überlegt, ein Service- und Einkaufscenter mit Dienstleistungsangeboten wie Restaurants, Frisiersalons, Einzelhandelsgeschäfte, Apotheken, Reinigungen usw. zu errichten, das weitere Arbeitsplätze schafft.

Der Landrat spricht von einem Glücksfall für die Region angesichts der zu erwartenden höheren Gewerbesteuereinnahmen und des Zuwachses an Attraktivität.

Aber noch ist das alles Zukunftsmusik. Für die Umsetzung müssen erst noch die Eigentümer der Ländereien und die Forstbehörde zustimmen, auf deren Flächen das neue Logistikzentrum errichtet werden soll. Dabei handelt es sich teilweise um Naturschutzgebiete. Viele Eigentümer haben ihre Zustimmung signalisiert. Umweltschützer aber befürchten eine hohe Belastung der Umwelt und haben eine Bürgerinitiative ins Leben gerufen. Sie planen ein Bürgerforum zwecks Informationsaustausch und Diskussion. Die Investoren, der Landrat und die Umweltaktivisten stellen sich den Fragen der Bürgerinnen und Bürger. Einzelne Bürgerinnen und Bürger sind aufgerufen, Stellung zu beziehen.

Als Anwohner/in sind Sie unmittelbar betroffen. Aber wie stehen Sie dieser Planung gegenüber? Der Landrat hat sich als Vertreter der öffentlichen Hand bereits positioniert. Aber lässt sich das Vorhaben mit den wirtschaftspolitischen Zielen des Staates vereinbaren? Als unmittelbar betroffene Person möchten Sie an diesem Bürgerforum teilnehmen. Sie können noch andere Betroffene für eine Teilnahme mobilisieren.

Erstellen Sie zur Vorbereitung auf die Debatte

- eine Lernunterlage zu den wirtschaftspolitischen Zielen gemäß Stabilitäts- und Wachstumsgesetz,
- eine Auflistung der Pro- und Contra-Argumente zum geplanten Bauvorhaben sowie
- ein Plädoyer für einen persönlichen Standpunkt zum geplanten Bauvorhaben.

- Entscheiden Sie spontan, ob Sie für oder gegen den Bau des Logistikzentrums sind.
- Stellen Sie sich vor, Sie sind Politiker/in in Ihrer Region. Überlegen Sie, welche wirtschaftspolitischen Ziele aus Ihrer Sicht unbedingt anzustreben sind.

Information

Erstellen Sie einen Arbeits- und Zeitplan für die Bearbeitung der Lernsituation. Gehen Sie arbeitsteilig vor und verteilen Sie Arbeitsaufträge. Welche Informationsquellen wollen Sie nutzen?

Planen und Entscheiden

Bearbeiten Sie die Unterlagen zu den Handlungsprodukten.

Durchführen

Lernunterlage zu den wirtschaftspolitischen Zielen gemäß Stabilitäts- und Wachstumsgesetz

- Wirtschaftspolitische Ziele

Gesetz zur Förderung der Stabilität und des Wachstums (1967)	
Kurzbezeichnung	
Bund und Länder haben bei ihrer Wirtschaftspolitik die Bedingungen des ______ Gleichgewichts zu berücksichtigen. Ziele der staatlichen Wirtschaftspolitik nach dem Stabilitätsgesetz (StabG) sind: ______ ______ ______ ______ Diese vier Ziele werden auch als ______ bezeichnet.	
Hoher Beschäftigungsstand	
Welche Bedeutung hat dieses Ziel für die Wirtschaft?	
Zielgröße	
Zielvorgabe	
Aktuelle Entwicklung der Zielgröße	

Durchführen

Stabilität des Preisniveaus	
Welche Bedeutung hat dieses Ziel für die Wirtschaft?	
Zielgröße	
Zielvorgabe	
Aktuelle Entwicklung der Zielgröße	

Außenwirtschaftliches Gleichgewicht	
Welche Bedeutung hat dieses Ziel für die Wirtschaft?	
Zielgröße	
Zielvorgabe	
Aktuelle Entwicklung der Zielgröße	

Angemessenes und stetiges Wirtschaftswachstum	
Welche Bedeutung hat dieses Ziel für die Wirtschaft?	
Zielgröße	
Zielvorgabe	
Aktuelle Entwicklung der Zielgröße	

Durchführen

- Erweiterung zum magischen Sechseck

Umweltschutz	
Bedeutung	

Gerechte Einkommens- und Vermögensverteilung	
Bedeutung	

- Darstellung von Zielbeziehungen der wirtschaftspolitischen Ziele gemäß StabG

Zielkonflikte (exemplarisch)	
Zielharmonie (exemplarisch)	
Grafische Darstellung der Zielbeziehung: Konflikte: ◄- - - -► Harmonie: ◄——►	Hoher Beschäftigungsstand Preisniveaustabilität Außenwirtschaftliches Gleichgewicht Angemessenes und stetiges Wirtschaftswachstum

Durchführen

Auflistung der Pro- und Contra-Argumente zum geplanten Bauvorhaben

Sammlung von Argumenten	
... für den Bau des Logistikzentrums Pro	... gegen den Bau des Logistikzentrums Contra

Plädoyer für einen persönlichen Standpunkt zum geplanten Bauvorhaben

Kontrolle

- Teilen Sie sich in Pro- und Contra-Gruppen auf und führen Sie jeweils mit den Gruppensprecher/innen die Debatte.
- Geben Sie den Gruppensprecherinnen und -sprechern ein Feedback.

Bewerten

- Welche Argumente haben Sie überzeugt?
- Haben Sie Ihre Meinung geändert? Warum?
- Welches Verhalten der Sprecher/-innen hat dazu beigetragen, überzeugend zu wirken?

Aufgaben zur Lernsituation

1. Bedeutung des Stabilitäts- und Wachstumsgesetzes

Welche der folgenden Aussagen im Zusammenhang mit dem Stabilitäts- und Wachstumsgesetz ist richtig? ☐

(1) Das Stabilitäts- und Wachstumsgesetz konkretisiert das Staatsziel des gesamtwirtschaftlichen Gleichgewichts; dieses ist im sogenannten Wirtschaftsgesetz verankert.
(2) Im Stabilitäts- und Wachstumsgesetzes sind alle wirtschaftspolitischen Ziele umfassend dargestellt.
(3) Die Bezeichnung „Stabilität“ soll zum Ausdruck bringen, dass die Wirtschaft dauerhaft in einem gleichbleibenden, unveränderlichen Zustand bleiben soll.
(4) Nach dem Stabilitäts- und Wachstumsgesetz ist der Staat dazu angehalten, die festgelegten Ziele gleichzeitig anzustreben.
(5) Das Stabilitäts- und Wachstumsgesetz bildet die Grundlage für den Einsatz der antizyklischen Geldpolitik.

2. Zielvorgaben des Stabilitäts- und Wachstumsgesetzes

In welcher Situation sind die Zielvorgaben aus dem Stabilitäts- und Wachstumsgesetz insgesamt am besten erfüllt? ☐

	Inflationsrate	Arbeitslosenquote	Außenbeitragsquote	Wachstumsrate
(1)	0,5 %	4,0 %	6,5 %	4,0 %
(2)	2,5 %	1,0 %	0,0 %	1,0 %
(3)	1,9 %	2,5 %	1,0 %	2,5 %
(4)	4,5 %	2,0 %	0,5 %	3,5 %
(5)	0,0 %	3,0 %	2,0 %	0,5 %

3. Zielerreichung bei der Wirtschaftspolitik

Welche Aussage ist im Zusammenhang mit den Zielen des Stabilitäts- und Wachstumsgesetzes richtig? ☐

(1) Nur bei einer Arbeitslosenquote von 0 % besteht Vollbeschäftigung.
(2) Preisstabilität wird mithilfe des Warenkorbes gemessen. Der Wert des Warenkorbes darf sich im Verlauf von fünf Jahren nicht ändern.
(3) Das Wirtschaftswachstum soll stetig und angemessen sein. Das heißt, dass das nominale Bruttoinlandsprodukt stets mit einer sehr hohen prozentualen Rate wachsen soll.
(4) Die Außenbeitragsquote gibt die Differenz von Exporten und Importen im Verhältnis zum nominalen Bruttoinlandsprodukt wieder.
(5) Das Stabilitäts- und Wachstumsgesetz legt fest, dass stetiges und angemessenes Wachstum vor allen anderen Zielen anzustreben ist, um das gesamtwirtschaftliche Gleichgewicht zu erreichen.

4. Zielerweiterungen

Die Ziele des Stabilitäts- und Wachstumsgesetzes werden durch die Ziele „Verteilungsgerechtigkeit" und „Umweltschutz" zum magischen Sechseck ergänzt.
Welche der folgenden Aussagen ist in diesem Zusammenhang zutreffend? ☐

(1) Erhöht die EZB die Zinsen mit dem Ziel, die Preise stabil zu halten, führt das zu Anreizen für nachhaltige Investments.
(2) Maßnahmen zur Förderung des Umweltschutzes, wie die Verpflichtung zur Abgasreinigung bei Dieselmotoren, führen zwangsläufig zu mehr Wachstum.
(3) Ein starkes Wirtschaftswachstum geht mit Einkommensungerechtigkeit einher, weil Unternehmer und Vermögende stets mehr von einem hohen Wirtschaftswachstum profitieren.
(4) Ein Indikator zur Beurteilung der Verteilungsgerechtigkeit ist der sogenannte Gini-Index. Je höher dieser ausfällt, desto gerechter ist die Verteilung von Einkommen bzw. Vermögen.
(5) Eine Exportförderung für bestimmte Produkte bringt Wachstumsimpulse, kann aber gleichzeitig das außenwirtschaftliche Gleichgewicht gefährden.

5. CO_2-Steuer als Maßnahme zum Umweltschutz

Zum 1.1.2021 wurde in Deutschland eine Steuer auf die Emission von Kohlendioxid eingeführt. Ziel dieser sogenannten CO_2-Steuer ist es, die negativen Auswirkungen dieser Emissionen (globale Erwärmung, Versäuerung der Meere etc.) zu verringern.

a) Welche der nachstehenden Aussagen zur CO_2-Steuer ist zutreffend? ☐

(1) Die Regelungen zur CO_2-Steuer sind bis 2025 befristet; danach soll die Steuer wieder abgeschafft werden.
(2) Der bei der CO_2-Steuer zu zahlende Betrag wird in Form eines Preises berechnet; dieser ergibt sich aufgrund von Angebot und Nachfrage auf dem Markt für fossile Brennstoffe.
(3) Die CO_2-Steuer muss nur von Unternehmen gezahlt werden, die im Bereich der Energiewirtschaft tätig sind.
(4) Bemessungsgrundlage für die Höhe der CO_2-Steuer sind die CO_2-Emissionen, die bei der Verbrennung fossiler Energieträger anfallen.
(5) Für Verbraucher sind die mit der Einführung der CO_2-Steuer einhergehenden Preiserhöhungen stets kostenneutral, da sie an anderer Stelle von gleich hohen Entlastungen profitieren.

b) Verbraucher müssen aufgrund der CO_2-Steuer beim Tanken mit einer Verteuerung des Benzins von 7 Cent je Liter rechnen.

Ermitteln Sie auf dieser Basis die jährliche Zusatzbelastung eines Autobesitzers, für den folgende Eckdaten gelten:

- Kilometerleistung: 1 500 Kilometer durchschnittlich pro Monat
- Verbrauch des Fahrzeugs: 6,5 Liter auf 100 Kilometer

Runden Sie das Ergebnis auf volle Euro. *EUR* ☐☐

1.2 Wertpapier Research der Regio-Bank AG – Marktberichte und Trends

Situationsbeschreibung

Im letzten Jahr Ihrer Ausbildung haben Sie die Möglichkeit, für einige Monate Ihren Einsatzort frei nach Ihren Interessen zu wählen. Sie interessieren sich sehr für Wertpapiere und haben sich daher für die Abteilung Wertpapier-Research entschieden. Sie erhoffen sich davon, zukünftig die Kapitalmarktsituation besser beurteilen zu können.

In der Abteilung Wertpapier-Research werden Konjunktur- und Finanzmarktentwicklungen analysiert und die daraus gewonnenen Erkenntnisse zusammengefasst. Diese dienen dann im Rahmen der Vermögensberatung als Grundlage für Anlageempfehlungen.

Der Konjunkturverlauf wird anhand der Entwicklung des realen Bruttoinlandsproduktes gemessen. Die Konjunkturanalyse stützt sich dabei auf eine Vielzahl von Indikatoren. Um festzustellen, in welcher konjunkturellen Lage sich eine Volkswirtschaft befindet, müssen außer der Entwicklung des Bruttoinlandsprodukts weitere wirtschaftliche Daten wie beispielsweise Auftragslage, Arbeitslosenquote, Preisentwicklung oder Entwicklung der Produktion als Indikatoren hinzugezogen werden. Auf Basis dieser Indikatoren ist eine Beurteilung der derzeitigen Konjunkturphase sowie eine Prognose über den weiteren Konjunkturverlauf möglich.

Die Ergebnisse der Konjunkturanalyse und -prognose werden den Wertpapierberater/innen in Ihrem Haus als Beratungsgrundlage zur Verfügung gestellt. Darüber hinaus erhalten alle Depotkunden jeden Monat einen Newsletter über die aktuelle und zukünftige konjunkturelle Einschätzung und deren Auswirkung auf den Renten-, Aktien- und Immobilienmarkt. Auch eine Anlageempfehlung ist im Newsletter enthalten.

Sie sind im Redaktionsteam und sollen für den neuen Newsletter insbesondere den deutschen Konjunkturverlauf im europäischen Kontext analysieren.

Erstellen Sie für die Wertpapier-Research-Abteilung

- eine Konjunkturanalyse des deutschen und europäischen Raumes,
- eine kurze Ausarbeitung zum Verhältnis von Konjunktur und Börsenentwicklung sowie
- einen Newsletter für die Wertpapierkunden der Regio-Bank AG.

- **Recherchieren Sie, welche Informationen Ihr Ausbildungsinstitut seinen Wertpapierkunden regelmäßig zur Verfügung stellt.**
- **Entscheiden Sie spontan:**
  „Gefühl versus Fakten“: Wo sehen Sie die deutsche Konjunktur?

Information

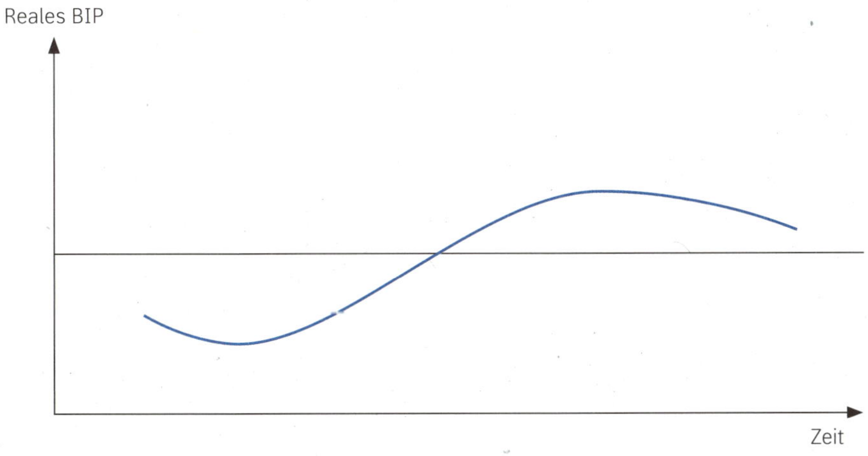

Planen und Entscheiden

Erstellen Sie einen Arbeits- und Zeitplan für die Bearbeitung der Lernsituation.

Durchführen

Bearbeiten Sie die Unterlagen zu den Handlungsprodukten.

Konjunkturanalyse des deutschen und europäischen Raumes

Grundbegriffe der Konjunkturanalyse	
Ziel der Konjunkturanalyse	
Konjunkturelle Schwankungen	
Saisonale Schwankungen	
Trend	
Maßstab für das Wirtschaftswachstum	
Frühindikatoren	Erklärung:
	Beispiele:
Präsenzindikatoren	Erklärung:

Präsenzindikatoren	Beispiele:
Spätindikatoren	Erklärung:
	Beispiele:

Modellhafter Konjunkturverlauf

Phase	Verhalten ausgewählter Konjunkturindikatoren
(Beginn eines Konjunkturzyklusses)	

Durchführen

Durchführen

Phase	Verhalten ausgewählter Konjunkturindikatoren

Lenkung der konjunkturellen Entwicklung durch Wirtschaftspolitik	
Nachfrageorientierte Wirtschaftspolitik	**Angebotsorientierte Wirtschaftspolitik**
Grundannahme:	Grundannahme:
Maßnahmen:	Maßnahmen:
Kritik:	Kritik:
Beispiele für Konjunkturprogramme:	

Durchführen

Ausarbeitung zum Verhältnis von Konjunktur und Börsenentwicklung

Newsletter für die Wertpapierkunden der Regio-Bank AG

Regio-Bank AG

Konjunkturelle Lage, Marktberichte und Trends

Europa:

Deutschland:

Sonderbericht: Börse und aktuelle Konjunktur – wohin geht die Reise?

Kontrolle

- Prüfen Sie gegenseitig Ihre Unterlagen zur Konjunkturanalyse.
- Schätzen Sie gemeinsam ein, in welcher Phase sich die aktuelle Konjunktur befindet.
- Unterscheidet sich diese von Ihrer ersten „gefühlten" Einschätzung?

Bewerten

- Tauschen Sie gegenseitig die Newsletter (ggf. digital) aus und erstellen Sie eine Bewertung.

Bewertungskriterium	Bewertung
Inhaltliche Analyse der Konjunktureinschätzung (Deutschland)	
Inhaltliche Analyse der Konjunktureinschätzung (Europa)	
Sonderbericht	
Anlageempfehlung	
Formulierungen	
Kundenansprache	
...	
....	

- Welche Fragen haben Sie an die Ersteller des Newsletters?

Aufgaben zur Lernsituation

1. Konjunkturphasen

In der Grafik sind Phasen des Konjunkturverlaufes dargestellt. Welche Aussage trifft auf die grau hinterlegte Phase zu? ☐

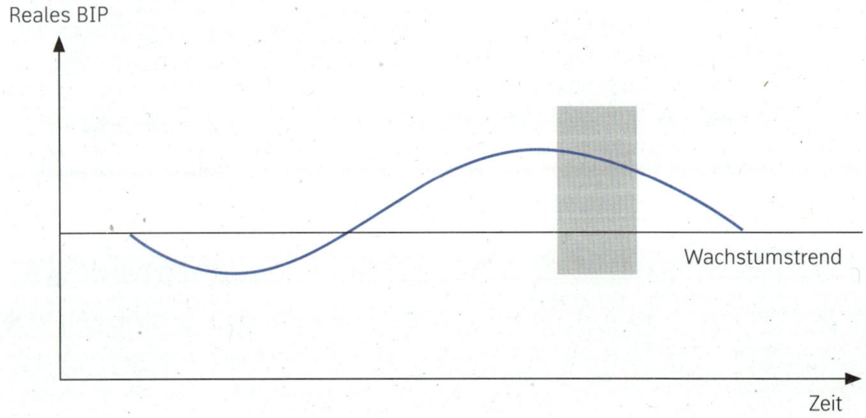

(1) Die Auftragseingänge nehmen ab. Die Konsumgüternachfrage sinkt zunehmend, auch die Einkommen der privaten Haushalte gehen zurück.
(2) Die Produktionskapazitäten werden durch die steigende Nachfrage nach Investitions- und Konsumgütern stärker ausgelastet.
(3) Die Gewinne schrumpfen. Die Preissteigerungsrate nimmt ab. Die Arbeitslosenquote steigt sehr stark an.
(4) Die Nachfrage der Unternehmer nach Investitionsgütern sinkt stark. Die Zukunftserwartungen der Unternehmer sind jedoch wieder optimistisch.
(5) Die Produktion verweilt auf hohem Niveau. Die Gewinne der Unternehmen nehmen jedoch aufgrund der gestiegenen Lohnkosten ab.

2. Konjunktur als Thema bei Kundenberatungsgesprächen

Bei einer Geldanlage sind auch die konjunkturellen Aussichten zu berücksichtigen. Welche der folgenden Aussagen beinhaltet eine sinnvolle Auskunft an einen Kunden? ☐

(1) In einem Abschwung sollten im Portfolio grundsätzlich Aktienanteile reduziert und Immobilienanteile stärker aufgenommen werden.
(2) Rentenpapiere sind in einer Hochkonjunktur weniger empfehlenswert, da die Zinssätze aufgrund der guten Konjunktur sehr niedrig sind.
(3) Insgesamt steigende Aktienkurse lassen auf eine positive konjunkturelle Aussicht schließen, da Aktienkurse frühzeitig auf konjunkturelle Erwartungen reagieren.
(4) Der Absatz von Aktienfonds sinkt häufig in konjunkturellen Aufschwungphasen.
(5) Ein Kennzeichen der Depression sind hohe Aktienkurse und sinkende Zinsen.

3. Grundbegriffe der Konjunkturtheorie

Nennen Sie zu den nachstehenden Erklärungen die dazugehörigen Fachbegriffe der Konjunkturtheorie.

Erklärung	Fachbegriff
langfristiger Anstieg des realen Bruttoinlandsprodukts	
umfasst vier Phasen, Aufschwung, Hochkonjunktur, Abschwung, Tiefstand	
beschreiben die gegenwärtige Lage, z. B. Kapazitätsauslastung, Konsumgüternachfrage, Import, Export	
gesamtwirtschaftliche Lage, insbesondere Schwankungen des gesamtwirtschaftlichen Angebots und der Nachfrage	
Bewegungen wirtschaftlicher Größen in Abhängigkeit von der Jahreszeit	
Vorhersage konjunktureller Entwicklungen aufgrund von Regelmäßigkeiten in der Vergangenheit	

4. Konjunkturpolitik

Wirtschaftspolitik beinhaltet in Deutschland auch Konjunkturpolitik. Welche der folgenden Aussagen ist richtig? ☐

(1) Unter Konjunkturpolitik versteht man alle Maßnahmen, die es strukturell schwachen Branchen oder Unternehmen ermöglichen, am Markt teilzunehmen.
(2) Die angebotsorientierte Wirtschaftspolitik stützt zur Konjunkturbelebung insbesondere den Konsum der privaten Haushalte.
(3) Nachfrageorientierte Wirtschaftspolitik nutzt zur Konjunkturbelebung die Selbstheilungskräfte des Marktes.
(4) Konjunkturpolitik ist vor allem Geldpolitik.
(5) Unter Konjunkturpolitik versteht man alle Maßnahmen zur Glättung konjunktureller Schwankungen.

1.3 Arbeitswelt 4.0 – Chancen und Risiken der Digitalisierung der Arbeitswelt

Situationsbeschreibung

Die Corona-Pandemie im Jahr 2020 hat den Arbeitsmarkt stark beeinflusst. Die Zahl der Arbeitslosen stieg im Vergleich zum Vorjahr um 429000 Personen. Damit erhöhte sich die Arbeitslosenquote um 1,3 Prozentpunkte auf 5,9 %. Die Pandemie hat aber auch der Digitalisierung einen Schub gegeben und den Arbeitsmarkt auf Trab gebracht. Viele Mitarbeiterinnen und Mitarbeiter haben von ihren Arbeitgebern digitale Endgeräte erhalten und arbeiteten im Homeoffice. Die eigenen Erfahrungen und die Erfahrungen von Freunden und Familie machen Ihnen deutlich, dass der Arbeitsmarkt einem starken Wandel unterliegt. Auch in der Presse wird der Wandel des Arbeitsmarktes immer häufiger thematisiert. Der neue Arbeitsmarkt wird als Arbeit 4.0 bezeichnet; hierzu lesen Sie in einer Tageszeitung:

Die letzte Meile zum Kunden wird digital

Neue Technologien revolutionieren das Privatkundengeschäft der Banken. Die Kunden suchen Finanzprodukte und -lösungen nicht mehr nur in den Filialen, sondern zunehmend auch mobil. Sie wünschen vollständige Transparenz, etwa über die Kosten eines Angebots. Sinkende Loyalität erleichtert den Kunden den Abschied von der Hausbank. Kundenbindung gelingt nur noch durch individuelle Beratung, Schnelligkeit im Service und über einen Mehrwert für den Kunden. Das setzt eine Technik voraus, die sich immer weiter entwickeln und von den Mitarbeiterinnen und Mitarbeitern kompetent genutzt werden muss.

Als Auszubildende/r eines Kreditinstitutes stellen Sie sich die Frage nach der eigenen beruflichen Zukunft vor dem Hintergrund der Digitalisierung. Da Sie auch innerhalb der JAV häufig über die „Arbeitswelt der Zukunft" diskutieren, soll in der nächsten JAV-Zeitschrift ein Artikel von Ihnen hierzu erscheinen.

Erstellen Sie

- eine Lernunterlage zur Arbeitslosigkeit und
- einen Artikel zu Chancen und Risiken in der neuen Arbeitswelt 4.0 .

Information

- **Was würden Sie tun, wenn Sie überraschend den Jackpot im Lotto gewinnen würden und keiner Erwerbstätigkeit mehr nachgehen müssten bzw. ihre Arbeitszeit stark reduzieren könnten?**

____

____

____

____

- **Hatten Sie bereits selbst oder in Ihrem Umfeld Berührung mit dem Thema Arbeitslosigkeit? Berichten Sie von Ihren Erfahrungen!**

____

____

____

____

Information

- **Entscheiden Sie spontan, ob folgende Aussagen richtig (r) oder falsch (f) sind!**

	r/f
Eine gute Ausbildung schützt vor Arbeitslosigkeit.	
Wer arbeiten will, findet auch Arbeit.	
Sechs Millionen Bundesbürger waren während der Coronapandemie in Kurzarbeit – das ist viel besser, als arbeitslos zu sein.	
Arbeitslos bedeutet kein Arbeitsverhältnis zu haben.	
Arbeitslosigkeit macht krank.	

Planen und Entscheiden

Erstellen Sie einen Arbeits- und Zeitplan für die Bearbeitung der Lernsituation. Welche Informationsquellen wollen Sie nutzen?

Durchführen

Bearbeiten Sie die Unterlagen zu den Handlungsprodukten.

Lernunterlage zur Arbeitslosigkeit

- **Ursachen und Folgen der Arbeitslosigkeit, Arbeitslosenquote**

Ursachen der Arbeitslosigkeit	Subjektiv:
	Objektiv: Saisonal: Konjunkturell: Strukturell:
Folgen der Arbeitslosigkeit	Individuell:

Durchführen

Folgen der Arbeitslosigkeit	**Gesamtwirtschaftlich:** ____________________ ____________________ ____________________ ____________________ ____________________
Berechnung der Arbeitslosenquote (nach der Definition der Bundesagentur für Arbeit)	**Arbeitsmarktbegriff**

Wohnbevölkerung			
Nicht-Erwerbspersonen ________ ________ ________	**Erwerbspersonen** ____________________		
	________ ________	________ ________	________ ________

Arbeitslosenquote = ____________________ **· 100**

Definition des Begriffes „arbeitslos“	**Arbeitslos gemäß Sozialgesetzbuch ist, wer ...** ____________________ ____________________ ____________________ ____________________
Erwerbslosenquote (gemäß International Labour Organization – ILO)	**Erwerbslos gemäß ILO ist, wer ...** ____________________ ____________________ ____________________ ____________________ Die Erwerbslosenquote weicht aufgrund der unterschiedlichen Kriterien von der nach Definition der Bundesagentur für Arbeit (BA) ermittelten Arbeitslosenquote ab. Sie fällt tendenziell ____________ aus als die Arbeitslosenquote.

- **Maßnahmenkatalog zur Bekämpfung der Arbeitslosigkeit**

Maßnahmen	**Staat:** ____________________ ____________________ ____________________ ____________________ ____________________ ____________________ ____________________

Durchführen

Maßnahmen		
	Tarifpartner:	
	Arbeitnehmer:	
	Arbeitgeber:	
	Arbeitsagentur:	
	Aktive Maßnahmen Erklärung: Beispiele:	**Passive Maßnahmen** Erklärung: Beispiele:

Durchführen

Artikel zu Chancen und Risiken in der neuen Arbeitswelt 4.0

- Vorbereitung: Auflistung zu Folgen der Digitalisierung für den Arbeitsmarkt

Folgen der Digitalisierung	

- Artikel

Arbeitswelt 4.0 – Chancen und Risiken infolge der Digitalisierung der Arbeitswelt

Kontrolle

- Prüfen Sie gegenseitig die Lernunterlagen.
- Stellen Sie in Kleingruppen Ihre Artikel vor. Geben Sie gegenseitig Feedback zu:

Bewertungskriterium	Bewertung
Inhaltliche Richtigkeit	
Schlüssiger Aufbau	
Motivierende Einleitung	
Vollständigkeit der Argumentation	
Stil (Wortwahl, Satzbau, sprachliche Mittel)	
Stellungnahme – eher Chance oder eher Risiko?	

Bewerten

- **Welche Faktoren führen dazu, dass die nachfolgende Darstellung zur Beschäftigungslage von der Arbeitsmarktstatistik abweicht?**

Der Wunsch nach (mehr) Arbeit

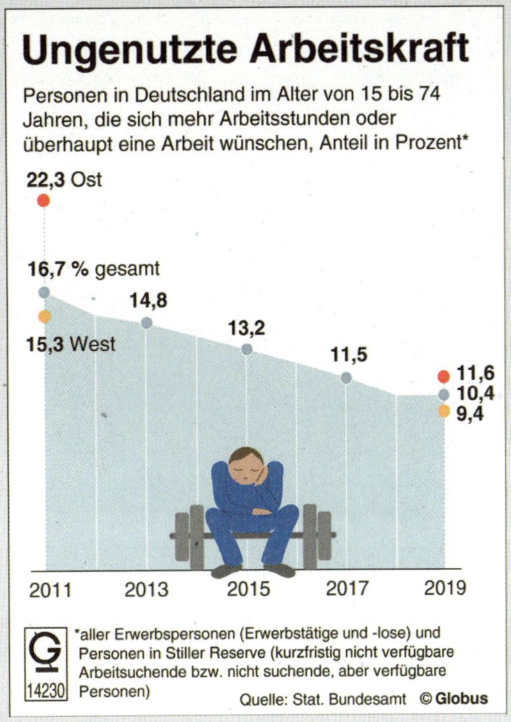

Rund 4,4 Millionen Menschen in Deutschland im Alter von 15 bis 74 Jahren wünschten sich im Jahr 2019 eine Arbeit oder mehr Arbeitsstunden. Das entsprach einem Anteil von 10,4 Prozent aller Erwerbspersonen und Personen in Stiller Reserve. Personen in sogenannter Stiller Reserve haben zwar keine Arbeit, gelten nach den Kriterien der Internationalen Arbeitsorganisation aber nicht als erwerbslos. Zur Stillen Reserve gehören zwei unterschiedliche Gruppen von Personen, die sich nicht arbeitslos gemeldet haben, aber grundsätzlich gerne arbeiten würden. Zur ersten Kategorie zählen Personen, die zwar arbeitsuchend sind, jedoch nicht innerhalb von zwei Wochen zur Verfügung stehen können, zum Beispiel Personen, die sich in einer Fortbildung befinden, Menschen, die krank sind, oder Kinder betreuende Eltern. Zur zweiten Kategorie gehören diejenigen, die verfügbar sind, aber nicht aktiv nach Arbeit suchen, zum Beispiel entmutigte Personen, die nach vielen Absagen die Arbeitssuche aufgegeben haben, oder Ruheständler, die nicht daran glauben, in ihrem Alter noch eine Arbeit zu bekommen. Im Jahr 2019 zählten rund 899 000 Menschen zur Stillen Reserve. Bei den Personen, die sich (mehr) Arbeit wünschten, waren Unterbeschäftigte in der Überzahl (2,1 Millionen). Die restlichen 1,4 Millionen waren Erwerbslose.

- **Welchen Beitrag können Sie persönlich leisten, um Ihre Chancen in der digitalisierten Arbeitswelt zu erhöhen?**

Aufgaben zur Lernsituation

1. Arbeitslosenquote

	Jahr 01	Jahr 02
Erwerbstätige in Mio.	44,47	44,98
Arbeitslose in Mio.	2,27	2,70

Berechnen Sie (jeweils auf zwei Stellen gerundet)

a) die Arbeitslosenquote im Jahr 01 %

b) den Anstieg der Arbeitslosenquote im Jahr 02 gegenüber dem Jahr 01 in Prozentpunkten. *Prozentpunkte*

2. Arten von Arbeitslosigkeit

Ordnen Sie die Fälle den Arten der Arbeitslosigkeit zu, indem Sie die passenden Felder mit Pfeilen verbinden!

Fälle
Infolge der Digitalisierung des Finanzsektors hat die Zahl der Kunden, die Onlinebanking nutzen, stark zugenommen. Dies hat zu zahlreichen Filialschließungen und zur Freisetzung von Bankmitarbeitern geführt.
Die Maßnahmen zur Eindämmung der Pandemie haben dazu geführt, dass die gesamtwirtschaftliche Nachfrage insgesamt stark zurückgegangen ist und viele Arbeitskräfte freigesetzt wurden.
Mitarbeiter im Tiefbau müssen im Winter regelmäßig Beschäftigungsrückgänge hinnehmen.
Missmanagement einer großen Kaufhauskette hat zur Freisetzung vieler Mitarbeiter geführt.
Fachkräfte in der Lagerwirtschaft werden durch intelligente digitale Lagerwirtschaftssysteme zunehmend ersetzt.

Art der Arbeitslosigkeit
saisonal
friktional
konjunkturell
strukturell

3. Erwerbslosenquote

Die vom Statistischen Bundesamt veröffentliche Erwerbslosenquote nach den Kriterien der ILO fällt in der Regel geringer aus als die Arbeitslosenquote der Bundesagentur für Arbeit, weil ... ☐

(1) Arbeitslose, die sich lediglich zum Bezug von Arbeitslosengeld I arbeitslos gemeldet haben, erfasst werden.
(2) Personen in stiller Reserve erfasst werden, die arbeitsuchend, aber nicht registriert sind.
(3) geringfügig beschäftigte Personen bereits ab einer Wochenstunde als erwerbstätig gelten.
(4) nur Personen zwischen 15 und 60 Jahren erfasst werden.
(5) Personen in Umschulung als arbeitslos gelten.

4. Stille Reserve

Welche der genannten Personen gehört zur sogenannten „stillen Reserve"? ☐

(1) Yasemine Sahin hat die Suche nach einer Teilzeitbeschäftigung nach Beendigung ihrer Erziehungszeit aufgegeben und meldet sich nicht arbeitslos, da sie sich keine Chance auf einen geeigneten Arbeitsplatz ausrechnet.
(2) Jens Reindorf geht in den Vorruhestand.
(3) Franziska van de Mortel, Mitarbeiterin von Kölntouristik, ist pandemiebedingt in Kurzarbeit.
(4) Die Abiturientin Lana Günzel gibt ihre Ausbildungsplatzsuche auf und absolviert ein Studium im Fach „Management".
(5) Der gelernte Bankkaufmann Timo Cascella macht sich nach langer Arbeitslosigkeit als Finanzmakler selbstständig.

1.4 Regio-Bank AG – Nachhaltig in die Zukunft!

Situationsbeschreibung

Eine von der Regio-Bank AG in Auftrag gegebene Wettbewerbsanalyse zeigt, dass einige Wettbewerber das Thema „Nachhaltigkeit" stärker in den Fokus gerückt haben. Auch in der Unternehmensstrategie ist Nachhaltigkeit ein wichtiger strategischer Zukunftsfaktor, insbesondere um neue Kunden zu gewinnen.

Auch die BaFin hat hierzu eine Umfrage getätigt:

Wie sicher ist nachhaltig?

Immer mehr Verbraucher halten viel von nachhaltigen Investments, das ergibt eine BaFin-Umfrage. Doch ihr Wissen über diese Geldanlagen zeigt ein differenziertes Bild.

Nachhaltigkeit ist in aller Munde – auch in Bezug auf Finanzprodukte. Anbieter nennen sie ökologisch, sozial, ethisch, grün, klimafreundlich und verantwortungsvoll.

Quelle: Bundesanstalt für Finanzdienstleistungsaufsicht (BaFin): Wie sicher ist nachhaltig? In: https://www.bafin.de/SharedDocs/Veroeffentlichungen/DE/Fachartikel/2019/fa_bj_1906_nachhaltige_Geldanlage.html [13.2.2021].

Die Anforderungen an nachhaltige Geldanlagen basieren auf den Zielen der Agenda 2030 der Vereinten Nationen. Die Agenda enthält 17 globale Ziele für nachhaltige Entwicklung der Wirtschaft, Gesellschaft und Umwelt. Hierauf stützt sich die Befragung der BaFin zur Gestaltung nachhaltiger Geldanlagen:

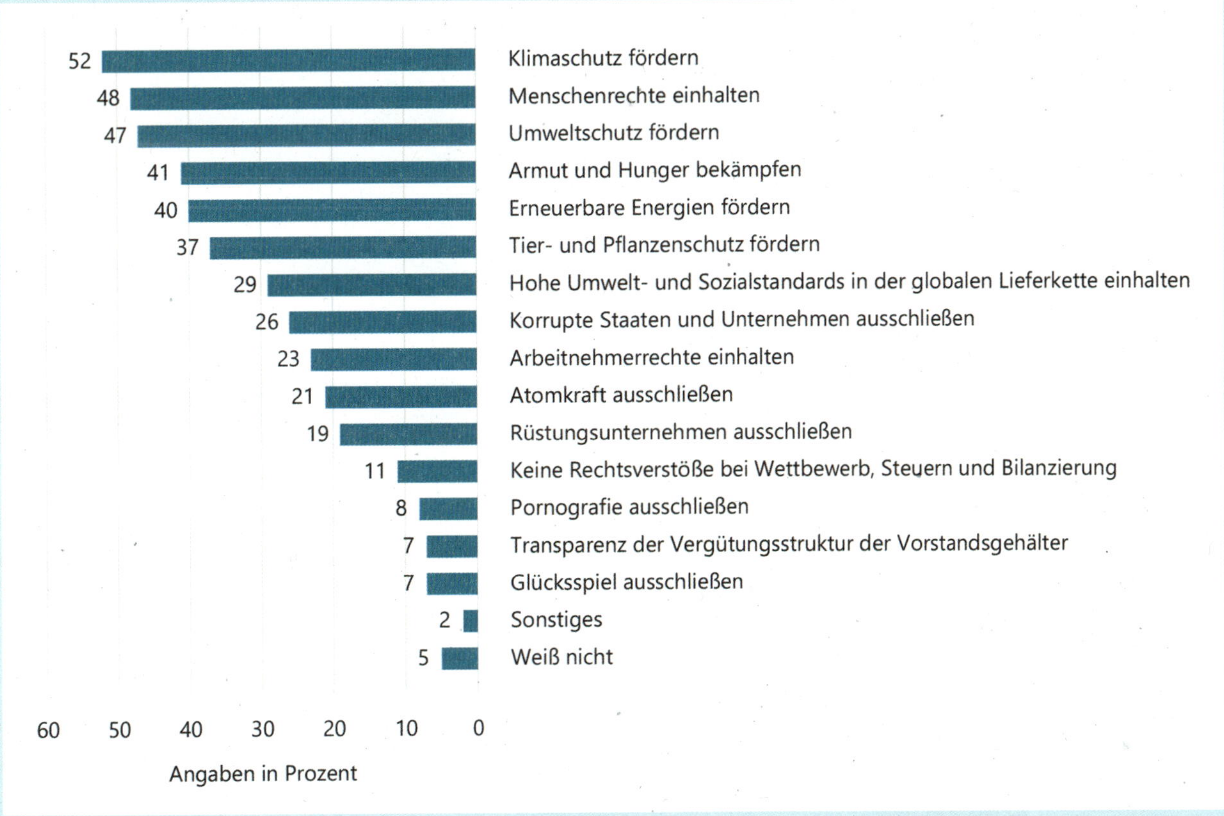

Der Aktionsplan zur Finanzierung nachhaltigen Wachstums der EU-Kommission von 2018 sieht vor, dass Verbraucher bei Wertpapieranlagen nach ihren Nachhaltigkeitspräferenzen gefragt werden. Dies kann dann bei der Auswahl und Beurteilung der Eignung der Produkte berücksichtigt werden.
Die Regio-Bank AG möchte das Thema Nachhaltigkeit noch stärker in den Fokus nehmen und schreibt einen Wettbewerb unter den Mitarbeiterinnen und Mitarbeitern „Regio-Bank AG – Nachhaltig in die Zukunft!" aus.

Erstellen Sie ein Konzept für eine umfassende Nachhaltigkeitsstrategie der Regio-Bank AG. Neben betrieblich nachhaltigen Abläufen soll auch die Nachhaltigkeit von Geldanlagen angesprochen werden.

Erstellen Sie

- Leitfragen zur Kundenberatung über nachhaltige Geldanlagen und
- eine Konzeptskizze zum Internet-Auftritt der Regio-Bank AG zum Thema „Nachhaltigkeit".

Information

- **Informieren Sie sich im Internet über das Thema Nachhaltigkeit in Ihrem Ausbildungsinstitut und zwei weiteren Wettbewerberbanken.**
- **Halten Sie die wichtigsten Inhalte im Vergleich fest.**
- **Erstellen Sie eine Ideensammlung für die umfassende Nachhaltigkeitsstrategie der Regio-Bank AG.**

Planen und Entscheiden

Erstellen Sie einen Arbeits- und Zeitplan zur Bearbeitung der Lernsituation.

Durchführen

Bearbeiten Sie die Unterlagen zu den Handlungsprodukten.

Leitfragen zur Kundenberatung über nachhaltige Geldanlagen

Grundbegriffe zum Thema Nachhaltigkeit	
Prinzip der Nachhaltigkeit	
Ziele der Agenda 2030 – Die Glorreichen 17 der Bundesregierung	
Ziel	Beispiele für Umsetzungsmöglichkeiten

Durchführen

Ziel	Beispiele für Umsetzungsmöglichkeiten
3 GESUNDHEIT UND WOHLERGEHEN	
4 HOCHWERTIGE BILDUNG	
5 GESCHLECHTER-GLEICHHEIT	
6 SAUBERES WASSER UND SANITÄR-EINRICHTUNGEN	
7 BEZAHLBARE UND SAUBERE ENERGIE	
8 MENSCHENWÜRDIGE ARBEIT UND WIRTSCHAFTS-WACHSTUM	
9 INDUSTRIE, INNOVATION UND INFRASTRUKTUR	
10 WENIGER UNGLEICHHEITEN	
11 NACHHALTIGE STÄDTE UND GEMEINDEN	
12 NACHHALTIGE/R KONSUM UND PRODUKTION	

Durchführen

Ziel	Beispiele für Umsetzungsmöglichkeiten
13 MASSNAHMEN ZUM KLIMASCHUTZ	
14 LEBEN UNTER WASSER	
15 LEBEN AN LAND	
16 FRIEDEN, GERECHTIGKEIT UND STARKE INSTITUTIONEN	
17 PARTNERSCHAFTEN ZUR ERREICHUNG DER ZIELE	

Umsetzung der Agenda 2030 in Deutschland	
Rat für Nachhaltige Entwicklung (RNE)	
Stand der Umsetzung	

Nachhaltige Geldanlagen	
Erläuterung	
ESG-Kriterien	Environment: ____ Social: ____ Governance: ____

Ansätze zur Auswahl nachhaltiger Geldanlagen	Ausschlusskriterien „Best-In-Class-Verfahren“
Beispiele für „nachhaltige“ Aktienindizes	
Beispiele für Nachhaltigkeitsfonds	

Leitfragen im Kundenberatungsgespräch

Konzeptskizze zum Internet-Auftritt der Regio-Bank AG zum Thema „Nachhaltigkeit“

Durchführen

Kontrolle

- **Stellen Sie Ihre Leitfragen gruppenweise dar und ergänzen diese.**
- **Welche Inhalte der Ideensammlung (Information) für die Regio-Bank AG haben Sie in Ihren Konzeptskizzen aufgegriffen?**

Bewerten

- **Geben Sie Feedback zu den Konzeptskizzen zum Internet-Auftritt der Regio-Bank AG.**
- **Nehmen Sie zu der folgenden Befragung der BaFin Stellung.**

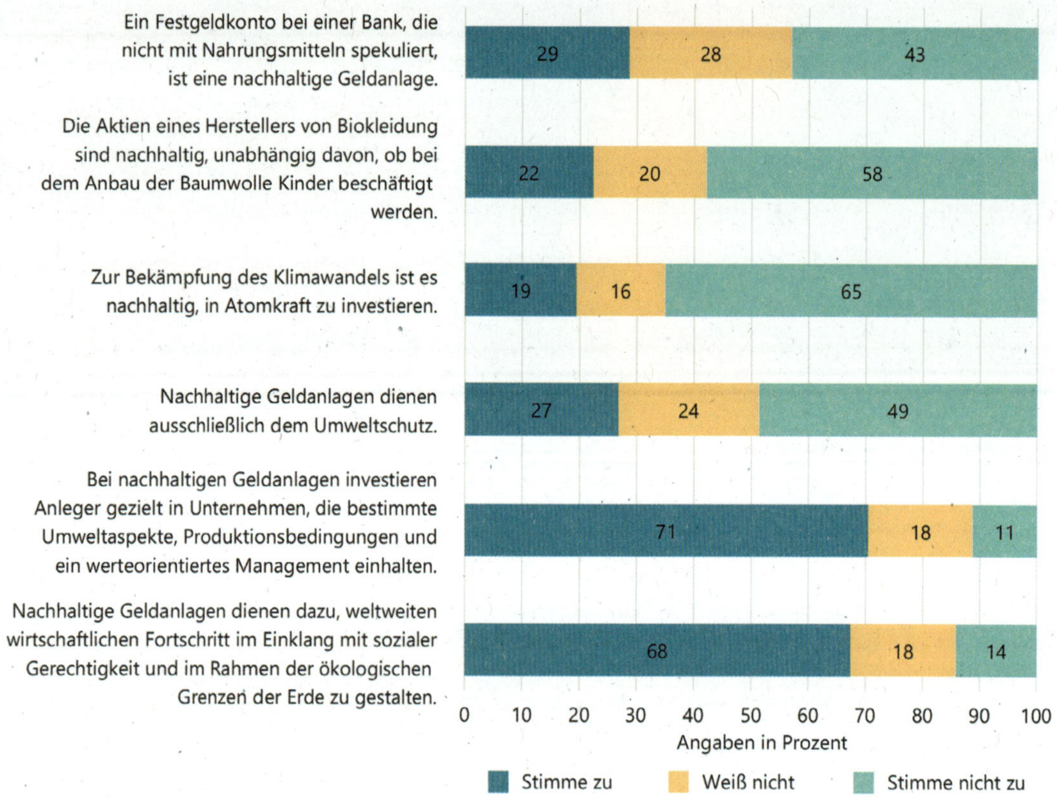

- **Welche Ideen halten Sie für die Nachhaltigkeitskonzeption Ihres eigenen Ausbildungsinstituts fest?**

Aufgaben zur Lernsituation

1. ESG-Kriterien

Für Geldanlagen fehlt eine einheitliche Definition der Nachhaltigkeitskriterien. Dennoch geben erste sogenannte ESG-Kriterien Anhaltspunkte dafür, wie nachhaltig eine Geldanlage ist. Welche der folgenden Aussagen ist in diesem Zusammenhang zutreffend? ☐

(1) ESG umfasst die Aspekte Umwelt, Unternehmensführung und Unternehmensgröße.

(2) Das „G" aus ESG umschreibt die gute Unternehmensführung. Hiermit sind faire Vergütungen und Mitbestimmung für Mitarbeiter sowie die Eindämmung von Korruption gemeint.

(3) Aktienanlagen können nach ESG-Kriterien bewertet werden, nicht jedoch Anlagen in festverzinslichen Wertpapieren.
(4) Ein Unternehmen, das nach ESG-Kriterien bewertet wird, arbeitet immer klimaneutral.
(5) Ein Nachhaltigkeitssiegel nach ESG-Kriterien wird von einer internationalen Kommission vergeben.

2. Verantwortungsbereiche und ESG-Kriterien

Verschiedene Kriterien werden herangezogen, um nachhaltige Geldanlagen nach ESG-Standards zu bewerten. Ordnen Sie die folgenden Kriterien den nebenstehenden Verantwortungsbereichen mit Pfeilen zu.

Verantwortungsbereiche
Environment
Social
Governance

Kriterien
Treibhausgasemission
Sicherheit und Gesundheit der Beschäftigten
Aufsichtsstrukturen
Compliance
gesellschaftliches Engagement
Umgang mit Ressourcen

3. Umweltschutz

Das magische Sechseck beinhaltet neben den Zielen des StabG die Ziele des Umweltschutzes und einer gerechten Einkommens- und Vermögensverteilung. Dabei wird der Umweltschutz ... ☐

(1) ... als wirtschaftspolitische Zielsetzung verstanden, sodass Umweltschäden durch wirtschaftliche Tätigkeiten verringert und bereits entstandene Schäden beseitigt werden können.
(2) ... als fünfte Zielsetzung in das StabG aufgenommen und ist dem gesamtwirtschaftlichen Gleichgewicht verpflichtet.
(3) ... als nachrangiges Ziel in das StabG aufgenommen, die Zielpriorisierung des wirtschaftlichen Wachstums muss vorrangig sein.
(4) ... mit den Indikatoren „CO_2-Ausstoß" und „Artenschutz" gesetzlich verankert.
(5) ... grundsätzlich im Zielkonflikt zum wirtschaftlichen Wachstum und zur Preisstabilität gesehen.

4. Agenda 2030

Mit der Agenda 2030 hat sich die Weltgemeinschaft unter dem Dach der Vereinten Nationen 2015 zu 17 Nachhaltigkeitszielen für eine bessere gemeinsame globale Zukunft verpflichtet. Welche der folgenden Aussagen zur Agenda 2030 ist richtig? ☐

(1) Weltweit haben sich alle Staaten verpflichtet, die Armut in vielen Staaten entwicklungspolitisch mit 1 % des BIP zu bekämpfen.
(2) Die Nachhaltigkeitsstrategie umfasst 17 umweltpolitische Ziele.
(3) Die Bundesregierung hat 2020 insgesamt 14 der 17 Nachhaltigkeitsziele als politisches Grundprinzip aufgenommen.
(4) Weltweite Zielsetzung der Agenda ist die Ermöglichung eines menschenwürdigen Lebens und eine dauerhafte Bewahrung der natürlichen Lebensgrundlagen.
(5) Die Maßnahmen, die die Bundesregierung und ihre Behörden zum nachhaltigen Handeln verpflichten, werden alle fünf Jahre überprüft.

1.5 Inflationsrisiken bei der Geldanlage berücksichtigen

Situationsbeschreibung

Sie sind in der Abteilung Privatkundenbetreuung eingesetzt und nehmen an einem Beratungsgespräch teil, das der Berater Stephan Martens mit einem Kunden führt, der sich für eine langfristige Geldanlage in Schuldverschreibungen interessiert. Bei der Aufklärung des Kunden über Risiken dieser Anlageform spricht Stephan Martens unter anderem auch das Inflationsrisiko an und erwähnt die Begriffe „Realzins", „Nominalzins", „VPI" und „HVPI". Weil Ihnen diese Begriffe unbekannt sind, bitten Sie Ihren Ausbilder um eine Erläuterung.

„Ich kann Ihnen das kurz erklären", sagt Stephan Martens. „Fangen wir mit dem Nominalzins an. Wie Sie sich denken können, ist das die jährliche Verzinsung."

„Eine 3%-Anleihe der X-AG hat also einen Nominalzins von 3%."

„Richtig. Im Unterschied dazu wird beim Realzins die Inflationsrate berücksichtigt. In Ihrem Beispiel würden die 3% Nominalzins unter Berücksichtigung einer Inflationsrate von 0,5%, grob gesprochen, zu einem inflationsbereinigten Realzins von 2,5% führen."

„Und was haben jetzt dieser HVP... und dieser VP... damit zu tun?"

„HVPI und VPI. Die Abkürzungen stehen für den Harmonisierten Verbraucherpreisindex beziehungsweise den Verbraucherpreisindex. Beide Indizes werden regelmäßig vom Statistischen Bundesamt veröffentlicht. Ein Preisindex gibt an, wie sich die Preise entwickeln."

„Wenn der Index also steigt, dann haben wir eine Inflation. Wenn er sinkt, spricht man von Deflation."

„So ist es. Um ganz genau zu sein – der Index muss sich über eine längere Zeit hinweg in eine Richtung bewegen. Aber von welchen Preisen reden wir bei einem Index eigentlich? Nun, bei den verschiedenen Preisindizes werden Güter und Dienstleitungen in Kategorien unterteilt. So gibt es den Index für Rohstoffpreise, Baukosten, Preise für landwirtschaftliche Produkte und natürlich für Verbraucherpreise. Beim Letzteren geht es um VPI und HVPI. Die Hintergründe dazu und zum Thema Inflation sind ziemlich komplex, heute habe ich leider noch einige Kundengespräche. Wir können uns gerne morgen zusammensetzen. Es wäre jetzt aber sehr zeitaufwendig, wenn ich Ihnen die genaueren Hintergründe zu Inflation, Deflation, Preisindex, Realzins und Nominalzins erläutern würde. Ich schlage vor, dass Sie sich bis dahin näher mit der Materie befassen. Beziehen Sie auch Überlegungen ein, welche Gründe es für eine Inflation oder eine Deflation geben kann. Ich gebe Ihnen eine Unterlage, mit deren Hilfe Sie sich einarbeiten können."

Stephan Martens gibt Ihnen eine Übersicht zur Entwicklung einiger Indizes.

Jahr	HVPI	Einfuhrpreisindex	Baupreisindex
2016	100,4	96,7	101,9
2017	102,1	100,1	105,3
2018	104,0	102,7	110,2
2019	105,5	101,7	115,3
2020	105,8	96,8	117,3

Erstellen Sie zur Vorbereitung auf das Ausbildungsgespräch

- eine Analyse der Indexentwicklungen in den Jahren 2016 bis 2020 sowie
- einen Spickzettel für einen Kurzvortrag zu Ursachen und Auswirkungen von Inflation und Deflation.

Information

- Informieren Sie sich über den Verbraucherpreisindex. Nutzen Sie hierzu das Preiskaleidoskop des Statischen Bundesamtes: Preis-Kaleidoskop – Statistisches Bundesamt (destatis.de)
- Klären Sie den Unterschied zwischen HVPI und VPI.

Planen und Entscheiden

Erstellen Sie einen Arbeits- und Zeitplan zur Bearbeitung der Lernsituation.

Durchführen

Bearbeiten Sie die Unterlagen zu den Handlungsprodukten.

Analyse der Indexentwicklungen 2016–2020

(Rechenergebnisse auf zwei Stellen nach dem Komma kaufmännisch runden) – Basisjahr ist jeweils 2015

	HVPI	Einfuhrpreisindex	Baupreisindex
Preisniveauveränderung 2020 gegenüber dem Basisjahr in %			
Preisniveauveränderung 2020 gegenüber dem Vorjahr in %			
Kaufkraftveränderung gegenüber dem Basisjahr in %			
Zusammenfassung: Inflationäre bzw. deflationäre Tendenzen bei den verschiedenen Preisentwicklungen			

Durchführen

Realzinsentwicklung einer Anleihe von 2019 bis 2020 auf Basis des HVPI	
Realzins (näherungsweise Berechnung)	Daten zur Anleihe: • Nominalwert: 15 000,00 EUR • jährliche Zinsgutschrift: 487,50 EUR
Bedeutung des Realzinses aus Sicht des Gläubigers	

Spickzettel für einen Kurzvortrag zu Ursachen und Auswirkungen von Inflation und Deflation

- Inhalte für den Spickzettel

Erklärungsansätze für Inflation und Deflation	
Geldmengeninflation	
Konsuminflation	
Investitionsinflation	
Staatsinflation	

Durchführen

Lohn-Preis-Spirale	
Gewinn-/Marktmacht-inflation	
Deflatorische Lücke	
Spekulationsblasen	

„Gewinner oder Verlierer?“ (Begründung)		
	Inflation	Deflation
Gläubiger		
Schuldner		
Bezieher fester Einkommen		

Durchführen

- **Spickzettel**
(Der Spickzettel dient zur strukturierten und leicht verständlichen Darstellung der komplexen Zusammenhänge, die Sie in den Unterlagen festgehalten haben.)

Kontrolle

Suchen Sie sich einen Partner/eine Partnerin. Halten Sie sich gegenseitig anhand Ihres Spickzettels Kurzvorträge zur Inflation und Deflation.

Bewerten

- **Bewerten Sie den Arbeitsprozess und die Arbeitsergebnisse**

Phase	Urteil	Verbesserungsvorschläge für diesen Bereich
Analyse der Indexentwicklungen	🙂 😐 🙁	
Realzinsermittlung	🙂 😐 🙁	
Ursachen und Auswirkungen von Inflation und Deflation	🙂 😐 🙁	
Erstellung des Spickzettels	🙂 😐 🙁	

- **Diskutieren Sie die folgende Aussage aus dem Wirtschaftsteil einer Tageszeitung:**
„Wir sollten Inflation nicht verteufeln. Ein Preisanstieg von etwa 2 % pro Jahr ist sogar ausdrücklich erwünscht."

Aufgaben zur Lernsituation

1. Stabilität des Preisniveaus

Welche der folgenden Aussagen zum wirtschaftspolitischen Ziel „Stabilität des Preisniveaus" ist zutreffend? ☐

Aussagen

(1) Gemäß § 1 des Stabilitätsgesetzes ist das Ziel „Stabilität des Preisniveaus" als vorrangig gegenüber dem Ziel „außenwirtschaftliches Gleichgewicht" anzusehen.

(2) Geldschuldner profitieren von einer inflationären Entwicklung.
(3) Eine Stabilität des Preisniveaus ist erreicht, wenn der HVPI mittelfristig keine Steigerungen aufweist.
(4) Eine Preisniveauerhöhung liegt vor, wenn die Kaufkraft des Geldes steigt.
(5) Wenn Unternehmen Lohnkostensteigerungen über ihre Preispolitik an die Verbraucher weitergeben, spricht man von einer Nachfrageinflation.

2. Reales Einkommen eines Angestellten

Ein Angestellter verfügte im April eines Jahres über ein Nettogehalt von 4 250,00 EUR. Im April des nächsten Jahres hatte sich das Nettogehalt auf 4 330,00 EUR erhöht. Der Preisindex für die Lebenshaltung der privaten Haushalte stieg im gleichen Zeitraum um 2,1 auf 107,1 Indexpunkte.

a) Welche der folgenden Aussagen ist zutreffend? ☐

Aussagen

Das reale Nettoeinkommen des Angestellten
(1) ist um weniger als ein Prozent gesunken,
(2) ist um weniger als ein Prozent gestiegen,
(3) ist um mehr als ein Prozent gesunken,
(4) ist um mehr als ein Prozent gestiegen.

b) Um wie viel Euro hätte das Gehalt steigen müssen, um dieselbe Kaufkraft wie im Vorjahr aufzuweisen? *EUR* ☐☐☐☐

3. Kaufkraft und Inflationsrate

Der Preisindex für die Lebenshaltung aller privaten Haushalte eines Landes ist innerhalb eines Jahres um 1,9 Indexpunkte auf 118,4 gestiegen.

Ermitteln Sie

a) die Inflationsrate, % ☐☐
b) die Kaufkraft des Geldes am Jahresende, % ☐☐☐
c) den Kaufkraftverlust des Geldes gegenüber dem Basisjahr. % ☐☐☐

4. Indexermittlung

In einem Warenkorb befinden sich vier Güter. In der folgenden Darstellung werden die Preise der Güter im Basisjahr und im Berichtsjahr sowie die Gewichtung der Güter im Warenkorb aufgeführt.

Gut	Gewichtung	Basisjahr	Wert der Güter	Berichtsjahr	Wert der Güter
1	4	2,00		2,50	
2	7	10,50		10,30	
3	3	14,00		18,00	
4	6	28,00		31,00	

a) Wie hoch ist der Preisindex im Berichtsjahr? ☐☐☐☐

b) Wie hoch ist der Kaufkraftverlust im Berichtsjahr gegenüber dem Basisjahr? % ☐☐

Hinweis: $\text{Kaufkraft} = \frac{\text{alter Preisindex}}{\text{neuer Preisindex}} \cdot 100$

1.6 Auf- und Abwertung des Euro – was bedeutet das für die Teco GmbH?

Situationsbeschreibung

Sie unterstützen in der Abteilung Geschäfts- und Firmenkunden der Regio-Bank AG die Kundenberaterin Heike Strobl.

„Sie können mich morgen Nachmittag bei einem Besuch der Teco GmbH begleiten“, teilt Frau Strobl Ihnen eines Tages mit. *„Die Teco GmbH ist ein Hersteller von Abgasreinigungsanlagen, die sie bisher nur in Europa vertrieben hat. Nun hat sie erstmals zwei größere Aufträge aus den USA erhalten. Die Bezahlung erfolgt voraussichtlich in USD, zahlbar drei Monate nach Lieferung. Ich möchte mich mit dem Geschäftsführer des Unternehmens insbesondere über die Risiken von Fremdwährungszahlungen unterhalten. Da sollten Sie gut auf das Thema vorbereitet sein. Zum Einstieg habe ich für Sie eine Übersicht zusammengestellt.“*

Frau Strobl legt Ihnen die folgende Übersicht vor.

Euro-Kurse für ausgewählte Währungen - Jahresdurchschnitte (1,00 EUR = ... Währungseinheiten)				
Jahr	**Vereinigte Staaten (USD)**	**Vereinigtes Königreich (GBP)**	**Kanada (CAD)**	**Dänemark (DKK)**
2017	1,1297	0,87667	1,4647	7,4386
2018	1,1810	0,88471	1,5294	7,4532
2019	1,1195	0,87777	1,4855	7,4661
2020	1,1563	0,88633	1,5492	7,4431

„Beschäftigen Sie sich bitte mit den Themen Währungskurse und Kurssysteme“, sagt Frau Strobl. *„Dabei ist es sinnvoll, einige Szenarien zu entwickeln: Welche Faktoren beeinflussen den Kurs, wie wirkt sich der Einfluss konkret auf die Kursnotierung aus – und so weiter.*
Wenn Sie das nachvollzogen haben, können Sie es sogar wagen, unserem Kunden Konsequenzen aufzuzeigen, die sich für ihn aufgrund unterschiedlicher Kursentwicklungen ergeben können. Wir sprechen vor dem Kundentermin über Ihre Ergebnisse.“

Erstellen Sie

- eine Lernunterlage zu Grundbegriffen des Außenwertes von Währungen und
- ein Paper mit Konsequenzen für die Teco GmbH auf der Basis von Kursszenarien.

Information

Untersuchen Sie die Übersicht von Frau Strobl im Hinblick auf folgende Fragestellungen:

- **Bei welcher der aufgeführten Währungen lag 2020 die höchste prozentuale Kursabweichung gegenüber dem Jahr 2017 vor?**

Information

- Wie hat sich der Wert des Euro gegenüber dieser Währung im dargestellten Zeitraum Ihrer Meinung nach entwickelt?

- Welche der Währungen hat sich im Wert gegenüber dem Euro von 2017 bis 2020 nur geringfügig verändert?

Planen und Entscheiden

Erstellen Sie einen Arbeits- und Zeitplan zur Bearbeitung der Lernsituation.

Durchführen

Bearbeiten Sie die Unterlagen zu den Handlungsprodukten.

Lernunterlage zu Grundbegriffen des Außenwertes von Währungen

Nominaler und realer Wechselkurs	
nominaler Wechselkurs	
realer Wechselkurs	

Aufwertung/Abwertung	
Ausgangswert: EUR-Kurs des USD 2020 aus der Übersicht in der Situationsbeschreibung	
Eine Aufwertung des EUR gegenüber dem USD würde bedeuten, dass der EUR-Kurs des USD 2020 ...	
Eine Abwertung des EUR gegenüber dem USD würde bedeuten, dass der EUR-Kurs des USD 2020 ...	

Durchführen

Gesamtwirtschaftliche Auswirkungen einer Aufwertung bzw. Abwertung			
Ausgangswert: EUR-Kurs des USD 2020 aus der Übersicht in der Situationsbeschreibung			
	Exporte von Unternehmen des Eurowährungsraums in die Vereinigten Staaten	**Importe von Unternehmen des Eurowährungsraums aus den Vereinigten Staaten**	**Investitionen europäischer Anleger in US-amerikanische Finanzinstrumente**
Aufwertung des EUR	Kursentwicklung und Konsequenzen:	Kursentwicklung und Konsequenzen:	Kursentwicklung und Konsequenzen:
Abwertung des EUR	Kursentwicklung und Konsequenzen:	Kursentwicklung und Konsequenzen:	Kursentwicklung und Konsequenzen:

Währungssysteme	
freie Wechselkurse	Beschreibung:
Wechselkurse mit Bandbreiten	Beschreibung:

Durchführen

Wechselkurse mit Bandbreiten	Interventionspflichten: __________ __________ __________ __________ __________ Beispiele: __________ __________ __________

Paper mit Konsequenzen für die Teco GmbH auf der Basis von Kursszenarien

- **Kursszenarien**

aktuelle Kursnotierung 1,00 EUR = 1,25 USD

In dem nachstehenden Preis-Mengen-Schema werden **Angebot und Nachfrage** deutscher Unternehmen und Verbraucher **für EUR** zu einem bestimmten Zeitpunkt dargestellt.

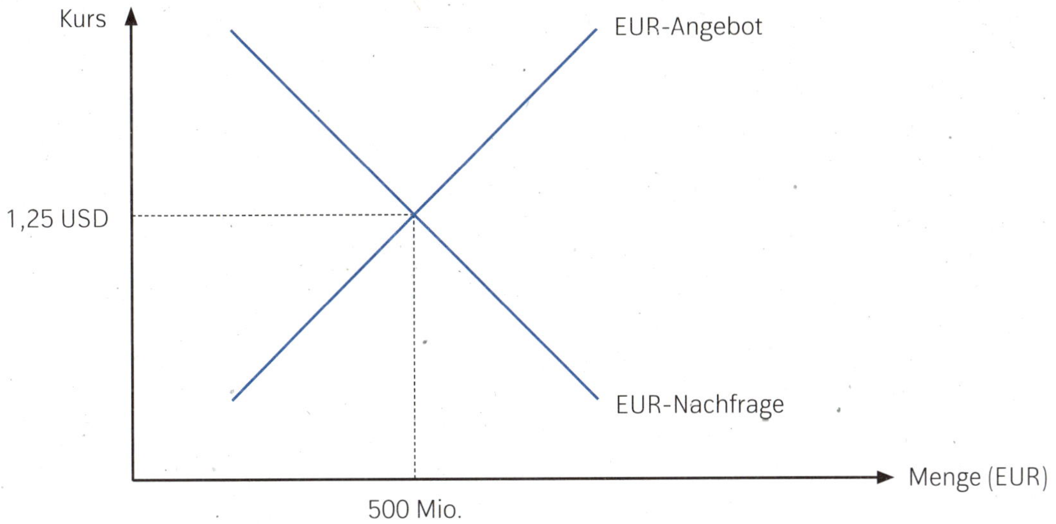

Stellen Sie in den folgenden Situationen jeweils die Auswirkungen auf die obige Marktsituation fest. Betrachten Sie die Situationen unabhängig voneinander. Weitere Einflussfaktoren bleiben unberücksichtigt.

- **Situationen**

1. US-amerikanische Unternehmen importieren Waren aus Europa.

Auswirkungen:

Verschiebung der __________ -Kurve nach __________.

Der Kurs (EUR/USD) __________.

2. US-amerikanische Kapitalanleger reagieren auf Zinssenkungen der EZB und schichten EUR-Geldanlagen in USD-Geldanlagen um.

Auswirkungen:

Verschiebung der __________ -Kurve nach __________.

Der Kurs (EUR/USD) __________.

Durchführen

3. Europäische Kunden beziehen Waren über US-amerikanische Versandhändler.
Auswirkungen:
Verschiebung der ________________-Kurve nach ________________.
Der Kurs (EUR/USD) ________________.

4. Touristen aus den Vereinigten Staaten decken sich mit Reisezahlungsmitteln für einen Urlaub in Europa ein.
Auswirkungen:
Verschiebung der ________________-Kurve nach ________________.
Der Kurs (EUR/USD) ________________.

Konsequenzen für die Teco GmbH bei einer
- Aufwertung des USD bzw. Abwertung des EUR

____

____

____

____

- Abwertung des USD bzw. Aufwertung des EUR

____

____

____

____

Kontrolle

- **Kontrollieren Sie gegenseitig Ihre Unterlagen auf Vollständigkeit und inhaltliche Richtigkeit.**
- **Setzen Sie sich kritisch mit der folgenden Behauptung des Kommentators einer Wirtschaftszeitung auseinander:**
„Alle Regierungen wünschen sich im Grunde genommen eine schwache eigene Währung."

Bewerten

Bewerten Sie den Arbeitsprozess und die Arbeitsergebnisse.

Phase	**Urteil**	**Verbesserungsvorschläge für diesen Bereich**
Erstellung der Lernunterlage	🙂 😐 🙁	
Kursszenarien	🙂 😐 🙁	
Paper zu Konsequenzen für die Teco GmbH	🙂 😐 🙁	

Aufgaben zur Lernsituation

1. Wertentwicklung von Währungen

Gehen Sie von nachstehender (hier ausschnittweise abgedruckter) Tabelle zum Außenwert des Euro gegenüber anderen Währungen aus.

a) Gegenüber welcher der von 1 bis 7 durchnummerierten Währungen verzeichnete der Euro im angegebenen Zeitraum prozentual
aa) den höchsten Wertgewinn,
ab) den höchsten Wertverlust?

b) Welche der folgenden Aussagen zur Wertentwicklung des Yen gegenüber dem US-Dollar im angegebenen Zeitraum ist zutreffend?

Aussagen
(1) Der Yen hat gegenüber dem US-Dollar an Wert gewonnen.
(2) Der Yen hat gegenüber dem US-Dollar an Wert verloren.
(3) Eine Aussage zur Wertentwicklung des Yen zum US-Dollar ist nicht möglich.

Euro-Wechselkurse

	US-Dollar 1	Japanischer Yen 2	Schweizer Franken 3	Pfund Sterling 4	Schwedische Krone 5	Dänische Krone 6	Norwegische Krone 7
Jan.	1,061	131,3	1,005	0,703	8,08	7,44	9,65
Febr.	1,021	130,8	1,098	0,689	8,91	7,44	9,65
März	1,088	130,2	1,095	0,671	8,94	7,43	9,51
April	1,070	128,2	1,002	0,665	9,91	7,43	9,32
Mai	1,063	129,7	1,003	0,658	9,97	7,43	9,23
Juni	1,038	125,3	1,595	0,650	9,83	7,43	9,17
Juli	1,035	123,7	1,004	0,658	9,74	7,44	9,18
Aug.	1,060	120,1	1,000	0,660	9,75	7,44	9,26
Sept.	1,050	132,4	1,002	0,647	9,63	7,43	9,23
Okt.	1,071	133,5	1,594	0,646	9,73	7,43	9,29
Nov.	1,034	138,2	1,005	0,637	9,63	7,44	9,19
Dez.	1,011	143,7	1,001	0,627	9,59	7,44	9,10
Jan.	1,014	146,5	1,010	0,668	9,60	7,44	9,12
Febr.	1,083	147,6	1,007	0,675	9,51	7,45	9,10
März	1,064	142,6	1,004	0,671	9,39	7,45	9,11
April	1,047	143,0	1,074	0,681	9,27	7,45	9,15

2. Bandbreitensystem

Die Länder A und B gehören einem internationalen Währungssystem an, bei dem die Wechselkurse innerhalb bestimmter Bandbreiten um die Parität schwanken dürfen. Es besteht für die Notenbanken der Länder eine unbeschränkte Interventionspflicht.
Die folgenden Fälle sind jeweils unabhängig voneinander zu lösen. Nicht genannte Einflussgrößen bleiben unberücksichtigt.

Fälle

a) Aufgrund gesunkener Lohnkosten können im Land A bestimmte Wirtschaftsgüter günstiger hergestellt werden als im Land B.
   aa) Welchen Einfluss hat dies auf die Handelsbilanz des Landes A?

   ab) Welchen Einfluss hat dies auf den Kurs der Währung des Landes A im Land B?

   ac) Zu welchen Interventionen sehen sich die Nationalbanken der beiden Länder infolge der in ab) angesprochenen Kursentwicklung eventuell veranlasst?

b) Aufgrund einer restriktiven Geldpolitik der Nationalbank sind die Zinsen im Land B deutlich höher als im Land A.
   ba) Welchen Einfluss hat dies auf die Kapitalbilanz des Landes B?

   bb) Welchen Einfluss hat dies auf den Kurs der Währung des Landes B im Land A?

   bc) Zu welchen Interventionen sehen sich die Nationalbanken der beiden Länder infolge der in bb) angesprochenen Kursentwicklung eventuell veranlasst?

3. Aufwertung oder Abwertung?

Der Kurs des USD ist von 1,2000 je EUR auf 1,2240 gestiegen.

Welche der nachstehenden Aussagen ist zutreffend? ☐

Aussagen

(1) Durch den Kursanstieg hat sich die Konkurrenzfähigkeit US-amerikanischer Unternehmen auf europäischen Märkten verschlechtert.
(2) Durch den Kursanstieg kann ein deutscher Anleger USD-Anleihen günstiger erwerben.
(3) Der Kursanstieg ist möglicherweise auf eine verstärkte Reisetätigkeit europäischer Verbraucher in die USA zurückzuführen.
(4) Eine mögliche Ursache für den Kursanstieg ist eine Vergrößerung des Zinsabstands zwischen US-amerikanischen und europäischen Geldanlagen zugunsten der USA.
(5) Die Kursveränderung liegt innerhalb der zwischen der Europäischen Zentralbank und der US-amerikanischen Notenbank vereinbarten Bandbreiten von ± 15 %.

1.7 Die Regio-Bank AG auf Social Media: Ökonomie Video

Situationsbeschreibung

Die Regio-Bank AG hat in den letzten Jahren ihren Social-Media-Auftritt mit dem Ziel ausgeweitet, ihren Bekanntheitsgrad bei Jugendlichen zu erhöhen. In Wahrnehmung ihrer sozialen Verantwortung möchte sie darüber hinaus einen Beitrag dazu leisten, dass Jugendliche ihre Kenntnisse über wirtschaftliche Zusammenhänge erweitern.

Nun soll die Ausbildungsabteilung der Regio-Bank AG für die Social-Media-Plattformen zwei neue Videos zu den Themen
- Zahlungsbilanz und
- europäische Außenwirtschaftspolitik

erstellen.

Die Videos mit einer Maximaldauer von zwei Minuten sollen Jugendlichen ohne Vorkenntnisse die komplexe Thematik verständlich und unterhaltsam näher bringen.

Ihre Ausbildungsleiterin Carmen Stelter beauftragt Sie, ein Video zu einem der oben genannten Themen zu erstellen. Sie weist Sie darauf hin, dass die Videos eine „Visitenkarte“ der Bank sind. Da gilt es, die Balance zwischen Unterhaltungswert und Seriosität zu halten.

Erstellen Sie ein zweiminütiges Video mit zugehörigem Skript, alternativ für eines der Themen:

- Leistungsbilanzentwicklung für Deutschland in einem bestimmten Monat
- Eckpfeiler der EU-Außenwirtschaftspolitik

Da die beiden Themen zusammenhängen, informieren Sie sich zunächst über Grundlagen der Wirtschaftsbeziehungen zu anderen Ländern.

Information

Auszug aus einer Wirtschaftszeitung:

> Die Handelsbeziehungen stehen für eine bestimmte europäische Außenhandelspolitik. Hier werden die Zahlen für Exporte und Importe sowohl aus deutscher als auch aus europäischer Sicht erfasst. Es geht also einerseits um die Beziehungen Deutschlands zu den europäischen sowie nicht europäischen Ländern und andererseits um die Beziehungen europäischer Länder zum Rest der Welt. Europa ist ein riesiger Handelsraum, in dem 19 Länder sogar eine einheitliche Währung eingeführt haben, den Euro. Der europäischen Handelsraum, den man auch als EU-Binnenmerkt bezeichnet, unterliegt daher bestimmten „Spielregeln“.

Information

Auszug aus einer Statistik:

Warenhandel 2020		
	Euroraum (inklusive Bundesrepublik Deutschland)	**Bundesrepublik Deutschland**
Ausfuhr	2196 Mrd. EUR in Länder außerhalb des Eurowährungsraumes	• 441 Mrd. EUR in Länder des Eurowährungsraumes • 193 Mrd. EUR in andere europäische Länder • 571 Mrd. EUR in Länder außerhalb Europas
Einfuhr	1852 Mrd. EUR von Ländern außerhalb des Eurowährungsraumes	• 368 Mrd. EUR aus Ländern des Eurowährungsraumes • 184 Mrd. EUR aus anderen europäischen Ländern • 464 Mrd. EUR aus Ländern außerhalb Europas

Untersuchen Sie die Unterlagen im Hinblick auf folgende Fragestellungen:

- **Stellung der Bundesrepublik Deutschland als starke Exportnation und**
- **Bedeutung des europäischen Handelsraums für die deutsche Wirtschaft.**

Planen und Entscheiden

Erstellen Sie einen Arbeits- und Zeitplan zur Bearbeitung der Lernsituation.

Gehen Sie dabei arbeitsteilig vor, indem Sie Ihre Lerngruppe teilen: Die erste Hälfte der Lerngruppe bearbeitet das erste Handlungsprodukt, die zweite Hälfte das zweite Handlungsprodukt.

Durchführen

Bearbeiten Sie die Unterlagen zu den Handlungsprodukten.

Leistungsbilanzentwicklung für Deutschland in einem bestimmten Monat

- **Vorbereitende Informationen zur Leistungsbilanz**

Legen Sie den folgenden Auszug aus dem Bericht einer Fachzeitschrift Ihrer Bearbeitung zugrunde:

> Die deutsche Leistungsbilanz verzeichnete im laufenden Monat einen Überschuss, dessen Ergebnis um 2,7 Mrd. EUR unter dem Niveau des Vormonats lag. Ausschlaggebend dafür war ein niedrigerer Aktivsaldo im Warenhandel, bei dem Exporte von 110,9 Mrd. EUR und Importe von 91,9 Mrd. EUR erfasst wurden. Die Dienstleistungsbilanz wies ein Defizit von 0,2 Mrd. EUR auf, während bei den Primäreinkommen mit Einnahmen von 15,9 Mrd. EUR und Ausgaben von 8,8 Mrd. EUR ein Überschuss zu verzeichnen war. In der Bilanz der Sekundäreinkommen ergab sich auch in diesem Monat ein Passivsaldo von 4,3 Mrd. EUR, der den Vormonatswert um 1,3 Mrd. EUR überstieg.

Teilbilanz	Beispiele für erfasste Transaktionen	Saldo im laufenden Monat
Handelsbilanz		
Dienstleistungsbilanz		
Bilanz der Primäreinkommen		
Bilanz der Sekundäreinkommen		

Durchführen

Zusammenfassung

In der Leistungsbilanz ergibt sich im laufenden Monat ein ______________ in Höhe von __________ Mrd. EUR. Dieser wird in der Kapitalbilanz „gegengebucht" und äußert sich dadurch, dass die Bundesrepublik Deutschland ihre ______________ gegenüber dem Ausland ______________ bzw. ihre ______________ gegenüber dem Ausland ______________.

Eckpfeiler der EU-Außenwirtschaftspolitik

Vorbereitende Informationen zu Eckpfeilern der EU-Außenwirtschaftspolitik

EU-Binnenmarkt	
Grundsätze (Grundfreiheiten)	**Bereich: Warenhandel** **Bereich: Kapitalverkehr**

Durchführen

Grundsätze (Grundfreiheiten)	Bereich: Dienstleistungsverkehr/freie Berufe Bereich: Arbeit und Aufenthalt
Verhältnis gegenüber Drittstaaten	Gemeinsame Handelspolitik

EU-Binnenmarkt und Europäische Wirtschafts- und Währungsunion (EWWU; Euroraum)	
Voraussetzungen für den Beitritt eines europäischen Landes zur EWWU (Stabilitäts und Wachstumspakt)	Preisniveau und Wechselkursstabilität Kapitalmarktzinsniveau Haushaltsdisziplin und Staatsverschuldung

Durchführen

- **Halten Sie Ihre Ideen zu Aufbau und Inhalt des Videos für das Thema Ihrer Gruppe in einem Skript fest.**

Phase	Inhalt	Informationen zum gesprochenen Text, Bilder usw.

- **Erstellen und präsentieren Sie das Video.**

Kontrolle

- **Kontrollieren Sie Ihre Lernunterlagen gegenseitig inhaltlich.**
- **Prüfen Sie die Skripte hinsichtlich bestimmter Aspekte:**

Bewertungskriterium	Bewertung
Setting/Drehbuch?	
schlüssige Formulierungen?	
klares Ziel?	
Kernaussagen?	
...	

Bewerten

- **Bewerten Sie Vorbereitung und Präsentation der Videos.**

Phase	Urteil	Verbesserungsvorschläge für diesen Bereich
Bearbeitung der fachlichen Inhalte	🙂 😐 🙁	
Erstellung des Skripts	🙂 😐 🙁	
Umsetzung des Skripts durch das Video	🙂 😐 🙁	
Präsentation des Videos – Verständlichkeit	🙂 😐 🙁	
Präsentation des Videos – künstlerische/ kreative Umsetzung	🙂 😐 🙁	

- **Großbritannien hat zum 01.01.2021 den sogenannten „Brexit“ vollzogen und den EU-Binnenmarkt verlassen. Wie beurteilen Sie diesen Schritt vor dem Hintergrund der Ergebnisse aus dieser Lernsituation?**

Aufgaben zur Lernsituation

1. Ermittlung des Leistungsbilanzsaldos

In einem bestimmten Monat wurden für die Bundesrepublik Deutschland folgende Leistungsbilanzwerte ermittelt:

- **Ausfuhr 75,6 Mrd. EUR**
- **Einfuhr 72,5 Mrd. EUR**
- **Saldo der Dienstleistungen – 1,5 Mrd. EUR**
- **Saldo der Primäreinkommen + 2,2 Mrd. EUR**

a) Ermitteln Sie den Saldo der Sekundäreinkommen unter der Voraussetzung, dass der Leistungsbilanzsaldo sich auf + 1,8 Mrd. EUR beläuft. *Mrd. EUR* ______

b) Erläutern Sie das in a) ermittelte Ergebnis

____

____

____

____

____

c) Erläutern Sie, was der Leistungsbilanzsaldo von + 1,8 Mrd. EUR für die Forderungen bzw. Verbindlichkeiten der Bundesrepublik Deutschland gegenüber dem Ausland bedeutet.

____

____

____

____

____

2. Transaktionen in der Leistungsbilanz

Erfassen Sie die nachstehenden Transaktionen in den Unterbilanzen der Leistungsbilanz und ermitteln Sie den Leistungsbilanzsaldo.

(1) Deutsche Unternehmen importieren Lebensmittel aus Spanien für 120 Mio. EUR.

(2) Deutsche Kapitalanleger erhalten Gewinnausschüttungen in Höhe von 210 Mio. EUR aus US-amerikanischen Aktienanlagen.

(3) Deutsche Touristen geben im Auslandsurlaub 350 Mio. EUR aus; die Ausgaben ausländischer Touristen in Deutschland betragen 240 Mio. EUR.

(4) Deutsche Unternehmen erbringen Transportdienstleistungen in Höhe von 180 Mio. EUR für ausländische Lieferanten.

(5) Demnächst fällige deutsche Beiträge für den EU-Haushalt werden mit 150 Mio. EUR veranschlagt.

(6) Deutsche Maschinenbauunternehmen exportieren Investitionsgüter im Gesamtwert von 330 Mio. EUR.

Unterbilanzen der Leistungsbilanz			
Handelsbilanz	Dienstleistungsbilanz	Bilanz der Primäreinkommen	Bilanz der Sekundäreinkommen

Saldo der Leistungsbilanz: ______________

3. EU-Binnenmarkt

Welche der nachstehenden Aussagen trifft auf den EU-Binnenmarkt zu? ☐

Aussagen

(1) Ein deutscher Installateur darf ohne behördliche Genehmigung keinen Reparaturauftrag im Rahmen seines Gewerbes für einen französischen Haushalt durchführen.

(2) Die sogenannten „vier Grundfreiheiten" des EU-Binnenmarktes sind im Vertrag über die Arbeitsweise der Europäischen Union (AEUV) geregelt.

(3) Europäische Staaten, die dem EU-Binnenmarkt beitreten möchten, müssen dem WKM II (Devisenkurssystem mit Bandbreiten gegenüber dem Euro) beitreten.

(4) Voraussetzung für die Aufnahme in den EU-Binnenmarkt ist die Haushaltsdisziplin, durch die die jährliche Neuverschuldung des Staates auf 3 % des Bruttoinlandsprodukts begrenzt wird.

(5) Ein spanischer Arbeitnehmer, der in Deutschland lebt und zwei Jahre bei einem deutschen Unternehmen beschäftigt ist, hat im Falle des Verlustes seines Arbeitsplatzes keinen Anspruch auf Arbeitslosengeld I.

4. Brexit

Beschreiben Sie, was die unten stehende Karikatur „Die königliche Zustimmung" aussagen soll.

THE ROYAL ASSENT

1.8 Die Geldpolitik der Europäischen Zentralbank

Situationsbeschreibung

Als Auszubildende/r der Regio-Bank AG werfen Sie regelmäßig einen Blick in das betriebliche Informationssystem Ihrer Bank, das unter anderem auch aktuelle Nachrichten aus der Wirtschafts- und Finanzwelt enthält. Eines Tages stoßen Sie auf die folgende Mitteilung:

Liquiditätsbereitstellung durch die EZB

Beim jüngsten Hauptrefinanzierungsgeschäft, das am 24.11.20.. als Standardtender (Mengentender) durchgeführt wurde, teilte die EZB das gesamte Bietungsvolumen in Höhe von 625 Mio. EUR zu. Das Geschäft weist eine Laufzeit von sieben Tagen und einen Festzinssatz von 0,00 % auf.

Diese Mitteilung liest sich für Sie sehr verwirrend. In der Mittagspause sprechen Sie Ihre Mitauszubildenden an, denen aber auch nicht viel dazu einfällt. Sie wenden sich anschließend an Ihren Ausbilder, Thomas Schwartz.

„Es geht dabei um Offenmarktgeschäfte", sagt Herr Schwartz. *„Das ist eine recht komplizierte Sache, die ich Ihnen jetzt nicht aus dem Stegreif erklären kann. In der Praxis haben Sie damit auch keine direkten Berührungspunkte, aber Sie kennen doch unser Bundesbankkonto."*

„Natürlich. Darüber wickeln wir unseren Zahlungsverkehr ab."

„Richtig. Und bei diesen Offenmarktgeschäften, die ein wichtiger Pfeiler der Geldpolitik der Europäischen Zentralbank sind, geht es, grob gesprochen, darum, dass die Kreditinstitute stets ausreichende Liquidität auf diesem Konto haben, damit der Zahlungsverkehr ordnungsgemäß abgewickelt werden kann."

„O.K. Dann fließt also über diesen Tender – was auch immer das ist – Geld auf unser Bundesbankkonto."

„Genau. Aber, wie gesagt, die Sache ist nicht so ganz einfach. Und Ihre Mitauszubildenden kannten sich ja auch nicht damit aus, sagten Sie. Was halten Sie davon, wenn Sie alle gemeinsam das Thema Geldpolitik der EZB näher durchleuchten und die Ergebnisse in Form einer Präsentation vorführen?"

„Gerne. Das wird aber bestimmt nicht einfach."

„Ganz recht. Es kommt noch etwas anderes hinzu: Die Konditionen und Rahmenbedingungen dieser Geschäfte haben sich in den letzten Jahren fundamental verändert. Sie merken das ja bereits an dem Zinssatz: 0,0 %. Das war früher anders. Aber das werden Sie schon merken, wenn Sie in die Materie eintauchen. Sollten Sie zwischendurch Fragen haben, können Sie mich gerne ansprechen. Ansonsten warte ich gespannt auf das Ergebnis. Und denken Sie dran: Das Thema ist vielschichtig. Überlegen Sie sich eine leitende Themenstellung mit einer Zielsetzung als roten Faden."

Erstellen Sie

- eine Präsentation zur Geldpolitik der EZB mit einer leitenden Themenstellung, die als roter Faden durch die Präsentation führt.

Information

- **Markieren und klären Sie die Ihnen nicht bekannten Begriffe aus der Situationsbeschreibung.**
- **An welche Präsentationen zu volkswirtschaftlichen Themen können Sie sich noch erinnern? Was fanden Sie gut – oder auch nicht gut?**

Planen und Entscheiden

Erstellen Sie einen Arbeits- und Zeitplan zur Bearbeitung der Lernsituation.

Durchführen

Bearbeiten Sie die Unterlagen zu den Handlungsprodukten.

Präsentation zu einem Aspekt der Geldpolitik der EZB mit einer leitenden Themenstellung, die als roter Faden durch die Präsentation führt

- Unterlagen zur Präsentation

Grundbegriffe zur Geldpolitik	
Begriff Geldpolitik	
Expansive Geldpolitik	Ziel: Maßnahmen: Wirkungen:
Kontraktive Geldpolitik	Ziel: Maßnahmen: Wirkungen:

Durchführen

Geldpolitik im Europäischen System der Zentralbanken (ESZB)	
Europäisches System der Zentral-banken (ESZB)	
Geldpolitische Strategie	

Geldpolitische Instrumente der EZB	
Offenmarkt-geschäfte	Hauptrefinanzierungsgeschäfte Längerfristige Refinanzierungsgeschäfte
Ständige Fazilitäten	Spitzenrefinanzierungsfazilität Einlagenfazilität
Mindest-reserve	

Durchführen

Wertpapierkaufprogramme	

Liquiditätsbeschaffung der Kreditinstitute über Hauptrefinanzierungsgeschäfte und längerfristige Refinanzierungsgeschäfte	
1. Beispiel: Hauptrefinanzierungsgeschäft als Mengentender • Festsatz: 0,15 % • Laufzeit: 7 Tage • Gebote der Kreditinstitute (KI): – KI 1: 12 Mio. EUR – KI 2: 35 Mio. EUR – KI 3: 24 Mio. EUR ... ... 800 Mio. EUR (Gesamtgebote)	**Zuteilungsvolumen der EZB: 640 Mio. EUR** **Liquiditätsbereitstellung für KI 1** **Zinsbelastung für KI 1 am Ende der Laufzeit**
2. Beispiel: Längerfristiges Refinanzierungsgeschäft als Zinstender • Mindestzinssatz: 0,10 % • Laufzeit: 90 Tage • Gebote der Kreditinstitute (KI): – 400 Mio. EUR zu 0,10 % (darunter: KI 1: 16 Mio. EUR) – 500 Mio. EUR zu 0,15 % (darunter KI 1: 25 Mio. EUR) – 700 Mio. EUR zu 0,20 % (darunter: KI 1: 10 Mio. EUR) 1 600 Mio. EUR (Gesamtgebote)	**Zuteilungsvolumen der EZB: 1 400 Mio. EUR** **Liquiditätsbereitstellung für KI 1** **Zinsbelastung für KI 1 am Ende der Laufzeit**

Durchführen

Aktuelle Situation bei Hauptrefinanzierungsgeschäften und längerfristigen Refinanzierungsgeschäften
Rufen Sie unter: https://www.bundesbank.de/de/publikationen/berichte/monatsberichte einen aktuellen Monatsbericht der Deutschen Bundesbank auf. Sie finden dort im statistischen Teil eine Übersicht zu den geldpolitischen Geschäften des Eurosystems. **Stellen Sie Unterschiede zwischen den dort aufgeführten Geschäften und den in Ihren Beispielen bearbeiteten Geschäften heraus und begründen Sie, worauf diese Unterschiede zurückzuführen sind.**

- leitende Themenstellung zu einem Aspekt der Geldpolitik der EZB

Themen-stellung/ Leitfrage	
Ziel	

- Präsentieren Sie Ihre Ergebnisse.

Kontrolle

Kontrollieren Sie gegenseitig Ihre Unterlagen auf Vollständigkeit und inhaltliche Richtigkeit.

Bewerten

- Geben Sie sich gegenseitig ein Feedback zu den Präsentationen.

Phase	Urteil	Verbesserungsvorschläge für diesen Bereich
Erstellung der Präsentationsunterlagen	🙂 😐 🙁	
LeitendeThemenstellung/ roter Faden	🙂 😐 🙁	
Präsentation	🙂 😐 🙁	

- Diskutieren Sie über die folgenden Thesen zum „roten Faden“:

Der rote Faden muss für die Zuhörer greifbar sein, nicht zu hoch gehängt.

1. Sie teilen mit, was Sie gleich sagen.
2. Sie sagen es.
3. Sie wiederholen, was Sie gerade gesagt haben.

Visuelle Hilfe: Visualisieren Sie nur das, was nicht einfach gesagt werden kann.

Spannen Sie einen Bogen vom Anfang zum Ende.

Aufgaben zur Lernsituation

1. Geldpolitische Instrumente

Bei ihren geldpolitischen Operationen unterscheidet die Europäische Zentralbank (EZB) vor allem folgende Instrumente:

(1) Hauptrefinanzierungsgeschäfte
(2) Längerfristige Refinanzierungsgeschäfte
(3) Spitzenrefinanzierungsfazilität
(4) Einlagefazilität

a) Welches dieser Instrumente dient stets dem Ziel der Liquiditätsabschöpfung? ☐

b) Bei welchem dieser Instrumente stellte die EZB 2014 erstmalig einen Minuszinssatz in Rechnung? ☐

c) Welche zwei dieser Instrumente gehören zu den Offenmarktgeschäften? ☐ ☐

d) Welche zwei dieser Instrumente werden lediglich auf Initiative der Kreditinstitute in Anspruch genommen? ☐ ☐

2. EZB-Zinssätze bei verschiedenen Refinanzierungsgeschäften

Anfang Juni 20.. gelten folgende Euro-Leitzinsen:

(1) Hauptrefinanzierungssatz: 0,00 %
(2) Längerfristiger Refinanzierungssatz: 0,00 %
(3) Spitzenrefinanzierungsfazilität: 0,25 %
(4) Einlagefazilität: –0,40 %

a) Stellen Sie fest, auf welche der Euro-Leitzinsen sich die folgenden Begriffe/Sachverhalte jeweils beziehen. Tragen Sie eine 5 in das Kästchen ein, wenn eine Zuordnung nicht möglich ist.

Begriffe/Sachverhalte

aa) Euribor ☐
ab) Umlaufrendite ☐
ac) Anlage überschüssiger Gelder bei der EZB ☐
ad) Verzinsung der Mindestreserve ☐
ae) Verkauf/Verpfändung von Wertpapieren (Fälligkeit des Geschäfts: 10. September 20..) ☐
af) Bund-Future (Fälligkeit September 20..) ☐
ag) Tenderquote (Fälligkeit des Geschäfts: Mitte Juni 20..) ☐
ah) Overnight-Refinanzierung bei der EZB ☐

b) Die Rheinbank AG legte vom 06.06.20.. bis 08.06.20.. einen Betrag von 11 Mio. EUR bei der EZB an.

Ermitteln Sie den Rückzahlungsbetrag am 08.06.20.. EUR ☐☐☐☐☐☐☐☐☐,☐☐

3. Anleihenkäufe der EZB

Welche der folgenden Aussagen zu den Ankaufprogrammen von Anleihen der EZB ist zutreffend? ☐

Aussagen

(1) Durch die Ankäufe wird den Kreditinstituten Liquidität entzogen.
(2) Die Ankäufe bewirken tendenziell einen Renditeanstieg bei den Wertpapieren.
(3) Da die EZB die Anleihen direkt bei den Schuldnern erwirbt, kann sie die Zinskonditionen je nach Marktlage anpassen.
(4) Die Programme dienen dazu, die Kreditvergabe der Banken anzukurbeln.
(5) Die EZB kauft im Rahmen der Programme nur Anleihen von staatlichen Emittenten an.

4. Mindestreserve

Einer Statistik zur Mindestreserve der deutschen Kreditinstitute entnehmen Sie folgende Angaben für den Monat Juli 20..:

Reservebasis	Reserve-Soll nach Abzug des Freibetrages	Zentralbankguthaben der Kreditinstitute bei der Deutschen Bundesbank	Überschussreserve
3 800 Mrd. EUR	37,8 Mrd. EUR	535,9 Mrd. EUR	498,1 Mrd. EUR

Erläutern Sie die Begriffe:

Reservebasis: ____________________

Reserve-Soll: ____________________

Zentralbankguthaben: ____________________

Überschussreserve: ____________________

2 Aufgaben zum Lernfeld

2.1 Ziele der Wirtschaftspolitik nach dem Stabilitätsgesetz

1. Aufgabe

Gehen Sie von folgenden Werten einer Volkswirtschaft aus:

	Wert des repräsentativen Warenkorbs	Preisindex für die Lebenshaltung
2018	4 200,00 Geldeinheiten	...
2019	4 307,69 Geldeinheiten	100
2020	4 436,92 Geldeinheiten	...

a) Ermitteln Sie die fehlenden Preisindizes der Jahre 2018 und 2020. *aa) 2018* % ☐☐☐.☐

ab) 2020 % ☐☐☐.☐

Wie hoch war der Wert des repräsentativen Warenkorbs (auf 2 Stellen gerundet) zu Beginn des Jahres 2017, wenn es in diesem Jahr eine Preissteigerungsrate von 1,8 % gab? GE ☐☐☐☐.☐☐

b) Ein Arbeitnehmerhaushalt hatte 2019 ein verfügbares Einkommen von 4 200 Geldeinheiten (GE). Dieses stieg 2020 um 180,60 GE. Wie hat sich die Kaufkraft des Haushaltes von 2019 auf 2020 entwickelt? % ☐.☐

2. Aufgabe

Ermitteln Sie mithilfe der nachstehend abgebildeten Arbeitsmarktstatistik

a) die Zahl der Erwerbspersonen im Mai des laufenden Jahres (in Mio. Personen), Mio. ☐☐.☐☐☐

b) den prozentualen Anteil der Beschäftigten im Bauhauptgewerbe an der Zahl der Erwerbspersonen im Mai des laufenden Jahres. % ☐.☐

c) die Zahl der selbstständigen Erwerbstätigen im Mai des laufenden Jahres (in Mio. Personen). Mio. ☐.☐☐☐

Hinweis: Erwerbspersonen = Erwerbspersonen(-potenzial) ohne „stille Reserve".

		Erwerbstätige			Arbeitnehmer		Beschäftigte			Beschäftigte in beschäftigungsschaffenden Maßnahmen	Personen in beruflicher Weiterbildung	Arbeitslose			Offene Stellen
			Veränderung gegen Vorjahr			Veränderung gegen Vorjahr	Bergbau und verarbeitendes Gewerbe	Bauhauptgewerbe	Kurzarbeiter				Veränderung gegen Vorjahr	Arbeitslosenquote	
		Tsd.	%	Tsd.	Tsd.	%	Tsd.					Tsd.	Tsd.	%	Tsd.
Zeit		Deutschland													
Vorjahr	Juli	40 214	− 0,2	− 78			5 094	716	1 236	13	213	3 462	+ 252	8,2	298
	Aug.	40 271	− 0,2	− 77	35 925	− 0,2	5 090	723	1 050	11	201	3 472	+ 276	8,3	300
	Sept.	40 554	− 0,3	− 103			5 099	726	1 074	9	218	3 346	+ 266	8,0	302
	Okt.	40 684	− 0,4	− 159			5 074	717	1 084	7	231	3 229	+ 232	7,7	298
	Nov.	40 663	− 0,3	− 136	36 178	− 0,4	5 059	714	976	6	234	3 215	+ 227	7,6	291
	Dez.	40 490	− 0,2	− 68			5 035	701	890	5	226	3 276	+ 173	7,8	281
laufendes Jahr	Jan.	39 832	− 0,2	− 88			4 971	673	1 009	4	207	3 617	+ 129	8,6	271
	Febr.	39 816	− 0,3	− 100	35 438	− 0,4	4 971	667	961	4	206	3 643	+ 91	8,7	298
	März	39 920	− 0,1	− 56			4 968	680	830	4	211	3 568	− 18	8,5	320
	April	40 127	0,0	+ 13			4 965	694	...	3	215	3 406	− 178	8,1	335
	Mai	40 279	+ 0,2	+ 79	35 814	+ 0,1	4 965	699	...	3	212	3 242	− 217	7,7	355
	Juni	40 368	+ 0,3	+ 124			4 976	...	...	3	208	3 153	− 257	7,5	370
	Juli	...	...	...	...	...	...	...	...	3	192	3 192	− 271	7,6	391

Quelle: eigene Darstellung nach Zahlen der Deutschen Bundesbank

3. Aufgabe

Ein Angestellter erhielt zu Beginn des Jahres ein Nettogehalt in Höhe von 2 500,00 €. Am Ende des Jahres erhöht sich das Nettogehalt auf 2 687,50 €. Im selben Jahr stieg der Preisindex für die Lebenshaltung von 120 auf 129,6.

Stellen Sie fest, um wie viel Prozent sich das reale Einkommen des Angestellten verändert hat. %

4. Aufgabe

In einer Arbeitsmarktstatistik werden für die Jahre 2019 und 2021 folgende Werte (Angaben in Tausend) veröffentlicht:

	2019	2021
Erwerbstätige	33 927	36 113
Arbeitslose	4 387	4 099
Kurzarbeiter	183	119
Offene Stellen	338	456

a) Ermitteln Sie die Arbeitslosenquote für das Jahr 2021. (Arbeitslose in Prozent der Erwerbspersonen) %

b) Stellen Sie fest, um wie viel Prozentpunkte die Arbeitslosenquote 2021 gegenüber 2019 gesunken ist. %-Punkte

5. Aufgabe

Stellen Sie jeweils fest, um welche Art der Arbeitslosigkeit es sich in den nachfolgenden Fällen handelt.

1 konjunkturelle Arbeitslosigkeit
2 strukturelle Arbeitslosigkeit
3 saisonale Arbeitslosigkeit
4 friktionale Arbeitslosigkeit

a) Ein Arbeitnehmer kündigt sein Beschäftigungsverhältnis, um sich eine besser bezahlte Stelle zu suchen; zwischenzeitlich ist er arbeitslos.

b) Aufgrund der hohen Überkapazitäten innerhalb der Werftindustrie müssen mehrere Werften stillgelegt werden.

c) Aufgrund einer allgemeinen Nachfrageschwäche müssen die Unternehmen ihre Produktion drosseln. Es kommt zu Entlassungen.

d) Aufgrund des frühen Wintereinbruchs kommt die Bauwirtschaft zum Erliegen. Die Arbeitnehmer erhalten Schlechtwettergeld.

6. Aufgabe

Sie lesen in einer Tageszeitung folgende Notiz zur Entwicklung der Zahlungsbilanz der Bundesrepublik Deutschland in einem Monat.

Gemäß Handelsbilanz waren die Exporte um 10,5 Mrd. EUR höher als die Einfuhren. Bei den Dienstleistungen ergab sich ein Defizit von 3,5 Mrd. EUR. Die geleisteten Primäreinkommen und Sekundäreinkommen an andere Länder überstiegen die erhaltenen Einkommen aus Primär- und Sekundärquellen per Saldo um 1,8 Mrd. EUR.

a) Ermitteln Sie den Leistungsbilanzsaldo. Mrd. EUR

b) *Stellen Sie fest, ob es sich um*
1 einen Leistungsbilanzüberschuss oder um
2 ein Leistungsbilanzdefizit
handelt.

c) *Stellen Sie fest, in welcher Teilbilanz die folgenden Vorgänge erfasst werden.*
1 Handelsbilanz
2 Dienstleistungsbilanz
3 Bilanz der Primäreinkommen
4 Bilanz der Sekundäreinkommen
Tragen Sie eine 5 in das Kästchen ein, wenn keine dieser Teilbilanzen betroffen ist.

Vorgänge

ca) Die Bundesregierung zahlt Beiträge für einen EU-Fonds.

cb) Die Dresdner Maschinenbau GmbH bezieht Rohstoffe aus Südamerika.

cc) Die in Großbritannien ansässige Royal Shipping Ltd. übernimmt den Transport der Rohstoffe (siehe cb).

cd) Heinz Bluder, wohnhaft in Stuttgart, erwirbt Aktien, die an der New Yorker Börse notiert werden.

ce) Heinz Bluder (siehe cd) erhält Dividenden aus seinem amerikanischen Aktienbesitz.

7. Aufgabe

In den folgenden Wirtschaftskreislauf sind einige wichtige Geldströme eingezeichnet (Nr. 01 bis 13). Kennzeichnen Sie die nachstehenden Transaktionen jeweils mit der korrekten Zahl.

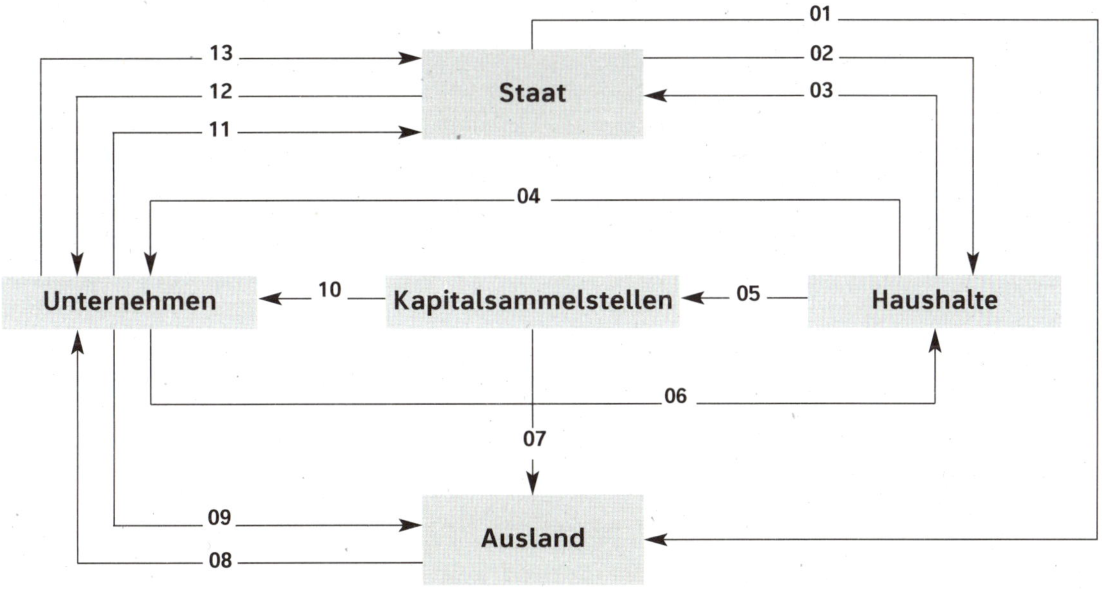

Transaktionen

a) Ein Beamter zahlt Steuern für sein Kraftfahrzeug.

b) Eine Gemeinde zahlt Rechnungen im Zusammenhang mit dem Bau einer neuen Bücherei.

c) Privatpersonen tätigen Konsumausgaben.

d) Ein Unternehmen verkauft Ware an einen dänischen Geschäftspartner.

e) Der Bürgermeister einer Gemeinde erhält einen neuen Dienstwagen.

f) Der Vorstandsvorsitzende einer Aktiengesellschaft zahlt Einkommensteuer.

g) Ein Privatmann verpachtet ein Grundstück an ein Unternehmen.

h) Eine Gemeinde gewährt Sozialhilfe an nicht arbeitsfähige Langzeitarbeitslose.

8. Aufgabe

Aus der volkswirtschaftlichen Gesamtrechnung einer Volkswirtschaft sind Ihnen die nachfolgenden Zahlenangaben (GE = Geldeinheiten) bekannt:

Private Konsumausgaben	300 GE
Konsumausgaben des Staates	100 GE
Bruttoinvestitionen	200 GE
Abschreibungen	50 GE
Exporte	180 GE
Importe	130 GE
Produktions- und Importabgaben (indirekte Steuern)	80 GE
Subventionen	30 GE
direkte Steuern und Sozialabgaben	250 GE
Transferzahlungen	50 GE
Einkommen der Inländer aus dem Ausland	35 GE
Einkommen der Ausländer aus dem Inland	30 GE

Ermitteln Sie

a) das Bruttonationaleinkommen (Bruttosozialprodukt) zu Marktpreisen, GE

b) das Volkseinkommen, GE

c) das Bruttoinlandsprodukt, GE

d) das verfügbare Volkseinkommen, GE

e) die Sparsumme der privaten Haushalte, GE

f) die Sparquote (in % des verfügbaren Volkseinkommens), %

g) den Außenbeitrag. GE

9. Aufgabe

Das Bruttoinlandsprodukt eines Landes beträgt 2794,2 Mrd. GE, das Bruttonationaleinkommen 2798,6 Mrd. GE.

a) Ermitteln Sie den Saldo der Primäreinkommen aus der übrigen Welt *Mrd. GE*
(Saldo der Erwerbs- und Vermögenseinkommen zwischen In- und Ausland).

b) Kennzeichen Sie den in a) ermittelten Saldo mit
1, wenn er mit einem Pluszeichen zu versehen ist,
9, wenn er mit einem Minuszeichen zu versehen ist.

10. Aufgabe

Die nebenstehende Statistik ist einem Monatsbericht der Deutschen Bundesbank entnommen.

a) Um wie viel Prozent hat sich das reale Bruttoinlandsprodukt im Jahr 2020 gegenüber dem Jahr 2015 verändert? %

Geben Sie an, ob es sich um eine

1 Steigerung oder
2 Senkung

handelt.

Position	2018	2019	2020
	Index 2015 = 100		
Preisbereinigt, verkettet			
I. Entstehung des Inlandsprodukts			
Produzierendes Gewerbe (ohne Baugewerbe)	109,3	105,4	95,1
Baugewerbe	103,7	107,3	108,7
Handel, Verkehr, Gastgewerbe	107,5	109,7	102,8
Information und Kommunikation	115,8	120,2	118,8
Erbringung von Finanz- und Versicherungsdienstleistungen	97,1	99,1	98,6
Grundstücks- und Wohnungswesen	100,8	101,8	101,2
Unternehmensdienstleister	109,8	110,8	102,0
Öffentliche Dienstleister, Erziehung und Gesundheit	105,7	107,4	105,1
Sonstige Dienstleister	101,0	102,1	90,6
Bruttowertschöpfung	106,4	106,9	101,3
Bruttoinlandsprodukt	106,2	106,8	101,5
II. Verwendung des Inlandsprodukts			
Private Konsumausgaben	105,6	107,2	100,8
Konsumausgaben des Staates	107,0	109,9	113,7
Ausrüstungen	112,1	112,7	98,6
Bauten	107,4	111,5	113,1
Sonstige Anlagen	114,2	117,3	116,0
Vorratsveränderungen			
Inländische Verwendung	107,7	109,0	104,5
Außenbeitrag			
Exporte	109,8	110,8	99,9
Importe	114,1	117,0	106,9
Bruttoinlandsprodukt	106,2	106,8	101,5
In jeweiligen Preisen (Mrd €)			
III. Verwendung des Inlandsprodukts			
Private Konsumausgaben	1755,4	1806,9	1708,9
Konsumausgaben des Staates	670,3	704,5	750,6
Ausrüstungen	235,6	240,1	212,9
Bauten	344,9	373,7	385,7
Sonstige Anlagen	128,8	134,2	134,6
Vorratsveränderungen	15,0	– 10,3	– 52,1
Inländische Verwendung	3150,0	3249,1	3140,6
Außenbeitrag	206,4	199,9	188,4
Exporte	1590,0	1617,4	1451,5
Importe	1383,6	1417,4	1263,1
Bruttoinlandsprodukt	3356,4	3449,1	3329,0
IV. Preise (2015 = 100)			
Privater Konsum	103,7	105,1	105,8
Bruttoinlandsprodukt	104,4	106,7	108,4
Terms of Trade	100,1	100,9	103,1
V. Verteilung des Volkseinkommens			
Arbeitnehmerentgelt	1771,8	1845,9	1836,4
Unternehmens- und Vermögenseinkommen	738,3	718,2	664,0
Volkseinkommen	2510,1	2564,1	2500,4
Nachr.: Bruttonationaleinkommen	3447,4	3542,8	3427,2

Quelle: Deutsche Bundesbank: Monatsbericht Januar 2021, 73. Jahrgang Nr. 1, Frankfurt am Main, 15.01.2021, Statistischer Teil S. 66. In: https://www.bundesbank.de/resource/blob/855872/335811dbbd2dfbf8b5235c6731b55658/mL/2021-01-monatsbericht-data.pdf [26.04.2021].*

b) *Welche der nachstehenden Aussagen zur Entwicklung des realen Bruttoinlandsprodukts (BIP) ist zutreffend?*

Aussagen

Das reale Bruttoinlandsprodukt ist 2020 gegenüber 2019 ☐

1 um mehr als 6 Prozentpunkte gesunken.
2 um knapp 5 % gesunken.
3 stärker gesunken als die Bruttowertschöpfung.
4 weniger stark gesunken als das nominale Bruttoinlandsprodukt.
5 um etwa 3,5 % gesunken.

c) *Welche der folgenden Aussagen zur Entwicklung der Lohnquote von 2019 auf 2020 ist zutreffend?*

Aussagen

Die Lohnquote ist ☐

1 um weniger als einen Prozentpunkt gestiegen.
2 um mehr als einen Prozentpunkt gestiegen.
3 um weniger als einen Prozentpunkt gesunken.
4 um mehr als einen Prozentpunkt gesunken.
5 unverändert geblieben.

d) *Welche der folgenden Aussagen zum Saldo der Primäreinkommen aus der übrigen Welt (Saldo der Erwerbs- und Vermögenseinkommen zwischen In- und Ausland) für 2020 ist zutreffend?* ☐

Aussagen

Der Saldo der Primäreinkommen aus der übrigen Welt betrug im Jahr 2020:

1 + 98,2
2 – 98,2
3 + 926,8
4 – 926,8
5 + 664,0

11. Aufgabe

In einem Armuts- und Reichtumsbericht des Bundesarbeitsministeriums wird ausgeführt, dass die reichsten 10 % der Haushalte 60 % des gesamten Nettovermögens besitzen. Der Anteil des obersten Zehntels sei dabei „im Zeitverlauf immer weiter gestiegen".

In welcher der nachstehenden Darstellungen wird die aktuelle Vermögensverteilung korrekt wiedergegeben? ☐

1

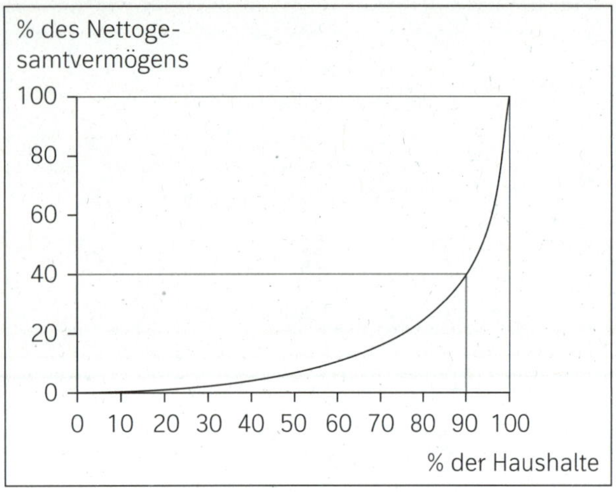

2

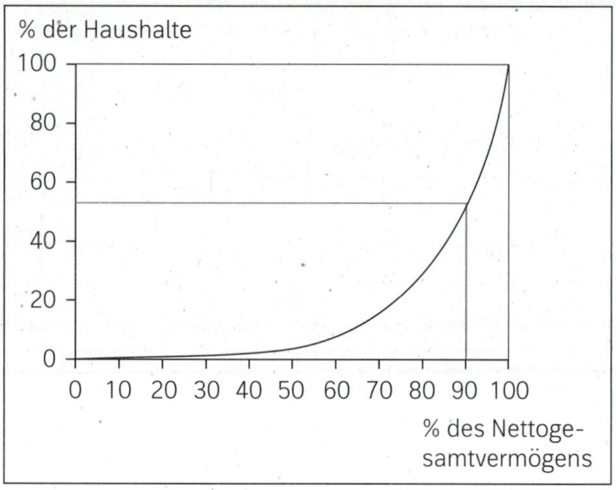

3

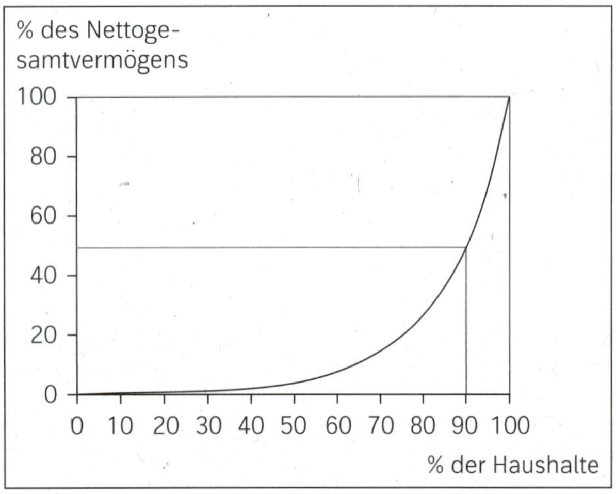

4

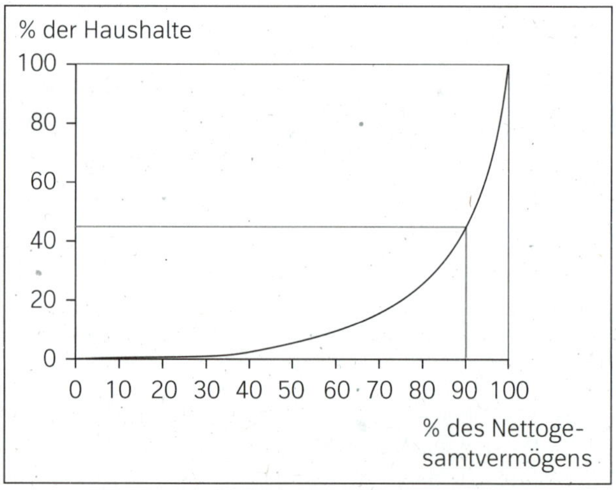

2.2 Konjunktur und Konjunkturpolitik

1. Aufgabe

Entscheiden Sie, ob die Verhaltensweisen der nachfolgend aufgeführten Wirtschaftssubjekte in den jeweiligen konjunkturellen Phasen konjunkturneutral (1), zyklisch (2) oder antizyklisch (3) wirken.

Verhaltensweisen	Konjunkturphase	
a) Die privaten Haushalte schränken ihre Konsumausgaben ein.	Rezession	☐
b) Das Ausland tritt auf den inländischen Gütermärkten verstärkt als Nachfrager auf.	Boom	☐
c) Die Bundesregierung beschließt Sparmaßnahmen, damit durch die konjunkturbedingten Steuerminderungseinnahmen kein Haushaltsdefizit entsteht.	Rezession	☐
d) Die Bundesregierung beschließt ein Förderprogramm zugunsten der Werftindustrie.	Rezession	☐
e) Die Investitionsgüternachfrage der Unternehmen ist rückläufig.	Rezession	☐
f) Die öffentlichen Haushalte verwenden die steigenden Steuereinnahmen zur Rücklagenbildung auf Konten bei der Deutschen Bundesbank.	Aufschwung	☐

2. Aufgabe

Im Stabilitätsgesetz (StabG) sind die fiskalpolitischen Ziele und Instrumente des Bundes und der Länder zur Globalsteuerung der Volkswirtschaft festgelegt.

Entscheiden Sie bei den nachfolgenden fiskalpolitischen Maßnahmen, ob diese der

1 Einnahmepolitik zur Konjunkturbelebung,
2 Einnahmepolitik zur Konjunkturdämpfung,
3 Ausgabenpolitik zur Konjunkturbelebung,
4 Ausgabenpolitik zur Konjunkturdämpfung

zuzuordnen sind.

a) Herabsetzung der Einkommensteuer um 10 % für die Dauer eines Jahres ☐

b) Gewährung eines Investitionsbonus ☐

c) Verschlechterung der Abschreibungsmöglichkeiten ☐

d) Verwendung der konjunkturbedingten Steuermehreinnahmen zur Bildung einer Konjunkturausgleichsrücklage ☐

3. Aufgabe

Eine Volkswirtschaft befindet sich in einer konjunkturellen Aufschwungphase.

a) Welche der folgenden Aussagen zur Entwicklung der Sparquote der privaten Haushalte und der Beschäftigung ist in dieser Phase tendenziell zutreffend? ☐

Aussagen

1 Die Sparquote und die Beschäftigung steigen.
2 Die Sparquote und die Beschäftigung sinken.
3 Die Sparquote sinkt, die Beschäftigung steigt.
4 Die Sparquote steigt, die Beschäftigung sinkt.
5 Eine eindeutige Aussage über die Entwicklung von Sparquote und Beschäftigung ist nicht möglich, da ein Zusammenhang dieser Größen mit dem Konjunkturverlauf nicht zuverlässig nachweisbar ist.

b) *Während der Aufschwungphase werden die Staatsausgaben erhöht und öffentliche Investitionen getätigt. Welche der folgenden Aussagen zum Verhalten des Staates ist zutreffend?* ☐

1 Der Staat betreibt eine nachfrageorientierte Wirtschaftspolitik und verhält sich zyklisch.
2 Der Staat betreibt eine nachfrageorientierte Wirtschaftspolitik und verhält sich antizyklisch.
3 Der Staat betreibt eine angebotsorientierte Wirtschaftspolitik und verhält sich zyklisch.
4 Der Staat betreibt eine angebotsorientierte Wirtschaftspolitik und verhält sich antizyklisch.
5 Der Staat betreibt keine aktive Wirtschaftspolitik und verhält sich konjunkturneutral.

2.3 Geld und Geldpolitik

1. Aufgabe

Kennzeichnen Sie die Änderung der Geldmenge M3, die sich bei folgenden Transaktionen ergibt. Tragen Sie ein eine

1 für Erhöhung,
2 für Senkung,
3 für den Fall, dass keine Änderung der Geldmenge vorliegt.

Transaktionen

a) *Sichteinlagen werden in Spareinlagen mit dreimonatiger Kündigung umgewandelt.* ☐

b) *Der Erlös aus dem Verkauf von Aktien wird zum Erwerb von Sparbriefen (fünfjährige Laufzeit) benutzt.* ☐

c) *Die Deutsche Bundesbank kauft Staatsanleihen von Unternehmen an; der Gegenwert wird auf Girokonten überwiesen.* ☐

d) *Sparbriefe (fünfjährige Laufzeit) sind fällig; der Gegenwert wird auf Girokonten übertragen.* ☐

e) *Spareinlagen mit dreimonatiger Kündigung werden aufgelöst; das Geld wird in Rentenfondsanteile investiert.*

f) *Spareinlagen mit dreimonatiger Kündigung werden in Festgelder mit dreimonatiger Laufzeit umgewandelt.* ☐

g) *Anleger erwerben Aktien und werden auf ihren kreditorischen Girokonten mit dem Gegenwert belastet.* ☐

2. Aufgabe

Insgesamt 19 europäische Länder haben inzwischen den Euro als Währung eingeführt.

a) *In welchen beiden der nachstehenden Länder ist der Euro noch* ***nicht eingeführt*** *worden?* ☐☐

Länder

1 Lettland	**3** Slowenien	**5** Tschechien
2 Schweden	**4** Slowakei	**6** Zypern

b) *Bei welchem der nachstehenden volkswirtschaftlichen Merkmale handelt es sich nicht um eine Voraussetzung für die Aufnahme eines Landes in den Währungsverbund?* ☐

Volkswirtschaftliche Merkmale:

1 Preisstabilität
2 Staatsverschuldung
3 Haushaltsdisziplin
4 Sozialsystem
5 Wechselkursstabilität

3. Aufgabe

Anfang Mai und Anfang Juni 20.. notierte der US-Dollar gegenüber dem Euro wie folgt:

- **Mai: 1,00 EUR = 1,2115 USD**
- **Juni: 1,00 EUR = 1,1917 USD**

a) Welche der folgenden Aussagen im Zusammenhang mit der Kursentwicklung im Monat Juni gegenüber Mai ist zutreffend? (Andere Einflussgrößen bleiben unverändert.) ☐

Aussagen

1 Kapitalanlagen von Inländern in den USA sanken im Wert.
2 Deutsche Rohstoffimporte auf USD-Basis ermäßigten sich im Preis.
3 Die EZB musste aufgrund vertraglicher Verpflichtungen USD verkaufen.
4 Europäische Exporteure hatten eine bessere Wettbewerbsfähigkeit auf dem US-amerikanischen Markt.
5 Reisen amerikanischer Touristen nach Europa verteuerten sich.

b) Beurteilen Sie, wie sich eine Zinssenkung im Eurowährungsraum tendenziell auf das Kursverhältnis EUR/USD im weiteren Verlauf des Monats Juni auswirken würde. ☐

1 Der USD würde weiter an Wert gewinnen.
2 Der USD würde weiter an Wert verlieren.
3 Der Wertverlust des USD von Mai auf Juni würde zu einem Wertgewinn.
4 Der Wertverlust des USD von Mai auf Juni würde sich abschwächen.
5 Eine Zinssenkung im Eurowährungsraum hätte nur dann eine Auswirkung auf das Kursverhältnis EUR/USD, wenn sie mit einer Zinserhöhung der amerikanischen Nationalbank kombiniert würde.

4. Aufgabe

In einem Monatsbericht der Europäischen Zentralbank (EZB) werden folgende Zinssätze erwähnt:

1 Hauptrefinanzierungssatz
2 Einmonatssatz (EURIBOR)
3 Spitzenrefinanzierungssatz
4 Tagesgeldsatz (EONIA)
5 Einlagesatz

a) Welche zwei Zinssätze sind von der EZB nicht direkt beeinflussbar? ☐☐

b) Welcher dieser Zinssätze kommt in Zusammenhang mit Offenmarktgeschäften der EZB zur Anwendung? ☐

5. Aufgabe

Welche beiden der folgenden Maßnahmen fallen nicht in den Kompetenzbereich der Deutschen Bundesbank? ☐☐

Maßnahmen

1 Durchführung von Geschäften mit den öffentlichen Verwaltungen eines Bundeslandes
2 Festsetzung des Hauptrefinanzierungssatzes
3 Abwicklung des internationalen Zahlungsverkehrs
4 Aufwertung des Euro
5 Annahme von Giroeinlagen
6 Beratung der Bundesregierung in währungspolitischen Angelegenheiten

6. Aufgabe

Gehen Sie von folgenden Hauptrefinanzierungsgeschäften aus:
(Mio. EUR; Zinssätze in % p. a.)

Abwicklungstag	Gebote (Betrag)	Anzahl der Teilnehmer	Zuteilung (Betrag)	Zinstender			
				Mindestbietungssatz	Marginaler Zuteilungssatz	Gewichteter Zuteilungssatz	Laufzeit (Tage)
Hauptrefinanzierungsgeschäfte							
4. Febr.	112763	276	76000	2,00	2,01	2,02	7
11.	147492	313	137000	2,00	2,00	2,01	7
18.	104015	285	83000	2,00	2,00	2,01	7
23.	135659	268	135659	2,00	2,00	2,00	7
3. März	100586	253	85000	2,00	2,00	2,01	7
10.	147204	267	127500	2,00	2,00	2,01	7
17.	224149	330	216500	2,00	2,00	2,01	7
24.	224531	333	224531	2,00	2,00	2,00	7
31.	257167	335	218000	2,00	2,00	2,01	7
7. April	255399	317	218500	2,00	2,00	2,01	7
14.	265103	341	205500	2,00	2,00	2,01	7
21.	267511	371	211000	2,00	2,00	2,01	7
28.	270499	366	220000	2,00	2,00	2,01	7
5. Mai	267916	349	211000	2,00	2,00	2,01	7
12.	273449	344	207000	2,00	2,00	2,01	7
19.	275403	371	223500	2,00	2,00	2,01	7
26.	280155	371	232500	2,00	2,00	2,01	7
2. Juni	269747	337	236000	2,00	2,00	2,01	7

a) *Ermitteln Sie die Zuteilungsquote für das Geschäft vom 2. Juni.*
(Ergebnis auf eine Stelle nach dem Komma runden.) %

b) *Wie hoch war der Zinsaufwand eines Kreditinstitutes, das bei dem Geschäft vom 2. Juni 3,5 Mio. EUR zu 2,01 % und 2,5 Mio. EUR zu 2,02 % geboten hatte?* EUR

c) *Welche der folgenden Aussagen zur geldpolitischen Maßnahme der EZB am 2. Juni ist zutreffend?*

Aussagen

Am 2. Juni fand aufgrund der oben dargestellten Geschäfte
1 per Saldo eine Liquiditätszuführung für die Kreditinstitute statt;
2 per Saldo ein Liquiditätsentzug für die Kreditinstitute statt;
3 keine Veränderung der Liquiditätsposition der Kreditinstitute statt.

Lernfeld 11:

Wertschöpfungsprozesse erfolgsorientiert steuern

11

Zielbeschreibung:

Sie verfügen über die Kompetenz, Wertschöpfungsprozesse auf Grundlage der Kosten- und Erlösrechnung zu analysieren und zu beurteilen.

1 Lernsituationen

1.1 Grundlagen der Kosten- und Erlösrechnung

Situationsbeschreibung

Sie sind für vier Wochen in der Abteilung Betriebsbuchhaltung (Controlling) eingesetzt. Im vergangenen Ausbildungsjahr hatten Sie schon die Gelegenheit, für einige Wochen die Finanzbuchhaltung der RegioBank AG kennenzulernen.

Sie führen mit der Abteilungsleiterin Maren Becker folgenden Dialog:

Frau Becker: *„Schön, dass Sie uns wieder unterstützen möchten."*

Sie: *„Sehr gerne, ich freue mich auf die Tätigkeit hier, weiß aber nicht, ob das nicht doch alles zu hoch und zu kompliziert für mich ist."*

Frau Becker: *„Ich bin da ganz optimistisch. Im vergangenen Jahr sind Sie hier auch gut klargekommen."*

Sie: *„Ja, die Finanzbuchhaltung habe ich weitgehend kapiert, nun soll ich aber im Controlling helfen. Allein dieses Wort erschreckt mich."*

Frau Becker: *„Das braucht es aber nicht. Wenn Sie die Finanzbuchhaltung damals wirklich verstanden haben, dürfte es Ihnen nicht schwerfallen, auch bei der Kosten- und Erlösrechnung den Durchblick zu bekommen."*

Sie: *„Wenn Sie es sagen."*

Frau Becker: *„Eine Tücke liegt darin, dass wir in der Finanzbuchhaltung und in der Betriebsbuchhaltung unterschiedliche Begriffe verwenden. So ermitteln wir in der Finanzbuchhaltung Aufwendungen und Erträge, während wir im Controlling von Kosten und Erlösen sprechen. In der Finanzbuchhaltung haben wir im vergangenen Jahr einen Jahresüberschuss von 6 793 000,00 EUR ermittelt, im Controlling ein Betriebsergebnis von 5 515 000,00 EUR. Es wäre doch eine schöne Aufgabe für Sie, diese Werte einmal herzuleiten."*

Frau Becker gibt Ihnen die Gewinn- und Verlustrechnung aus dem vergangenen Jahr.

Gewinn- und Verlustrechnung vom 01.01. bis 31.12.20..

1.	Zinserträge aus	
	a) Kredit- und Geldmarktgeschäften	23 960 000,00 EUR
	b) festverzinslichen Wertpapieren	1 847 000,00 EUR
2.	Zinsaufwendungen	–4 840 000,00 EUR
3.	Laufende Erträge aus Aktien und anderen nicht festverzinslichen Wertpapieren	2 166 000,00 EUR
4.	Provisionserträge	12 540 000,00 EUR
5.	Provisionsaufwendungen	–1 870 000,00 EUR
6.	Sonstige betriebliche Erträge	1 430 000,00 EUR
7.	Allgemeine Verwaltungsaufwendungen	
	a) Personalaufwand	–14 250 000,00 EUR
	b) andere Verwaltungsaufwendungen	–7 820 000,00 EUR
8.	Abschreibungen und Wertberichtigungen auf Sachanlagen	–1 150 000,00 EUR
9.	Sonstige betriebliche Aufwendungen	–925 000,00 EUR
10.	Abschreibungen auf Forderungen	–2 140 000,00 EUR
11.	Abschreibungen auf Wertpapiere	–168 000,00 EUR
12.	Außerordentliche Erträge	294 000,00 EUR
13.	Außerordentliche Aufwendungen	–391 000,00 EUR
14.	Steuern vom Einkommen und vom Ertrag	–1 890 000,00 EUR

Im Controlling sind folgende Zusatzkosten zu berücksichtigen:
- kalkulatorische Eigenkapitalkosten 2 645 000,00 EUR
- kalkulatorische Miete 620 000,00 EUR

Erstellen Sie folgende Unterlagen:

- Informationsblatt zu den Aufgaben des Controllings
- Übersicht zu Begriffen der Finanz- und Betriebsbuchhaltung o[illegible]lung eines elektronischen Glossars
- Gewinn- und Verlustrechnung in Kontenform mit Jahresüberschuss
- Gegenüberstellung von Kosten und Erlösen mit Betriebsergebnis

Information

- Informieren Sie sich noch einmal über Aufgaben und Aufbau der Finanzbuchhaltung.
- Welche unterschiedlichen Begriffe werden in der Lernsituation zur Finanzbuchhaltung und zur Betriebsbuchhaltung genannt?

Finanzbuchhaltung:

Betriebsbuchhaltung:

Planen und Entscheiden

- Stellen Sie fest, welche Informationen und Materialien Sie für die Bearbeitung der Lernsituation benötigen.
- Erstellen Sie einen Arbeits- und Zeitplan.

Durchführen

Bearbeiten Sie die Unterlagen zu den Handlungsprodukten.

Informationsblatt zu den Aufgaben des Controllings

Controlling	
Strategisches Controlling	**Operatives Controlling**

Durchführen

Übersicht zu Begriffen der Finanz- und Betriebsbuchhaltung

(Hinweis: Alternativ kann auch ein elektronisches Glossar erstellt werden.)

- **Finanzbuchhaltung**

Aufwendungen	
Zweckaufwendungen	**Neutrale Aufwendungen**

Erträge	
Zweckerträge	**Neutrale Erträge**

Jahresüberschuss =	

- **Betriebsbuchhaltung (Kosten- und Erlösrechnung)**

Kosten nach der Überleitung von der Finanz- zur Betriebsbuchhaltung	
Grundkosten	**Zusatzkosten**

Kosten nach der Entstehung	
Betriebskosten	**Wertkosten**

Erlöse nach der Entstehung	
Betriebserlöse	**Werterlöse**

Betriebsergebnis =	

Durchführen

Gewinn- und Verlustrechnung in Kontenform mit Jahresüberschuss

Finanzbuchhaltung	
Aufwendungen	Gewinn- und Verlustrechnung / Erträge

Gegenüberstellung von Kosten und Erlösen mit Betriebsergebnis

Kosten- und Erlösrechnung (Controlling)	
Kosten	Ermittlung des Betriebsergebnisses / Erlöse

Werterlöse	
– Wertkosten	
= **Ergebnis im Wertbereich**	

Betriebserlöse	
– Betriebskosten	
= **Ergebnis im Betriebsbereich**	

Ergebnis im Wertbereich	
+ Ergebnis im Betriebsbereich	
= **Betriebsergebnis**	

Gundkosten	
+ Zusatzkosten	
= **Kosten**	

Durchführen

Erlöse	
– Kosten	
= **Betriebsergebnis**	

Neutrale Erträge	
– Neutrale Aufwendungen	
= **Neutrales Ergebnis**	

Kontrolle

- **Tauschen Sie die von Ihnen erstellten Unterlagen mit Mitschülern aus, um die Materialien gegenseitig zu prüfen.**
- **Erstellen Sie zu unten stehenden Begriffen Karteikarten. Auf der Rückseite der Karteikarte erklären Sie den jeweiligen Begriff.**
  Es bietet sich an, digitale Lernkarten zu erstellen. Hierzu können Sie z. B die Anwendung Quizlet (https://quizlet.com/de) verwenden. Nach der Registrierung können Sie sehr unkompliziert digitale Karteikarten erstellen. Hilfen für die Erstellung eines Karteikarten-Lernsets finden Sie auf der Website von Quizlet.com und als Erklärvideos bei Youtube.

strategisches Controlling	operatives Controlling	Kosten	Aufwendungen
Grundkosten	Zusatzkosten	Zweckaufwendungen	neutrale Aufwendungen
Betriebskosten	Wertkosten	Betriebsergebnis	Jahresüberschuss

Bewerten

Reflektieren und bewerten Sie Ihre Vorgehensweise und Ihre Arbeitsergebnisse.

Phase	Urteil	Verbesserungsvorschläge für diesen Bereich
Vorgehensweise	🙂 😐 🙁	
Arbeitsergebnisse	🙂 😐 🙁	

Aufgaben zur Lernsituation

1. Kosten- und Erlösarten

Stellen Sie fest, ob es sich bei den unten stehenden Fällen jeweils um

(1) **Betriebskosten,**
(2) **Wertkosten,**
(3) **Betriebserlöse,**
(4) **Werterlöse,**
(5) **neutrale Aufwendungen oder um**
(6) **neutrale Erträge**

handelt.

Tragen Sie die jeweils zutreffende Ziffer in das Kästchen ein.

Fälle

a) Belastung von Kunden mit Depotgebühren ☐

b) Berechnung des Mietwertes der firmeneigenen Bürogebäude ☐

c) Spenden für gemeinnützige Zwecke ☐

d) Überweisung der Büromieten im Januar für das letzte Quartal des Vorjahres ☐

e) Gehaltszahlung an die Auszubildenden ☐

f) Verluste aus Wertpapiergeschäften ☐

g) Erträge aus der Auflösung einer im Vorjahr gebildeten Rückstellung ☐

h) Bildung von Einzelwertberichtigungen auf Forderungen ☐

i) Belastung von Kunden mit Darlehenszinsen ☐

j) Der Wertverlust eines Firmenfahrzeuges wird als Abschreibung erfasst. ☐

2. Erfolgswirksame Geschäftsfälle

Entscheiden Sie, ob es sich bei den folgenden Geschäftsfällen um

(1) Grundkosten,
(2) Zusatzkosten,
(3) neutrale Aufwendungen,
(4) Grunderlöse,
(5) neutrale Erträge oder um
(6) keine der genannten Größen

handelt.

Geschäftsfälle

a) Der Mietwert der Zweigstelle im eigenen Gebäude des Kreditinstituts beträgt 20 000,00 EUR. ☐

b) Die Regio-Bank AG spendet 3 000,00 EUR an eine gemeinnützige Organisation. ☐

c) Die Regio-Bank AG überweist 12 300,00 EUR Umsatzsteuer an das Finanzamt. ☐

d) Die Regio-Bank AG erhält eine Steuererstattung für das Vorjahr in Höhe von 25 100,00 EUR. ☐

e) Ein Firmenfahrzeug im Wert von 23 400,00 EUR erleidet durch einen Unfall einen Totalschaden. ☐

f) Die Kursverluste aus Devisengeschäften betragen 14 500,00 EUR. ☐

g) Wir verkaufen einen Geldautomaten 1 500,00 EUR unter Restbuchwert. ☐

h) Für geduldete Überziehungen berechnet die Regio-Bank AG einen erhöhten Zinssatz von 12 % und belastet die Kunden mit 4 390,00 EUR Zinsen. ☐

i) Am Jahresende zahlt die Regio-Bank AG außertarifliche Gratifikationen in Höhe von 35 120,00 EUR an besonders erfolgreiche Mitarbeiter. ☐

j) Die Regio-Bank AG gewinnt einen Prozess und löst die im Vorjahr gebildete Rückstellung in Höhe von 8 500,00 EUR auf. ☐

3. Erfolgsgrößen in der Finanz- und Betriebsbuchhaltung

Die Aufwands- und Ertragskonten der Regio-Bank AG weisen die folgenden Salden aus:

Kontenbezeichnung	Soll in TEUR	Haben in TEUR
Zinserträge		136 955
Provisionserträge aus Wertpapiergeschäften		6 750
Wertpapierzinserträge		8 245
Erträge aus der Vermietung von Wohnungen		5 120
Nettoertrag aus Finanzgeschäften		4 430
Erträge aus der Auflösung von Rückstellungen		840
Außerordentliche Erträge		150
Provisionserträge aus der Kontoführung		3 240
Zinsaufwendungen	56 785	
Löhne und Gehälter	21 435	
Aufwendungen für die betriebliche Altersversorgung	7 855	
Soziale Abgaben	3 635	
Allgemeine Verwaltungskosten	15 120	
Steuern vom Einkommen und Ertrag	4 350	
Außerordentliche Aufwendungen	515	
Abschreibungen auf Anlagen	1 665	
Abschreibungen auf Forderungen	3 045	
Provisionsaufwendungen	635	
Spenden	25	
Gewerbesteuernachzahlung für Vorjahr	65	

Zudem sind kalkulatorische Eigenkapitalkosten von 4 150 TEUR zu berücksichtigen.

Ermitteln Sie folgende Werte:

a) Aufwendungen TEUR ☐☐☐☐☐☐

b) Neutrale Aufwendungen TEUR ☐☐☐☐

c) Erträge TEUR ☐☐☐☐☐☐

d) Neutrale Erträge TEUR ☐☐☐☐

e) Jahresüberschuss TEUR ☐☐☐☐☐

f) Neutrales Ergebnis TEUR ☐☐☐☐

g) Grundkosten TEUR ☐☐☐☐☐☐

h) Zusatzkosten TEUR ☐☐☐☐

i) Gesamtkosten TEUR ☐☐☐☐☐☐

j) Erlöse TEUR ☐☐☐☐☐☐

k) Betriebsergebnis TEUR ☐☐☐☐☐

4. Betriebsergebnis und Jahresüberschuss

Die Regio-Bank AG hat folgende Salden ermittelt:

Aufwendungen	**145 800,00 EUR**
Erträge	**184 200,00 EUR**
Neutrale Erträge	**23 320,00 EUR**
Grundkosten	**132 900,00 EUR**
Zusatzkosten	**8 700,00 EUR**
Betriebskosten	**96 400,00 EUR**
Betriebserlöse	**38 500,00 EUR**

Ermitteln Sie folgende Werte:

a) Jahresüberschuss EUR

b) Neutrale Aufwendungen EUR

c) Gesamtkosten EUR

d) Wertkosten EUR

e) Gesamterlöse EUR

f) Werterlöse EUR

g) Betriebsergebnis EUR

Nutzen Sie zur Ermittlung der Ergebnisse das folgende Schema:

Aufwendungen	
145 800,00 EUR	
Zweckaufwand	**Neutrale Aufwendungen**

Erträge	
184 200,00 EUR	
Zweckerträge	**Neutrale Erträge**

Jahresüberschuss	

Kosten	
Grundkosten	**Zusatzkosten**
Betriebskosten	**Wertkosten**

Erlöse	
Betriebserlöse	**Werterlöse**

Betriebsergebnis	

1.2 Anderskosten

Situationsbeschreibung

Sie sind seit einiger Zeit in der Betriebsbuchhaltung der Regio-Bank AG tätig. Mittlerweile kennen Sie den Unterschied zwischen Jahresüberschuss und Betriebsergebnis. Sie können Aufwendungen und Erträge von Kosten und Erlösen unterscheiden.

Nun beschäftigen Sie sich mit Abschreibungen auf Anlagen und mit Abschreibungen auf Forderungen. Ihre Abteilungsleiterin Maren Becker weist Sie darauf hin, dass die in der Finanzbuchhaltung gebuchten Aufwendungen nicht ohne Weiteres in die Kosten- und Erlösrechnung übernommen werden können.

Sie: *„Frau Becker, das verstehe ich nicht. Abschreibungen sind doch Zweckaufwendungen, und Zweckaufwendungen gehen doch als Grundkosten in die Kosten- und Erlösrechnung ein."*

Frau Becker: *„Da haben Sie zwar grundsätzlich recht, aber im Leben ist doch manches komplizierter als zunächst gedacht. Im Controlling rechnen wir häufig mit anderen Werten als in der Finanzbuchhaltung. In diesen Fällen sprechen wir von Anderskosten. Ich gebe Ihnen zwei Beispiele:*

- *In der Finanzbuchhaltung buchen wir in jedem Jahr die Forderungsausfälle, die in dem entsprechenden Jahr entstanden sind. Da gibt es natürlich in Abhängigkeit vom Konjunkturverlauf von Jahr zu Jahr oft große Schwankungen. Im Controlling „glätten" wir daher die Werte und rechnen mit Durchschnittswerten der vergangenen fünf Jahre, damit wir aus den Zahlen keine falschen Schlussfolgerungen ziehen.*
- *Abschreibungen auf Sachanlagen buchen wir in der Finanzbuchhaltung nach den Vorgaben der Finanzverwaltung. Die AfA-Liste gibt uns dabei die Nutzungsdauer vor. Da haben wir in der Praxis bei einigen Gütern jedoch abweichende Vorstellungen. Zudem dürfen in der Finanzbuchhaltung nur die Anschaffungskosten abgeschrieben werden. Im Controlling rechnen wir aber oft mit Wiederbeschaffungskosten.*

Zu diesen Beispielen habe ich einige Daten für Sie vorbereitet."

Frau Becker bittet Sie, anhand der Daten folgende Grundkosten, Zusatzkosten und neutralen Aufwendungen zu ermitteln:
- Forderungsausfälle der vergangenen drei Jahre,
- jährlicher Wertverlust der Selbstbedienungsterminals.

Forderungsausfälle der Regio-Bank AG

Jahr	tatsächlicher Forderungsausfall	durchschnittlicher Forderungsausfall der vergangenen fünf Jahre
1	7580000,00 EUR	7062000,00 EUR
2	5860000,00 EUR	6342000,00 EUR
3	7210000,00 EUR	6427000,00 EUR

Anschaffung von Selbstbedienungsterminals

Die Regio-Bank AG hat im Januar 20.. Kundenselbstbedienungsterminals zu Anschaffungskosten von 38640,00 EUR erworben. Die gewöhnliche Nutzungsdauer gemäß AfA-Liste beträgt sieben Jahre. Die Controllingabteilung der Regio-Bank AG kalkuliert in der Kosten- und Erlösrechnung mit erwarteten Wiederbeschaffungskosten von 42000,00 EUR und einer erwarteten Nutzungsdauer von fünf Jahren.

Erstellen Sie mithilfe eines Tabellenkalkulationsprogramms folgende Unterlagen:

- Tabelle über die von den Forderungsausfällen verursachten Aufwendungen und Kosten
- Abschreibungspläne in der Finanzbuchhaltung und in der Betriebsbuchhaltung für die Selbstbedienungsterminals

Information

- Aktivieren Sie Ihr Vorwissen zu Aufwendungen und Kosten.
- Begründen Sie, warum in der Kosten- und Erlösrechnung nicht die tatsächlichen Forderungsausfälle als Kosten angesetzt werden.

- Begründen Sie, warum in der Kosten- und Erlösrechnung bei Abschreibungen auf Sachanlagen oft mit einer von der AfA-Liste abweichenden Nutzungsdauer und mit Wiederbeschaffungskosten gerechnet wird.

Planen und Entscheiden

- Stellen Sie fest, welche Informationen und Materialien Sie für die Bearbeitung der Lernsituation benötigen.
- Erstellen Sie einen Arbeits- und Zeitplan.

Durchführen

Bearbeiten Sie die Unterlagen zu den Handlungsprodukten.

Tabelle über die von den Forderungsausfällen verursachten Aufwendungen und Kosten

	A	B	C	D	E	F
1	Jahr	Aufwendungen (tatsächlicher Forderungsausfall)	Kosten	Grundkosten	Zusatzkosten	Neutrale Aufwendungen
2	1					
3	2					
4	3					

Abschreibungspläne in der Finanzbuchhaltung und in der Betriebsbuchhaltung für die Selbstbedienungsterminals

	A	B	C	D	E	F
1	Jahr	Aufwendungen	Kosten (Gesamt)	Grundkosten (Zweckaufwand)	Zusatzkosten	Neutraler Aufwand
2	1					
3	2					
4	3					
5	4					
6	5					
7	6					
8	7					
9	Summe					

Kontrolle

Tauschen Sie die von Ihnen erstellten Unterlagen mit Mitschülern aus, um die Materialien gegenseitig zu prüfen.

Bewerten

Reflektieren und bewerten Sie Ihre Vorgehensweise und Ihre Arbeitsergebnisse.

Phase	Urteil	Verbesserungsvorschläge für diesen Bereich
Vorgehensweise	🙂 😐 🙁	
Arbeitsergebnisse	🙂 😐 🙁	

Aufgaben zur Lernsituation

1. Kostenarten

Stellen Sie fest, welche Kostenart bei den unten stehenden Aussagen jeweils angesprochen ist.

Kostenarten
(1) **Anderskosten**
(2) **Zusatzkosten**
(3) **Grundkosten**
(4) **Betriebskosten**
(5) **Wertkosten**

a) Diese Kosten entstehen im technisch-organisatorischen Bereich der Bank. ☐

b) Diese Kosten können höher oder niedriger sein als die zugehörigen Aufwendungen. ☐

c) Diese Kosten sind zugleich Zweckaufwand. ☐

d) Diese Kosten sind keine Aufwendungen. ☐

e) Diese Kosten ergeben zusammen mit den Betriebskosten die Gesamtkosten. ☐

2. Abschreibung eines Firmen-Pkw

Die Regio-Bank AG hat am 17.04.20.. einen Pkw für die Finanzberatung zum Preis von 18800,00 EUR zuzüglich 19 % Umsatzsteuer erworben. Der Pkw hat gemäß AfA-Liste eine gewöhnliche Nutzungsdauer von sechs Jahren. Im Controlling wird eine Nutzungsdauer von sieben Jahren angenommen und es wird mit Wiederbeschaffungskosten von 24000,00 EUR einschließlich Umsatzsteuer gerechnet.

a) Wie hoch ist die Abschreibung in der Finanzbuchhaltung am Ende des ersten Nutzungsjahres? EUR ☐☐☐☐,☐☐

b) Wie hoch ist die Abschreibung im Controlling am Ende des ersten Nutzungsjahres? EUR ☐☐☐☐,☐☐

c) Entscheiden Sie, ob im ersten Nutzungsjahr Zusatzkosten (1) zu berücksichtigen sind oder ob ein neutraler Aufwand (9) entsteht. ☐

d) Wie hoch ist der Betrag in Euro, den die Controllingabteilung als Zusatzkosten oder neutralen Aufwand im Rahmen der Preiskalkulation bei Aufgabe c) berücksichtigt? EUR ☐☐☐,☐☐

3. Geringwertige Wirtschaftsgüter

Die Regio-Bank AG hat im Jahr 1 (Anschaffungsjahr) einen Sammelposten für geringwertige Wirtschaftsgüter im Gesamtwert von 82500,00 EUR neu gebildet. Nach dem Einkommensteuergesetz ist der Sammelposten in fünf gleichen Jahresraten aufzulösen (§ 6 Abs. 2a EStG).

Die im Controlling kalkulierte Nutzungsdauer beträgt für die Güter vier Jahre.

Ermitteln Sie die fehlenden Tabellenwerte.

Jahr	Aufwand	Kosten	Zusatzkosten	Neutraler Aufwand
1				
2				
3				
4				
5				

4. Die Regio-Bank AG ermittelt das Betriebsergebnis

Die Regio-Bank AG hat zum 31.12.20.. folgende Daten ermittelt:

	in TEUR
Zinsaufwendungen	33000
Außerordentliche Erträge	1860
Sonstige Forderungen	14950
Provisionsaufwendungen	6500
Steuern vom Einkommen und Ertrag (Körperschaft- und Gewerbesteuer)	420
Löhne und Gehälter	22500
Soziale Abgaben	3400
Abschreibungen auf Sachanlagen [1]	2400
Abschreibungen auf Forderungen [2]	4200
Rückstellungen	67500
Sonstige betriebliche Aufwendungen	2610
Zinserlöse	85000
Umsatzsteuer	1300
Provisionserlöse	42000
Außerordentliche Aufwendungen	950

Anmerkungen:

[1] Abschreibungen auf Sachanlagen: Die 2400 TEUR entsprechen der steuerlich zulässigen Abschreibung. Unter Berücksichtigung der tatsächlichen Nutzungsdauer betragen die Abschreibungen 2150 T EUR.

[2] Abschreibungen auf Forderungen: langjähriger durchschnittlicher Forderungsausfall 3900 TEUR.

a) Ermitteln Sie den Jahresüberschuss. *TEUR* ☐☐☐☐☐

b) Ermitteln Sie das Betriebsergebnis. *TEUR* ☐☐☐☐☐

1.3 Gesamtbetriebskalkulation

Situationsbeschreibung

Die Regio-Bank AG hat in ihrem Geschäftsbericht vom vergangenen Jahr die folgende Gewinn- und Verlustrechnung veröffentlicht:

Gewinn- und Verlustrechnung für die Zeit vom 01.01.20.. bis 31.12.20..

	Geschäftsjahr in TEUR	Vorjahr in TEUR
1. Zinserträge aus		
a) Kredit- und Geldmarktgeschäften	98950	92820
b) festverzinslichen Wertpapieren und Schuldbuchforderungen	3510	3790
2. Zinsaufwendungen	−13880	−7520
3. Laufende Erträge aus		
a) Aktien und anderen nicht festverzinslichen Wertpapieren	4200	3000
b) Beteiligungen	3000	2800
c) Anteilen an verbundenen Unternehmen	0	0
4. Erträge aus Gewinngemeinschaften	0	0
5. Provisionserträge	37440	33290
6. Provisionsaufwendungen	−3230	−2660
7. Nettoertrag oder Nettoaufwand des Handelsbestandes	0	0
8. Sonstige betriebliche Erträge	8210	6910
9. Allgemeine Verwaltungsaufwendungen		
a) Personalaufwand		
aa) Löhne und Gehälter	−38460	−35880
ab) Soziale Abgaben und Aufwendungen für Alterversorgung	−10920	−10180
b) andere Verwaltungsaufwendungen	−27580	−21610
10. Abschreibungen und Wertberichtigungen auf Sachanlagen	−3430	−2970
11. Sonstige betriebliche Aufwendungen	−6400	−4860
12. Abschreibungen und Wertberichtigungen auf Forderungen und Wertpapiere sowie Zuführung zu Rückstellungen im Kreditgeschäft	−7460	−1250
13. Erträge aus Zuschreibungen zu Forderungen und Wertpapiere sowie aus der Auflösung von Rückstellungen im Kreditgeschäft	0	0
14. Abschreibungen und Wertberichtigungen auf Beteiligungen	0	0
15. Erträge aus Zuschreibungen zu Beteiligungen	0	20
16. Aufwendungen aus Verlustübernahme	0	0
17. Ergebnis der normalen Geschäftstätigkeit	**43950**	**55680**
18. Außerordentliche Erträge	210	820
19. Außerordentliche Aufwendungen	−640	−590
20. Steuern vom Einkommen und vom Ertrag	−10550	−14990
21. Sonstige Steuern, soweit nicht unter Posten 11 ausgewiesen	−210	−230
22. Zuführung zum Fonds für allgemeine Bankrisiken	−10840	−22930
23. Jahresüberschuss	**21920**	**17780**

Die durchschnittliche Bilanzsumme betrug im Geschäftsjahr 4915910 TEUR, im Vorjahr 4627180 TEUR.

Sie unterhalten sich mit Frau Becker, Leiterin der Abteilung Rechnungswesen, über die Ergebnisse des Jahresabschlusses.

Sie: *„Ich habe mir unseren Geschäftsbericht mal genauer angeschaut. Das sieht doch alles sehr gut aus. Unsere durchschnittliche Bilanzsumme ist im Vergleich zum Vorjahr von 4,6 Mrd. EUR auf 4,9 Mrd. EUR gestiegen und unser Jahresüberschuss hat sich von circa 18 Mio. EUR auf fast 22 Mio. EUR erhöht. Da haben wir doch prima gearbeitet."*

Frau Becker: *„Da irren Sie sich aber gewaltig. Das vergangene Jahr war nämlich deutlich schlechter als das vorhergehende Geschäftsjahr."*

Sie: *„Nun bin ich aber ratlos."*

Frau Becker: *„Bei der Beurteilung von Jahresabschlüssen muss man schon genauer hinschauen. Der Jahresüberschuss sagt übrigens nicht so viel aus, wichtiger ist das Betriebsergebnis. Bitte schauen Sie sich unseren Jahresabschluss noch einmal genauer an. Es gibt dazu ein von vielen Banken verwendetes Schema zu einer Gesamtbetriebskalkulation. Versuchen Sie doch bitte herausfinden, warum es in diesem Jahr schlechter lief als im Vorjahr."*

Erstellen Sie folgende Unterlagen:

- Gesamtbetriebskalkulation für das Geschäftsjahr und für das Vorjahr mithilfe eines Tabellenkalkulationsprogramms
- Bericht über die Auswertung der Ergebnisse und über mögliche Ursachen von Veränderungen

Information

- **Gehen Sie die einzelnen Positionen der Gewinn- und Verlustrechnung durch und klären Sie dabei auftretende Fragen.**
- **Unterscheiden Sie die Begriffe „Jahresüberschuss" und „Betriebsergebnis".**

Jahresüberschuss: ____________________

____

____

____

____

Betriebsergebnis: ____________________

____

____

____

____

____

Planen und Entscheiden

- **Stellen Sie fest, welche Informationen und Materialien Sie für die Bearbeitung der Lernsituation benötigen.**
- **Erstellen Sie einen Arbeits- und Zeitplan.**

Durchführen

Bearbeiten Sie die Unterlagen zu den Handlungsprodukten.

Gesamtbetriebskalkulation für das Geschäftsjahr und für das Vorjahr

Gesamtbetriebskalkulation der Regio-Bank AG

	Geschäftsjahr	Vorjahr
durchschnittliche Bilanzsumme in TEUR:	4915910	4627180
Position der Gewinn- und Verlustrechnung	in TEUR	in TEUR
Zinserträge		
+ Laufende Erträge aus Aktien und Beteiligungen		
+ Erträge aus Gewinnabführungsverträgen		
– Zinsaufwendungen		
= *Zinsüberschuss (1)*		
Provisionserträge		
– Provisionsaufwendungen		
= **Provisionsüberschuss** (2)		
Personalaufwand		
+ Andere Verwaltungsaufwendungen		
+ Abschreibungen und Wertberichtigungen auf Anlagen		
= **Verwaltungsaufwand** (3)		
Teilbetriebsergebnis (1) + (2) – (3)		
Nettoergebnis aus Finanzgeschäften (4)		
+ Sonstige betriebliche Erträge		
– Sonstige betriebliche Aufwendungen		
= **Saldo der Sonstigen bet. Erträge und Aufw.** (5)		
+ Abschreibungen und Wertberichtigungen auf Forderungen und Werpapiere sowie Zuführungen zu Rückstellungen im Kreditgeschäft		
– Erträge aus Zuschreibungen zu Forderungen und Wertpapiere sowie aus der Auflösung von Rückstellungen im Kreditgeschäft		
= **Bewertungsergebnis (Risikovorsorge)** (6)		
Betriebsergebnis aus normaler Geschäftstätigkeit (Summe 1–6)		

in Prozent der Bilanzsume	Geschäftsjahr	Vorjahr
Zinserträge		
Zinsaufwendungen		
Bruttozinsspanne (11)		
Provisionsspanne (12)		
Personalaufwandsspanne		
Sachaufwandsspanne		
Bruttobedarfsspanne (13)		
Handelsergebnis (14)		
Sonstige Ertragsspanne (15)		
Bewertungsspanne (16)		
Nettogewinnspanne		

Bruttozinsspanne (11)		
+ Provisionsspanne (12)		
+ Handelsergebnis (14)		
+ Sonstige Ertragsspanne (15)		
= **Bruttoertragsspanne**		

Bruttoertragsspanne		
– Bruttobedarfsspanne (13)		
= Bruttogewinnspanne		
– Bewertungsspanne (16)		
= **Nettogewinnspanne**		

Durchführen

Bericht über die Auswertung der Ergebnisse und über mögliche Ursachen von Veränderungen

Kontrolle

- Tauschen Sie die von Ihnen erstellten Unterlagen mit Mitschülern aus, um die Materialien gegenseitig zu prüfen.
- Erstellen Sie eine Gesamtbetriebskalkulation für Ihren Ausbildungsbetrieb und vergleichen Sie die Ergebnisse mit denen von der Regio-Bank AG.
  Den Geschäftsbericht Ihres Kreditinstitutes finden Sie im Internet.

Bewerten

Reflektieren und bewerten Sie Ihre Vorgehensweise und Ihre Arbeitsergebnisse.

Phase	Urteil	Verbesserungsvorschläge für diesen Bereich
Vorgehensweise	🙂 😐 🙁	
Arbeitsergebnisse	🙂 😐 🙁	

Aufgaben zur Lernsituation

1. Ertrags- und Gewinnspannen

Die Regio-Bank AG hat bei einer Gesamtbetriebskalkulation für das Geschäftsjahr folgende Werte ermittelt:

Sonstige Ertragsspanne	0,10 %
Handelsergebnis	− 0,25 %
Bewertungsspanne	− 0,20 %
Bruttobedarfsspanne	− 2,80 %
Bruttozinsspanne	3,20 %
Provisionsspanne	0,40 %

a) Ermitteln Sie die Bruttoertragsspanne. %

b) Ermitteln Sie die Bruttogewinnspanne. %

c) Ermitteln Sie die Nettogewinnspanne. %

2. Gesamtbetriebskalkulation für die Union-Bank AG

Die Union-Bank AG veröffentlicht folgende Werte:

Auszug aus der GuV (in Mio. EUR)

Aufwendungen		Erträge	
1. Zinsaufwendungen	600,00	1. Zinserträge	950,00
2. Provisionsaufwendungen	120,00	2. Laufende Erträge aus Aktien und Beteiligungen	180,00
4. a) Personalaufwand	240,00	3. Erträge aus Gewinnabführungsverträgen	10,00
4. b) Andere Verwaltungsaufwendungen	125,00	4. Provisionserträge	135,00
5. Abschreibungen und Wertberichtigungen auf Sachanlagen	25,00	5. Nettoertrag aus Finanzgeschäften	40,00
6. Sonstige betriebliche Aufwendungen	34,00	6. Erträge aus Zuschreibungen zu Forderungen und Wertpapieren der Liquiditätsreserve	2,00
7. Abschreibungen und Wertberichtigungen auf Forderungen und Wertpapiere der Liquiditätsreserve sowie Zuführungen zu Rückstellungen im Kreditgeschäft	26,00	8. Sonstige betriebliche Erträge	38,00

Die durchschnittliche Bilanzsumme der Union-Bank AG betrug 5000 Mio. EUR.

Ermitteln Sie:

a) Bruttozinsspanne %

b) Provisionsspanne %

c) Bruttobedarfsspanne %

d) Handelsergebnis %

e) Sonstige Ertragsspanne %

f) Bewertungsspanne %

g) Nettogewinnspanne %

h) Teilbetriebsergebnis Mio. EUR

i) Betriebsergebnis Mio. EUR

3. Die Rheinbank AG möchte ihre Nettogewinnspanne erhöhen

Die Controllingabteilung der Rheinbank AG hat folgende Werte ermittelt:

Position	Mio. EUR
Durchschnittliche Bilanzsumme	2500,0
Zinsaufwendungen	40,0
Provisionsaufwendungen	20,0
Personalaufwendungen	30,0
Abschreibungen auf Sachanlagen	6,0
Andere Verwaltungsaufwendungen	14,0
Abschreibungen auf Forderungen und bestimmte Wertpapiere	15,0
Zinserträge	105,0
Provisionserträge	40,0

a) *Ermitteln Sie für die Gesamtbetriebskalkulation folgende Werte:*
(Ergebnisse jeweils auf zwei Stellen nach dem Komma runden)

aa) Bruttozinsspanne — % ☐☐,☐☐

ab) Provisionsspanne — % ☐☐,☐☐

ac) Bruttobedarfsspanne — % ☐☐,☐☐

ad) Bewertungsspanne (Risikospanne) — % ☐☐,☐☐

ae) Nettogewinnspanne — % ☐☐,☐☐

b) *Der Vorstand der Rheinbank AG möchte im nächsten Geschäftsjahr die Nettogewinnspanne bei einer unveränderten Bilanzsumme auf 1,20 % erhöhen.*
Dies soll erreicht werden, indem die Bruttozinsspanne um 0,25 Prozentpunkte erhöht und die anderen Verwaltungsaufwendungen gesenkt werden.
Ermitteln Sie den Betrag in Mio. Euro, um den die anderen Verwaltungsaufwendungen sinken müssen. — Mio. EUR ☐☐,☐☐

1.4 Investitionsrechnung

Situationsbeschreibung

Die Regio-Bank AG möchte zehn Geschäftsstellen modernisieren und dafür jeweils 20 neue Kontoauszugsdrucker und Selbstbedienungsterminals anschaffen.

Für die Kontoauszugsdrucker liegen Ihnen zwei Angebote vor:

Angebote für 20 Kontoauszugsdrucker	Angebot I (Kontoauszugsdrucker Typ KD 320)	Angebot II (Kontoauszugsdrucker Typ KD 480)
Einzelpreis einschließlich USt	2250,00 EUR	2820,00 EUR
Anzahl	20	20
Gesamtpreis (Anschaffungskosten)	45000,00 EUR	56400,00 EUR
erwartete Nutzungsdauer	7 Jahre	7 Jahre
kalkulatorischer Zinssatz	6 %	6 %
Sonstige Fixkosten pro Jahr für 20 Drucker	2800,00 EUR	1650,00 EUR
variable Kosten pro Kontoauszug	0,06 EUR	0,04 EUR

Die Regio-Bank AG rechnet mit insgesamt circa 80000 Kontoauszügen pro Jahr, die mit den Geräten gedruckt werden. Allerdings ist zu erwarten, dass die Zahl tendenziell in Zukunft sinkt, weil immer mehr Kunden ihre Kontoauszüge nur noch elektronisch abrufen.

Auch für die Selbstbedienungsterminals haben Sie zwei Angebote eingeholt:

Angebot für 20 SB-Terminals	Angebot I (SB Typ CT 1180)	Angebot II (SB Typ CX 1590)
Einzelpreis einschließlich USt	4550,00 EUR	7680,00 EUR
Anzahl	20	20
Gesamtpreis (Anschaffungskosten)	91000,00 EUR	153600,00 EUR
erwartete Nutzungsdauer	6 Jahre	6 Jahre
kalkulatorischer Zinssatz	6 %	6 %
Sonstige Fixkosten pro Jahr für 20 SB-Terminals	2480,00 EUR	4540,00 EUR
variable Kosten pro Jahr bei erwarteter Kundennutzung für 20 SB-Terminals	6320,00 EUR	8130,00 EUR
erwartete Erlöse pro Jahr für 20 SB-Terminals	44500,00 EUR	56300,00 EUR

Die Selbstbedienungsterminals unterscheiden sich durch ihre Funktionen. Da der SB Typ CX den Kunden eine größere Vielzahl von Bankgeschäften ermöglicht, erwartet die Regio-Bank AG beim Einsatz dieser Geräte höhere Erlöse (Provisionen) als beim SB Typ CT 1180.

Ihr Abteilungsleiter Dennis Klose bittet Sie, die Angebote zu analysieren und eine Entscheidungsgrundlage vorzubereiten.

Erstellen Sie folgende Unterlagen:

- Kostenvergleichsrechnung für die Kontoauszugsdrucker
- Gewinnvergleichsrechnung zu den Selbstbedienungsterminals
- Bericht mit einer Kaufempfehlung für die jeweils von Ihnen bevorzugten Geräte

Information

- **Informieren Sie sich über die Aufgabenstellung.**
- **Unterscheiden Sie die Begriffe fixe und variable Kosten.**

Planen und Entscheiden

- **Stellen Sie fest, welche Informationen und Materialien Sie für die Bearbeitung der Lernsituation benötigen.**
- **Erstellen Sie einen Arbeits- und Zeitplan.**

Durchführen

Bearbeiten Sie die Unterlagen zu den Handlungsprodukten.

Kostenvergleichsrechnung für die Kontoauszugsdrucker

Fixkosten pro Jahr	Angebot I (Kontoauszugsdrucker Typ KD 320)	Angebot II (Kontoauszugsdrucker Typ KD 480)
kalkulatorische Abschreibungen		
kalkulatorische Zinsen		
sonstige Fixkosten pro Jahr		
Summe		

Nebenrechnung: Ermittlung der kalkulatorischen Zinsen

Durchführen

Angebot I

Anzahl Kontoauszüge	Fixe Kosten pro Jahr	Variable Kosten pro Jahr	Gesamtkosten	Kosten pro Kontoauszug
10 000				
20 000				
30 000				
40 000				
50 000				
60 000				
70 000				
80 000				
90 000				
100 000				

Angebot II

Anzahl Kontoauszüge	Fixe Kosten	Variable Kosten	Gesamtkosten	Kosten pro Kontoauszug
10 000				
20 000				
30 000				
40 000				
50 000				
60 000				
70 000				
80 000				
90 000				
100 000				

Gewinnvergleichsrechnung zu den Selbstbedienungsterminals

	Angebot I (SB Typ CT 1180)	Angebot II (SB Typ CX 1590)
kalkulatorische Abschreibungen		
kalkulatorische Zinsen		
Sonstige Fixkosten pro Jahr		
variable Kosten pro Jahr bei erwarteter Kundennutzung		
Gesamtkosten pro Jahr		
Erlöse		
Gewinn		

Durchführen

Nebenrechnung: Ermittlung der kalkulatorischen Zinsen

Bericht mit einer Kaufempfehlung für die jeweils von Ihnen bevorzugten Geräte

Kontrolle

Tauschen Sie die von Ihnen erstellten Unterlagen mit Mitschülern aus, um die Materialien gegenseitig zu prüfen.

Bewerten

Reflektieren und bewerten Sie Ihre Vorgehensweise und Ihre Arbeitsergebnisse.

Phase	Urteil	Verbesserungsvorschläge für diesen Bereich
Vorgehensweise	🙂 😐 🙁	
Arbeitsergebnisse	🙂 😐 🙁	

Aufgaben zur Lernsituation

1. Investitionsrechnung

Eine Produktionsmaschine verursacht folgende Kosten:

- **Fixkosten pro Jahr** 15 800,00 EUR
- **variable Kosten pro Stück** 18,00 EUR

Die produzierte Ware kann zu einem Stückpreis von 22,00 EUR verkauft werden.

a) Welche Menge muss das Unternehmen mindestens verkaufen, um die Produktionskosten zu decken? *Stück* ☐☐☐☐

Die Produktionsmenge beträgt 10 000 Stück.

b) Ermitteln Sie den erzielten Gewinn bzw. Verlust. *EUR* ☐☐☐☐☐,☐☐

Tragen Sie in das Kästchen ein
- eine 1, wenn es sich um einen Gewinn handelt.
- eine 2, wenn es sich um einen Verlust handelt. ☐

Aufgrund zunehmender Konkurrenz muss das Unternehmen die Preise senken.

c) Welchen Mindestpreis muss das Unternehmen festlegen, um bei unveränderter Produktionsmenge die Kosten zu decken? *EUR* ☐☐,☐☐

2. Kauf neuer Geldautomaten

Die Regio-Bank AG plant den Kauf neuer Geldautomaten. Ihr liegen zwei Angebote vor:

	Angebot A	Angebot B
Anschaffungskosten	16 200,00 EUR	19 800,00 EUR
Nutzungsdauer	6 Jahre	6 Jahre
kalkulatorische Zinsen	470,00 EUR	580,00 EUR
jährliche Wartungskosten	1 760,00 EUR	1 530,00 EUR
Kosten pro Verfügung	0,10 EUR	0,07 EUR

a) Ermitteln Sie die Gesamtkosten pro Jahr bei jährlich 10 000 Verfügungen

aa) für Angebot A. *EUR* ☐☐☐☐,☐☐

ab) für Angebot B. *EUR* ☐☐☐☐,☐☐

b) Ab welcher Anzahl von Verfügungen pro Jahr sind die Kosten von Angebot B niedriger als die Kosten von Angebot A? ☐☐☐☐☐

3. Kosten und Erlöse beim Betrieb von Geldautomaten

Die Controllingabteilung der Rheinbank AG hat für ihre Geldautomaten folgende Werte ermittelt:

Anschaffungskosten	40 000,00 EUR
geplante Nutzungsdauer	8 Jahre
kalkulatorische Zinsen	6,00 %
jährliche Wartungskosten	650,00 EUR
jährliche Geldauffüllungskosten	4 000,00 EUR

Bei jeder Verfügung entstehen Verwaltungskosten in Höhe von 0,15 EUR. Fremde Nutzer zahlen pro Verfügung eine Provision von 2,00 EUR; eigene Kunden können die Geldautomaten unentgeltlich nutzen. Es werden pro Jahr 15 000 Abhebungen durch eigene Kunden erwartet.

a) Ermitteln Sie die jährlichen Fixkosten. EUR

b) Ermitteln Sie die Anzahl der jährlichen Verfügungen durch fremde Nutzer, die notwendig ist, um die gesamten Kosten der Geldautomaten zu decken.

4. Einrichtung einer Selbstbedienungsfiliale

Die Regio-Bank AG will eine kleine Filiale in eine Selbstbedienungsfiliale umwandeln. Dafür will sie einen Geldautomaten (GA) aufstellen, an dem jährlich 19 500 Auszahlungsvorgänge erwartet werden. Der Regio-Bank AG liegen von zwei Leasinggesellschaften für gleichwertige GA folgende Angebote vor:

Kosten	Angebot 1	Angebot 2
Mietkosten pro Jahr	19 600,00 EUR	18 000,00 EUR
Kosten pro Auszahlung	2,00 EUR	2,10 EUR

Ermitteln Sie ...

a) die jährlichen Gesamtkosten für das Angebot 1 bei 19 500 Auszahlungen. EUR

b) den Gesamtvorteil in Euro durch den Einsatz des neuen GA (Angebot 1), wenn 30 % der 19 500 Auszahlungen auf Fremdkunden mit einem Entgelt von durchschnittlich 4,80 EUR je Auszahlung entfallen und gleichzeitig 35 000,00 EUR anteilige Personalkosten eingespart werden. Für eigene Kunden der Kreditbank AG ist die Benutzung des GA unentgeltlich. EUR

c) die Anzahl der Auszahlungen, ab der das Angebot 1 preisgünstiger als das Angebot 2 ist.

1.5 Marktzinsmethode

Situationsbeschreibung

Sie sind in der Controllingabteilung der Regio-Bank AG tätig.

Die Ergebnisse des vergangenen Geschäftsjahres waren schlechter als die des Vorjahres. Das lag auch daran, dass die Bruttozinsspanne gesunken ist. Sie wenden sich an Ihre Ausbilderin Maren Becker: *„Frau Becker, ich verstehe nicht, warum sich unsere Bruttozinsspanne verschlechtert hat. Wir haben doch unsere Sollzinssätze für Überziehungskredite im vergangenen Jahr noch erhöht."*

Frau Becker: *„Die Ursache für die niedrigere Bruttozinsspanne zu finden, ist nicht ganz einfach. Da müssen wir uns unser gesamtes Einlagen- und Darlehensgeschäft anschauen und jede einzelne Position unter die Lupe nehmen. Zudem wird unsere Bruttozinsspanne auch von Faktoren beeinflusst, die nichts mit den Kundengeschäften zu tun haben. Das Ausmaß der Fristentransformation bei unseren Aktiv- und Passivgeschäften beeinflusst nämlich auch die Bruttozinsspanne."*

Sie schauen ratlos und bitten Frau Becker um eine nähere Erläuterung.

Frau Becker: *„Um unser Ergebnis im Zinsgeschäft zu bewerten, verwenden wir die sogenannte Marktzinsmethode. Damit können wir für die verschiedenen Geschäftsbereiche sogenannte Konditionenbeiträge ermitteln. Und dann bleibt da natürlich noch der Strukturbeitrag."*

Nun verstehen Sie gar nichts mehr.

Frau Becker: *„Ich weiß, das klingt kompliziert, ist es zum Teil auch. Wenn Sie sich jedoch systematisch damit beschäftigen, werden Sie die Zusammenhänge verstehen. Ich gebe Ihnen dazu mal einige Daten zu unseren Bilanzwerten."*

Aktiva	**kalkulierte durchschnittliche Laufzeit**	**durchschnittliche Bilanzwerte**	**durchschnittl. Zinssatz**
Forderungen an Kunden			
1. Überziehungsdarlehen	2 Jahre	125 000 000,00 EUR	7,50 %
2. Ratenkredite	5 Jahre	252 000 000,00 EUR	6,75 %
3. Baudarlehen	8 Jahre	875 000 000,00 EUR	5,50 %
Sonstige Aktiva	---	123 000 000,00 EUR	0,00 %
		1 375 000 000,00 EUR	
Passiva	**kalkulierte durchschnittliche Laufzeit**	**durchschnittliche Bilanzwerte**	**durchschnittl. Zinssatz**
Verbindlichkeiten gegenüber Kunden			
1. Sichteinlagen	1 Jahr	85 000 000,00 EUR	0,50 %
2. Termineinlagen	4 Jahre	295 000 000,00 EUR	1,75 %
3. Spareinlagen	6 Jahre	840 000 000,00 EUR	2,25 %
Sonstige Passiva	---	155 000 000,00 EUR	0,00 %
		1 375 000 000,00 EUR	

„Dies sind unsere Daten aus dem vergangenen Geschäftsjahr. Dazu eine Lesehilfe:
Beispiel Aktiva Nr. 1: Im Durchschnitt des vergangenen Jahres hatten wir einen Bestand an Überziehungsdarlehen in Höhe von 125 Mio. EUR. Als durchschnittliche Laufzeit kalkulieren wir zwei Jahre. Der durchschnittliche Sollzinssatz betrug 7,50 %, die durchschnittliche Bilanzsumme 1 375 000,00 EUR.

Aus diesen Zahlen können Sie nicht nur die Bruttozinsspanne ermitteln, sondern mithilfe der Marktzinsmethode auch feststellen, welche Beiträge die einzelnen Geschäftsbereiche (z. B. Überziehungsdarlehen, Spareinlagen) dazu geleistet haben. Dazu benötigen Sie die im vergangenen Jahr gültigen Geld- und Kapitalmarktzinssätze."

Zinssätze am Geld- und Kapitalmarkt		
Laufzeit	**Geldanlage**	**Geldbeschaffung**
1 Jahr	1,00 %	1,20 %
2 Jahre	1,50 %	1,70 %
3 Jahre	2,00 %	2,20 %
4 Jahre	2,50 %	2,70 %
5 Jahre	3,00 %	3,20 %
6 Jahre	3,50 %	3,70 %
7 Jahre	4,00 %	4,20 %
8 Jahre	4,50 %	4,70 %

Erstellen Sie folgende Unterlagen:

- Handout für Mitauszubildende über die Marktzinsmethode
- Zinsertragsbilanz
- Aufstellung über die Erfolgsbeiträge der einzelnen Geschäftsbereiche
- Erfolgsbericht mit einer Interpretation der Ergebnisse

Information

- **Informieren Sie sich über die Aufgabenstellung und markieren Sie die Ihnen unbekannten Begriffe.**
- **Erklären Sie folgende Begriffe:**

Bruttozinsspanne:

______

______

______

______

Fristentransformation:

______

______

______

______

Zinsertragsbilanz:

______

______

______

______

Planen und Entscheiden

- Stellen Sie fest, welche Informationen und Materialien Sie für die Bearbeitung der Lernsituation benötigen.
- Erstellen Sie einen Arbeits- und Zeitplan.

Durchführen

Bearbeiten Sie die Unterlagen zu den Handlungsprodukten.

Handout für Mitauszubildende über die Marktzinsmethode

Grundlagen der Marktzinsmethode

Verwenden Sie im Handout folgende beispielhafte Daten:

- Sollzinssatz für Kundendarlehen mit einer Laufzeit von 6 Jahren: 6,50 %
- Habenzinssatz für Kundeneinlagen mit einer Laufzeit von 4 Jahren: 2,00 %
- Zinssatz für Geldanlagen auf dem GKM mit einer Laufzeit von 6 Jahren: 4,50 %
- Zinssatz für Geldbeschaffung auf dem GKM für eine Laufzeit von 6 Jahren: 5,00 %
- Zinssatz für Geldanlagen auf dem GKM mit einer Laufzeit von 4 Jahren: 3,00 %
- Zinssatz für Geldbeschaffung auf dem GKM für eine Laufzeit von 4 Jahren: 3,50 %

Konditionenbeiträge im Aktivgeschäft

Beispiel:

Kundendarlehen	Vergleich	
	←→	

Konditionenbeitrag Aktivgeschäft =

Konditionenbeiträge im Passivgeschäft

Durchführen

Beispiel:

Kundeneinlage	Vergleich	Fristengleiches Alternativgeschäft am GKM

Konditionenbeitrag Passivgeschäft =

Strukturbeitrag

Beispiel:

Fristengleiches Alternativgeschäft am GKM für Aktivgeschäft	Vergleich	

Strukturbeitrag =

Gesamtübersicht

Aktivgeschäft		Passivgeschäft				
Kundendarlehenszinssatz 6 Jahre	6,50 %	Kundeneinlagenzinssatz 4 Jahre	2,00 %	→	Bruttozinsspanne	
– Zinssatz GKM für ______ Jahre für Geldanlagen		– Zinssatz GKM für ______ Jahre für Geldaufnahmen				
Konditionenbeitrag Aktivgeschäft		Konditionenbeitrag Passivgeschäft		→	Konditionenbeiträge	
Zinssatz GKM 6 Jahre für Geldanlagen		Zinssatz GKM 4 Jahre für Geldaufnahmen		→	Strukturbeitrag	

Durchführen

Zinsertragsbilanz

Aktiva	kalkulierte durchschnittliche Laufzeit	durchschnittliche Bilanzwerte	Zinserlöse	
			durchschnittl. Zinssatz	in EUR
Forderungen an Kunden				
1. Überziehungsdarlehen	2 Jahre	125 000 000,00 EUR	7,50 %	
2. Ratenkredite	5 Jahre	252 000 000,00 EUR	6,75 %	
3. Baudarlehen	8 Jahre	875 000 000,00 EUR	5,50 %	
Sonstige Aktiva	---	123 000 000,00 EUR	0,00 %	
		1 375 000 000,00 EUR		

Passiva	kalkulierte durchschnittliche Laufzeit	durchschnittliche Bilanzwerte	Zinskosten	
			durchschnittl. Zinssatz	in EUR
Verbindlichkeiten gegenüber Kunden				
1. Sichteinlagen	1 Jahr	85 000 000,00 EUR	0,50 %	
2. Termineinlagen	4 Jahre	295 000 000,00 EUR	1,75 %	
3. Spareinlagen	6 Jahre	840 000 000,00 EUR	2,25 %	
Sonstige Passiva	---	155 000 000,00 EUR	0,00 %	
		1 375 000 000,00 EUR		

Zinsüberschuss:	
Bruttozinsspanne:	

Aufstellung über die Erfolgsbeiträge der einzelnen Geschäftsbereiche

Konditionenbeiträge Aktivgeschäfte

Aktiva	durchschnittliche Laufzeit	durchschnittliche Bilanzwerte	Kundenzinssatz (Zinserlöse)	Zinssatz für fristengleiche Geldanlage am GKM	Konditionenbeiträge	
					in %	in EUR
Forderungen an Kunden						
1. Überziehungsdarlehen	2 Jahre	125 000 000,00 EUR	7,50 %			
2. Ratenkredite	5 Jahre	252 000 000,00 EUR	6,75 %			
3. Baudarlehen	8 Jahre	875 000 000,00 EUR	5,50 %			
Sonstige Aktiva	---	123 000 000,00 EUR	0,00 %			
		1 375 000 000,00 EUR				

Durchführen

Konditionenbeiträge Passiva

Passiva	durchschnittliche Laufzeit	durchschnittliche Bilanzwerte	Zinserlöse	Zinssatz für fristengleiche Geldbeschaffung am GKM	Konditionenbeiträge	
					in %	in EUR
Verbindlichkeiten gegenüber Kunden						
1. Sichteinlagen	1 Jahr	85 000 000,00 EUR	0,50 %			
2. Termineinlagen	4 Jahre	295 000 000,00 EUR	1,75 %			
3. Spareinlagen	6 Jahre	840 000 000,00 EUR	2,25 %			
Sonstige Passiva	---	155 000 000,00 EUR	0,00 %			
		1 375 000 000,00 EUR				

Erfolgsbericht mit einer Interpretation der Ergebnisse

Kontrolle

Tauschen Sie die von Ihnen erstellten Unterlagen mit Mitschülern aus, um die Materialien gegenseitig zu prüfen.

Bewerten

Reflektieren und bewerten Sie Ihre Vorgehensweise und Ihre Arbeitsergebnisse.

Phase	Urteil	Verbesserungsvorschläge für diesen Bereich
Vorgehensweise	🙂 😐 🙁	
Arbeitsergebnisse	🙂 😐 🙁	

Aufgaben zur Lernsituation

1. Die Mikrobank AG ermittelt Erfolgsgrößen nach der Marktzinsmethode

Die Mikrobank AG hat die nachfolgende vereinfachte Bilanz erstellt:

Aktiva	Bilanz		Passiva
Kundendarlehen – Laufzeit 5 Jahre, – Zinssatz 6,00 %	13 500 000,00 EUR	Kundeneinlagen – Laufzeit 2 Jahre – Zinssatz 2,00 %	13 500 000,00 EUR

Am Geld- und Kapitalmarkt (GKM) gelten folgende Marktzinssätze:

Konditionen am GKM		
Laufzeit	**Geldanlage**	**Geldbeschaffung**
2 Jahre	3,00 %	3,25 %
5 Jahre	5,25 %	5,50 %

Ermitteln Sie nach der Marktzinsmethode folgende Werte:

	in % p. a.	in EUR
a) Bruttozinsspanne		
b) Konditionenbeitrag Aktiva		
c) Konditionenbeitrag Passiva		
d) Strukturbeitrag		

2. Die Rheinbank AG erhöht die Zinsen für Termineinlagen

Zur Ermittlung der Erfolgsbeiträge ihrer Bankprodukte im Wertbereich wendet die Rheinbank AG die Marktzinsmethode an.

Hierzu liegen (vor der Zinserhöhung) folgende Daten aus dem Rechnungswesen vor:

	Sichteinlagen	Termineinlagen	Spareinlagen
Volumen in Mio. EUR	800,0	1 000,0	2 200,0
Kundenzinssatz	0,50 %	3,20 %	1,60 %
GKM-Alternativzinssatz	4,00 %	4,10 %	4,20 %

Durch eine Zinsanhebung der EZB erhöhen sich alle GKM-Alternativzinssätze um 0,4 Prozentpunkte. Die Rheinbank AG möchte die Zinsveränderung nur zur Hälfte an die Anleger von Termineinlagen weitergeben. Die Kundenzinssätze für Sichteinlagen und für Spareinlagen ändern sich nicht.

Ermitteln Sie **nach** der Zinsanpassung

a) den Konditionenbeitrag in Mio. EUR der Termineinlagen. *Mio. EUR* ☐☐,☐

b) die durchschnittliche Verzinsung der Passivseite. *%* ☐,☐☐

3. Die Union-Bank AG möchte ihre Bruttozinsspanne erhöhen

Der Controlling-Abteilung der Union-Bank AG liegen folgende Informationen zur Auswertung vor:

	Ratenkredite	Baudarlehen	Termineinlagen	Spareinlagen
Volumen in TEUR	50 000	100 000	60 000	90 000
Laufzeit in Jahren	5	3	1	5
Zinssatz p. a.	8,00 %	5,00 %	2,25 %	3,75 %
Alternativer GKM-Zinssatz	3,85 %	4,50 %	2,45 %	4,25 %

a) *Ermitteln Sie die Bruttozinsspanne in % p. a.* — %

b) *den Konditionenbeitrag in TEUR p. a. für Ratenkredite.* — TEUR

c) *Die Union-Bank beabsichtigt, die Bruttozinsspanne für die dargestellten Geschäfte auf 3,00 % p. a. zu erhöhen. Hierzu sollen zu Lasten der Baudarlehen weitere Ratenkredite gewährt werden. Ermitteln Sie den Betrag in TEUR, um den sich die Ratenkredite erhöhen und die Baudarlehen sich vermindern müssen.* — TEUR

1.6 Prozessorientierte Standardeinzelkosten

Situationsbeschreibung

Sie sind in der Controllingabteilung der Regio-Bank AG tätig.

Die Regio-Bank AG hat gerade die Kontoführungsgebühren erhöht. So zahlen Kunden nun für beleghaft erteilte Überweisungsaufträge eine Provision von 2,00 EUR statt bisher 1,00 EUR.
Sie unterhalten sich mit Ihrer Ausbilderin Maren Becker über die neuen Konditionen: *„2,00 EUR Provision für eine Überweisung, das finde ich aber ganz schön happig."*

„Eigentlich ist das noch zu wenig", antwortet Frau Becker. *„Unsere tatsächlichen Kosten von 2,15 EUR sind damit nämlich nicht gedeckt."*

Sie: *„2,15 EUR Kosten – so viel? Das kann ich mir gar nicht vorstellen. Wie haben Sie denn diese Kosten ermittelt?"*

Frau Becker: *„Zur Ermittlung unserer Betriebskosten verwenden wir die prozessorientierte Standardeinzelkostenrechnung. Beleghafte Überweisungsaufträge verursachen einen hohen Arbeitsaufwand:*

- *Entgegennahme der Aufträge am Schalter oder Entnahme aus dem Briefkasten: 20 Sekunden*
- *Prüfung der Vollständigkeit und der Unterschrift: 60 Sekunden*
- *Weiterleitung an unsere Zahlungsverkehrsabteilung in der Hauptstelle: 15 Sekunden*
- *Einscannen der Überweisung, bei handschriftlichen Aufträgen muss dabei oft manuell „nachgebessert" werden: 10 Sekunden*
- *Ausführung der Überweisung: 1 Sek.*
- *Aufbewahrung des Belegs für einige Tage und anschließende Vernichtung des Belegs: 40 Sekunden*

All dies verursacht hohe Personalkosten. Die Sachkosten von 0,10 EUR und die EDV-Kosten von 0,15 EUR sind im Vergleich dazu nicht so gravierend.
Sie können ja mal die Personalkosten ermitteln, die eine beleghafte Überweisung bei uns verursacht.
Dazu verwenden Sie folgende Daten:

- *Eine Mitarbeiterin bzw. ein Mitarbeiter im Servicebereich erzielt bei uns ein durchschnittliches Bruttogehalt von 49 350,00 EUR pro Jahr.*
- *Diese Kosten erhöhen sich noch durch Lohnnebenkosten und um die Kosten für den Arbeitsplatz. Für Lohnnebenkosten rechnen wir eine pauschalen Zuschlag von 20 % auf das Bruttogehalt, für die Kosten des Arbeitsplatzes 35 %.*
- *Mitarbeiter/innen arbeiten unter Berücksichtigung von Urlaubs- und Krankheitstagen durchschnittlich 215 Tage im Jahr. Bei einer 38-Stunden-Woche beträgt die tägliche Arbeitszeit 7,60 Stunden."*

Erstellen Sie folgende Unterlagen:

- Handout über die prozessorientierte Standardeinzelkostenrechnung
- Kalkulation der Kosten für eine beleghafte Überweisung

Information

- **Informieren Sie sich über die Aufgabenstellung und markieren Sie die Ihnen unbekannten Begriffe.**
- **Welche Kostenarten fallen bei der Ausführung einer beleghaften Überweisung an?**

____

____

- **Was sind Personalnebenkosten?**

____

____

Information

- Was sind Kosten eines Arbeitsplatzes?

Planen und Entscheiden

- Stellen Sie fest, welche Informationen und Materialien Sie für die Bearbeitung der Lernsituation benötigen.
- Erstellen Sie einen Arbeits- und Zeitplan.

Durchführen

Bearbeiten Sie die Unterlagen zu den Handlungsprodukten.

Handout über die prozessorientierte Standardeinzelkostenrechnung

Wichtige Begriffe	
Prozessorientierung	
Einzelkosten	
Standardkosten	

Vorgehensweise

1. Schritt: ....

↓

2. Schritt: ....

↓

3. Schritt: ....

Durchführen

Kalkulation der Kosten für eine beleghafte Überweisung

1. Ermittlung der Personalkosten pro Sekunde

durchschnittliches Bruttogehalt eines Mitarbeiters	EUR
+ Zuschlag für Lohnnebenkosten	EUR
+ Zuschlag für die Kosten des Arbeitsplatzes	EUR
= Summe	EUR

Arbeitstage pro Jahr	Tage
tägliche Arbeitszeit bei 38 Wochenstunden	Stunden
Arbeitszeit pro Jahr in Stunden	Stunden
Arbeitszeit pro Jahr in Minuten	Minuten
Arbeitszeit pro Jahr in Sekunden	Sekunden

Personalkosten pro Sekunde (auf 3 Nachkommastellen runden) EUR

2. Ermittlung der Kosten für eine beleghafte Überweisung

Teilleistungen		Personalkosten	
		Zeitbedarf in Sekunden	Kosten
1.	Entgegennahme der Überweisung		EUR
2.	Prüfung der Überweisung		EUR
3.	Weiterleitung an Zahlungsverkehrsabteilung		EUR
4.	Einscannen und Nachbearbeitung		EUR
5.	Ausführung der Überweisung		EUR
6.	Aufbewahrung und Vernichtung des Beleges		EUR
Summe			EUR
+ Sachkosten			EUR
+ EDV-Kosten			EUR
= Gesamtkosten			**EUR**

Kontrolle

Tauschen Sie die von Ihnen erstellten Unterlagen mit Mitschülern aus, um die Materialien gegenseitig zu prüfen.

Bewerten

Reflektieren und bewerten Sie Ihre Vorgehensweise und Ihre Arbeitsergebnisse.

Phase	Urteil	Verbesserungsvorschläge für diesen Bereich
Vorgehensweise	🙂 😐 🙁	
Arbeitsergebnisse	🙂 😐 🙁	

Aufgaben zur Lernsituation

1. Standardeinzelkosten für die Eröffnung eines Girokontos

Die Regio-Bank AG hat für die Eröffnung von Girokonten folgende Durchschnittswerte ermittelt:
- **Personalkosten einschließlich Personalnebenkosten und Kosten des Arbeitsplatzes für eine/n Mitarbeiter/in: 73 950,00 EUR pro Jahr bei 220 Arbeitstagen und bei einer täglichen Arbeitszeit von 8 Stunden.**
- **EDV-Kosten: 1,50 EUR pro CPU-Sekunde**

Personalkosten

Teilleistungen	Zeitbedarf in Minuten	Kosten
Beratungsgespräch	25	EUR
Legitimationsprüfung	2	EUR
Dateneingabe	6	EUR
SCHUFA-Abfrage, SCHUFA-Meldung	4	EUR
Freistellungsauftrag	10	EUR
Summe	47	**EUR**

EDV-Kosten

Teilleistungen	Zeitbedarf in CPU-Sekunden	Kosten
Kontoeröffnung	2	EUR
Freistellungsauftrag	1	EUR
Summe	3	**EUR**

Sachkosten

Position	Kosten
Kontoformulare	0,50 EUR
Prospekte	0,80 EUR
Freistellungsauftrag	0,20 EUR
Summe	**EUR**

Gesamtkosten	EUR

Ermitteln Sie die Standardeinzelkosten für eine Kontoeröffnung.

2. Betriebskosten

Stellen Sie fest, welche der folgenden Aussagen zutreffend ist. ☐

(1) Bei der prozessorientierten Standardeinzelkostenrechnung werden alle Betriebskosten erfasst, die eine Bankleistung verursacht.
(2) Betriebskosten sollten stets durch Betriebserlöse gedeckt sein.
(3) Kontoführungsgebühren gehören zu den Betriebskosten.
(4) Bei einer Darlehensgewährung fallen Betriebskosten und Wertkosten an.
(5) Standardeinzelkosten sind variable Betriebskosten, die regelmäßig bei der Erstellung einer Bankleistung anfallen.

1.7 Kalkulation von Aktivgeschäften

Situationsbeschreibung

Sie sind in der Firmenkundenabteilung der Regio-Bank AG tätig.

Die Merkator Trading GmbH beantragt bei der Regio-Bank AG zur Finanzierung eines Großauftrages ein Festdarlehen für acht Monate in Höhe von 240000,00 EUR.

Der Firmenkundenbetreuer Jens Nolte hat mit dem Geschäftsführer der Merkator Trading GmbH einen Beratungstermin vereinbart, in dem insbesondere der Zinssatz für das Darlehen verhandelt werden soll.

Sie führen mit Herrn Nolte folgenden Dialog:

Sie: *„Herr Nolte, ich habe gesehen, dass die Höhe der Sollzinssätze bei Firmenkrediten sehr unterschiedlich ist. Woran liegt das? An dem Verhandlungsgeschick der Unternehmen?“*

Herr Nolte: *„Nein, entscheidend ist weniger das Verhandlungsgeschick der Unternehmen, sondern die Frage, welche Kosten ein Darlehen bei uns verursacht.“*

Sie: *„Sind die Kosten denn so unterschiedlich?“*

Herr Nolte: *„Oh ja, die Kosten sind sogar sehr unterschiedlich. Sie können ja mal den Sollzinssatz für das von der Merkator Trading GmbH beantragte Darlehen kalkulieren.“*

Sie: *„Aber davon habe ich doch gar keine Ahnung. Da müssen Sie mir schon helfen.“*

Herr Nolte: *„Gerne. Sie müssen sich das so vorstellen: Der Sollzinssatz für ein Darlehen setzt sich aus mehreren ‚Bausteinen‘ zusammen: Gewinnzuschlag, Overheadkosten, Eigenkapitalkosten, Risikokosten, Zinskosten nach der Marktzinsmethode und direkt zurechenbaren Betriebskosten. Ich gebe Ihnen hierzu einmal die Daten:*

- *Der Zinssatz für eine fristengleiche Anlage am Geld-/Kapitalmarkt beträgt 2,50 %.*
- *Die direkt zurechenbaren Betriebskosten (Standardeinzelkosten) betragen 640,00 EUR.*
- *Zur Beurteilung der Kreditwürdigkeit haben wir ein Rating durchgeführt und die Merkator Trading GmbH der Ratingklasse 9 zugeordnet. Wir erwarten, dass bei einem Forderungsausfall (Zahlungsverzug von mehr als 90 Tagen) der Schuldner nur noch ein Drittel der Restforderung begleichen kann.*
- *Nach den Vorschriften von Basel III (Art.92 Abs. 1 CRR) müssen wir das Darlehen mit 8 % Eigenmitteln unterlegen. Wie streben eine Eigenkapitalverzinsung von 10 % an.*
- *Die Overheadkosten kalkulieren wir mit 60 % der Standardeinzelkosten.*
- *Zudem würden wir auch noch gerne als ‚Sahnehäubchen‘ einen Gewinn von 0,30 % Prozentpunkten erzielen.“*

Die Regio-Bank AG unterscheidet folgende Ratingklassen:

Ratingklassen	Ausfallwahrscheinlichkeit in % p. a.
1	0,08
2	0,12
3	0,17
4	0,26
5	0,39
6	0,59
7	0,88
8	1,32

Ratingklassen	Ausfallwahrscheinlichkeit in % p. a.
9	1,98
10	2,96
11	4,44
12	6,67
13	10,00
14	15,00
15	20,00
16 bis 18	Ausfall eingetreten

Erstellen Sie folgende Unterlagen:

- Kalkulation des Sollzinssatzes für das beantragte Darlehen
- Deckungsbeitragsrechnung für das beantragte Darlehen
- Kalkulation einer Preisuntergrenze für das beantragte Darlehen

Information

- **Informieren Sie sich über die Aufgabenstellung und markieren Sie die Ihnen unbekannten Begriffe.**
- **Erklären Sie folgende Begriffe:**

Festdarlehen:

Marktzinsmethode:

Rating:

Planen und Entscheiden

- **Stellen Sie fest, welche Informationen und Materialien Sie für die Bearbeitung der Lernsituation benötigen.**
- **Erstellen Sie einen Arbeits- und Zeitplan.**

Durchführen

Bearbeiten Sie die Unterlagen zu den Handlungsprodukten.

Kalkulation des Sollzinssatzes für das beantragte Darlehen

Runden Sie die Ergebnisse auf zwei Nachkommastellen.

Kalkulation des Sollzinssatzes	in % p. a.
Zinskosten Erläuterung:	______ %
Standardeinzelkosten Erläuterung: .... Nebenrechnung für die Ermittlung der Betriebskosten als Prozentsatz pro Jahr: ______________________ ______________________ ______________________ ______________________	______ %
Risikokosten Erläuterung: .... Nebenrechnung für die Ermittlung der Risikokosten als Prozentsatz pro Jahr: ______________________ ______________________ ______________________ ______________________	______ %
Eigenkapitalkosten Erläuterung: .... Nebenrechnung zur Ermittlung der Eigenkapitalkosten als Prozentsatz pro Jahr: ______________________ ______________________ ______________________ ______________________	______ %
Overheadkosten Erläuterung: .... Nebenrechnung zur Ermittlung der Overheadkosten als Prozentsatz pro Jahr: ______________________ ______________________ ______________________ ______________________	______ %
Gewinnzuschlag	______ %
Sollzinssatz	______ %

Durchführen

Deckungsbeitragsrechnung für das beantragte Darlehen

Ermitteln Sie die Deckungsbeiträge auf Grundlage des von Ihnen ermittelten Sollzinssatzes.

	in EUR für die tatsächliche Laufzeit	in % p. a.
Zinserlöse (Kundenzins)		
– Alternativzinsen für Anlagen am GKM (8 Monate)		
= **Deckungsbeitrag I (Zins-Konditionenbeitrag)**		
+ direkt zurechenbare Provisionserlöse		
– direkt zurechenbare Betriebskosten (Standardeinzelkosten)		
= **Deckungsbeitrag II (Nettokonditionenbeitrag)**		
– Risikokosten		
– Eigenkapitalkosten		
= **Deckungsbeitrag III**		
– Overheadkosten		
= **Deckungsbeitrag IV**		

Kalkulation einer Preisuntergrenze für das beantragte Darlehen

Alternativzinsen für Anlagen am GKM	
+ Mindestkonditionenmarge, bestehend aus	
• direkt zurechenbare Betriebskosten	
• Risikokosten	
• Eigenkapitalkosten	
= **Preisuntergrenze**	

- **Was bedeutet die Preisuntergrenze aus Sicht der Regio-Bank AG?**

Kontrolle

Tauschen Sie die von Ihnen erstellten Unterlagen mit Mitschülern aus, um die Materialien gegenseitig zu prüfen.

Bewerten

Reflektieren und bewerten Sie Ihre Vorgehensweise und Ihre Arbeitsergebnisse.

Phase	Urteil	Verbesserungsvorschläge für diesen Bereich
Vorgehensweise		
Arbeitsergebnisse		

Aufgaben zur Lernsituation

1. Die Regio-Bank AG ermittelt Erfolgsbeiträge von Darlehen

Stellen Sie fest, auf welche Kostenart bei der Kalkulation von Kreditzinsen sich die unten stehenden Aussagen jeweils beziehen.

Die Aussagen beziehen sich ...

(1) nur auf Refinanzierungskosten (GKM-Zinssatz),
(2) nur auf Betriebskosten,
(3) nur auf Eigenkapitalkosten,
(4) nur auf Risikokosten,
(5) sowohl auf Eigenkapitalkosten als auch auf Risikokosten.

Tragen Sie in das Kästchen eine 9 ein, wenn sich die Aussage auf keine der genannten Kostenarten bezieht.

a) *Diese Kosten werden unter anderem durch die Kosten einer Kreditwürdigkeitsprüfung (Rating) verursacht.* ☐

b) *Die Höhe dieser Kosten ist auch abhängig von den Anforderungen der Finanzdienstleistungsaufsicht (Basel III).* ☐

c) *Die Höhe dieser Kosten ist abhängig vom Zinssatz für Spareinlagen bei der kreditgewährenden Bank.* ☐

d) *Diese Kosten beeinflussen den Konditionenbeitrag.* ☐

e) *Die Kosten sind abhängig von der Ratingklasse, die dem Kunden zugeordnet wurde.* ☐

f) *Die Kosten werden nach der prozessorientierten Standardeinzelkostenrechnung ermittelt.* ☐

2. Jörg Weber beantragt einen Zwischenkredit

Jörg Weber beantragt bei der Regio-Bank AG einen Zwischenkredit (Festdarlehen) über 65000,00 EUR mit einer Laufzeit von sieben Monaten. Die Betriebskosten betragen 225,00 EUR.

Bei der Kalkulation berücksichtigt die Regio-Bank AG folgende Werte:

• Alternativzinssatz für fristengleiche Geldanlagen am GKM	2,75 % p. a.
• Alternativzinssatz für fristengleiche Geldaufnahmen am GKM	2,90 % p. a.
• Risikokosten	0,70 % p. a.
• angestrebte Eigenkapitalverzinsung	8,00 % p. a.
• notwendiges Eigenkapital	8,00 % p. a.

a) Ermitteln Sie die Preisuntergrenze für das Darlehen.

Alternativzinsen für Anlagen am GKM	
+ Mindestkonditionenmarge, bestehend aus	
• direkt zurechenbaren Betriebskosten	
• Risikokosten	
• Eigenkapitalkosten	
= **Preisuntergrenze**	

b) Die Regio-Bank AG gewährt das Darlehen zu einem Zinssatz 5,20 % p. a.
Ermitteln Sie für das Darlehen die Deckungsbeiträge I bis III.

	in EUR für die tatsächliche Laufzeit	in % p. a.
Zinserlöse (Kundenzins)		
− Alternativzinsen für Anlagen am GKM		
= **Deckungsbeitrag I (Zins-Konditionenbeitrag)**		
+ direkt zurechenbare Provisionserlöse		
− direkt zurechenbare Betriebskosten		
= **Deckungsbeitrag II (Nettokonditionenbeitrag)**		
− Risikokosten		
− Eigenkapitalkosten		
= **Deckungsbeitrag III**		

3. Festgeldanlage

Lea Schütte möchte bei der Regio-Bank AG 25 000,00 EUR für drei Monate als Festgeld anlegen. Bei der Kalkulation sind folgende Werte zu berücksichtigen:
Die Standardeinzelkosten betragen pro Festgeldanlage 30,00 EUR.

	Geldanlage am GKM	Geldaufnahme am GKM
Zinssätze	3,6 % p. a.	3,8 % p. a.

a) Ermitteln Sie die Preisobergrenze.

Die Regio-Bank AG bietet der Kundin einen Zinssatz von 2,6 % p. a.

b) Ermitteln Sie die Deckungsbeiträge I bis III für das Festgeld.

	in EUR für die tatsächliche Laufzeit	in % p. a.
Alternativzinsen für Beschaffung am Geld- und Kapitalmarkt		
− Zinskosten		
= **Deckungsbeitrag I (Zins-Konditionenbeitrag)**		
+ direkt zurechenbare Betriebserlöse		
− direkt zurechenbare Betriebskosten		
= **Deckungsbeitrag II und III**		

4. Die Regio-Bank AG bietet Ratenkredite an

Die Regio-Bank AG bietet Ratenkredite zu bonitätsabhängigen Zinssätzen an. Dazu nutzt sie folgende Ratingklassen:

Ratingklasse	Ausfallwahrscheinlichkeit	notwendiges Eigenkapital
1	0,08 %	0,56 %
2	0,12 %	0,80 %
3	0,17 %	1,04 %
4	0,26 %	1,36 %
5	0,39 %	1,76 %
6	0,59 %	2,24 %
7	0,88 %	2,72 %
8	1,32 %	3,20 %
9	1,98 %	3,60 %
10	2,96 %	3,92 %
11	4,44 %	4,08 %
12	6,67 %	4,24 %
13	10,00 %	4,72 %

Der Alternativzinssatz für Geldanlagen am Kapitalmarkt beträgt 3,50 %.
Bei ausgefallenen Ratenkrediten (Zahlungsverzug > 90 Tage) sind durchschnittlich 80 % der Restschuld abzuschreiben.
Die Regio-Bank AG strebt eine Eigenkapitalverzinsung von 10,00 % an.
Die direkt zurechenbaren Standardeinzelkosten betragen 0,60 % p. a.

Ermitteln Sie die Preisuntergrenze für Ratenkredite für folgende Kreditnehmer:

a) Ellen Pohl: Ratingklasse 4
b) Sven Elbers: Ratingklasse 10

	a) Ellen Pohl Ratingklasse 4	b) Sven Elbers Ratingklasse 10
Alternativzins für Anlagen am Geld- und Kapitalmarkt		
+ direkt zurechenbare Betriebskosten in %		
+ Risikokosten in %		
+ Eigenkapitalkosten in %		
= **Preisuntergrenze in %**		

1.8 Kundenkalkulation

Situationsbeschreibung

Sie sind als Auszubildende/r in der Controllingabteilung der Regio-Bank AG eingesetzt.
Zu den Kunden der Regio-Bank AG gehört Carsten Kröger, der sowohl Privatkonten als auch Geschäftskonten für seine Zimmerei bei Ihnen unterhält. Den alteingesessenen Betrieb mit acht Angestellten und einem Auszubildenden hat er von seinem Vater vor zehn Jahren übernommen. Vor acht Jahren wurde die Produktionshalle grundlegend saniert und der Maschinenpark auf den neuesten Stand der Technik gebracht.

In den vergangenen Monaten hat er viele neue Aufträge erhalten, die eine Ausweitung seiner Kapazitäten erfordern. Insbesondere benötigt er eine weitere Bandsäge und weitere Holzbearbeitungsgeräte. Seine ersten Anfragen bei Lieferanten ergaben ein Investitionsvolumen von ca. 60 000,00 EUR, das er mit einem Festdarlehen (endfälliges Darlehen ohne laufende Tilgung) finanzieren möchte. Die Laufzeit des Darlehens soll fünf Jahre betragen.

In einem Gespräch mit der Filialleiterin Bettina Böhne hat er die Entwicklung seines Unternehmens dargestellt und den Kreditbedarf erläutert. Im Vorfeld hatte er im Internet auch schon Kreditkonditionen recherchiert und einen nach seiner Ansicht angemessenen Darlehenszinssatz von 4,00 % ermittelt. Von der Regio-Bank AG erwartet Carsten Kröger nun ein konkurrenzfähiges Kreditangebot.

Folgende weitere Kundendaten liegen Ihnen vor:

Alter	45 Jahre
Beruf	Zimmerermeister
Familienstand	geschieden
Kinder	2 (15 und 18 Jahre alt, wohnen bei der Mutter)
Kunde der Regio-Bank AG	seit 18 Jahren
Grundbesitz	Eigentumswohnung (Wert circa 220 000,00 EUR)

Privatkonten Carsten Kröger	
Kontokorrentkonto Nr. 359745801 • Kreditlimit: 10 000,00 EUR • Habenzinsen: 0,00 % • Sollzinsen 9,50 % • Monatspauschale für Kontoführung: 7,50 EUR	durchschnittlicher Monatssaldo des debitorisch geführten Kontos: 3 560,00 EUR Soll
Sparkonto Nr. 359745721 • Zinssatz: 0,75 %	7 620,00 EUR
Dreimonats-Festgeld Nr. 359745635 • Zinssatz: 0,25 %	25 000,00 EUR
Depot Nr. 359745854 • Depotgebühren 0,24 % p. a.	Kurswert: 85 490,00 EUR (Anleihen und Investmentfonds)

Geschäftskonten Zimmerei Carsten Kröger	
Kontokorrentkonto Nr. 359860205 • Kreditlimit: 25 000,00 EUR • Sollzinsen: 8,50 % • Monatspauschale für Kontoführung: 13,50 EUR	durchschnittlicher Monatssaldo des debitorisch geführten Kontos: 16 340,00 EUR Soll
Investitionskredit zur Finanzierung einer Produktionshalle • Zinssatz: 6,50 % • Laufzeit: 8 Jahre	aktueller Saldo: 245 300,00 EUR

Carsten Kröger hat alle für eine Bonitätsbeurteilung erforderlichen Unterlagen (z. B. Jahresabschlüsse, Steuerbescheide) eingereicht. Nach Auswertung aller Unterlagen durch die Marktfolge wird der Kunde der Ratingklasse 10 zugeordnet.

Nach Abschluss der Kreditwürdigkeitsprüfung bietet Frau Böhne dem Kunden ein Festdarlehen zum Sollzinssatz von 5,50 % an, das in fünf Jahren in einer Summe getilgt werden soll. Carsten Kröger ist jedoch mit dieser „Standardkondition" nicht einverstanden und „droht" damit, ein günstigeres Konkurrenzangebot anzunehmen. Daraufhin nimmt die Filialleiterin Kontakt mit Frau Becker von der Controllingabteilung auf. Frau Becker soll prüfen, ob die Regio-Bank AG das Darlehen dem Kunden nicht auch zu einem niedrigeren Zinssatz anbieten kann. Frau Böhne, die sich bisher nicht tiefgreifend mit dem Thema Controlling beschäftigt hat, bittet darum, ihr später ausführlich Bericht zu erstatten.

Maren Becker sagt eine Prüfung zu und bittet Sie, ihr bei dieser Arbeit zu helfen. Sie erhalten von Frau Becker folgende Informationen:

Zur Kalkulation der Zinskosten verwendet die Regio-Bank AG die Marktzinsmethode. Es gelten folgende Zinssätze für eine alternative Geldanlage bzw. Geldbeschaffung am Geld- und Kapitalmarkt (GKM):

	Neu-Darlehen Laufzeit 5 Jahre	**Alt-Darlehen (Produktionshalle)**	**KK-Kredite**	**Spareinlagen**	**Festgeld**
GKM-Zins	2,50 %	3,75 %	0,90 %	1,50 %	0,80 %

Die Controllingabteilung kalkuliert mit folgenden Standardeinzelkosten (direkt zurechenbare Betriebskosten):

Neuzusage einer gewerblichen Finanzierung	360,00 EUR
monatliche Kosten einer gewerblichen Finanzierung	3,00 EUR
monatliche Kosten eines Privatgirokontos	8,00 EUR
monatliche Kosten eines Geschäftsgirokontos	12,00 EUR
monatliche Kosten eines Sparkontos	1,00 EUR
Einrichtung eines Festgeldkontos	30,00 EUR
monatliche Kosten eines Festgeldes	1,00 EUR
monatliche Kosten eines Depots	7,00 EUR

Ratingklasse	**Ausfallwahrscheinlichkeit**	**Notwendiges Eigenkapital**
10	3,00 %	5,00 %

Die Regio-Bank AG hat aufgrund der Erfahrungen der Vergangenheit festgestellt, dass es bei Kreditnehmern, die mit ihren Zahlungen mehr als 90 Tage in Verzug sind, zu einem durchschnittlichen Forderungsausfall von 45 % (Verlustquote bei einem Darlehensausfall) des Restkredites kommt.

Die Regio-Bank AG strebt beim eingesetzten Eigenkapital eine Verzinsung von 12 % p. a. an.

Die Overheadkosten betragen 85 % der Standardeinzelkosten.

Erstellen Sie folgende Unterlagen:

- Deckungsbeitragsrechnung für das beantragte Darlehen bei einem Sollzinssatz von 5,50 % und Ermittlung der Preisuntergrenze
- Deckungsbeitragsrechnungen
  - für die Privatkonten von Carsten Kröger,
  - für die Geschäftskonten und
  - die gesamte Geschäftsverbindung.
- Stellungnahme zum Anliegen des Kunden

Nutzen Sie für die Berechnungen ein Tabellenkalkulationsprogramm.
In den Deckungsbeitragsrechnungen ermitteln Sie die Deckungsbeiträge in Euro für einen Monat und in Prozent p. a.

Information

- Informieren Sie sich über die Aufgabenstellung.
- Beschreiben Sie den Konflikt, der sich für die Regio-Bank AG im Verhältnis zu ihrem Kunden ergibt.

Planen und Entscheiden

- Stellen Sie fest, welche Informationen und Materialien Sie für die Bearbeitung der Lernsituation benötigen.
- Erstellen Sie einen Arbeits- und Zeitplan.

Durchführen

Bearbeiten Sie die Unterlagen zu den Handlungsprodukten.

Deckungsbeitragsrechnung für das beantragte Darlehen bei einem Sollzinssatz von 5,50 % und Ermittlung der Preisuntergrenze

(Tabellenblatt 1)

	A	B	C
1	**Deckungsbeiträge des Investitionskredites**		
2			
3	Darlehensbetrag		
4			
5			
6	**Deckungsbeiträge**	**in EUR pro Monat (p.M.)**	**in % p.a.**
7	Zinserlöse (Kundenzins)		5,50%
8	- Alternativzinsen für Anlagen am GKM		
9	**Deckungsbeitrag I (Zinsüberschuss, Konditionenbeitrag)**		
10	+ direkt zurechenbare Prov.-erlöse		
11	- direkt zurechenbare Betriebskosten (Standardeinzelkosten)		
12	**Deckungsbeitrag II (Nettokondtionenbeitrag)**		
13	- Risikokosten		
14	- Eigenkapitalkosten		
15	**Deckungsbeitrag III (Beitrag zum Betriebsergebnis)**		
16	Overheadkosten		
17	**Deckungsbeitrag IV**		

Durchführen

Deckungsbeitragsrechnung für die Privatkonten von Carsten Kröger

(Tabellenblatt 2)

	A	B	C
1	**Deckungsbeiträge Privatkunde laufender Monat**		
2			
3	**Aktivgeschäft: Girokonto Soll-Saldo**		
4			
5	**Deckungsbeiträge**	**in EUR p. M.**	**in % p.a.**
6	Zinserlöse (Kundenzins)		
7	- Alternativzinsen für Anlagen am GKM		
8	**Deckungsbeitrag I**		
9	+ direkt zurechenbare Prov.-erlöse		
10	- direkt zurechenbare Betriebskosten		
11	**Deckungsbeitrag II**		
12	- Risikokosten		
13	- Eigenkapitalkosten		
14	**Deckungsbeitrag III**		
15	Overheadkosten		
16	**Deckungsbeitrag IV**		
18	**Passivgeschäft: Sparkonto**		
19			
20	**Deckungsbeiträge**	**in EUR p. M.**	**in % p. a.**
21	Alternativzinsen für Anlagen am GKM		
22	- Zinskosten (Kundenzins)		
23	**Deckungsbeitrag I**		
24	+ direkt zurechenbare Prov.-erlöse		
25	- direkt zurechenbare Betriebskosten		
26	**Deckungsbeitrag II + III**		
27			
28	Overheadkosten		
29	**Deckungsbeitrag IV**		
30			
31	**Passivgeschäft: Festgeld**		
32			
33	**Deckungsbeiträge**		
34	Alternativzinsen für Anlagen am GKM		
35	- Zinskosten (Kundenzins)		
36	**Deckungsbeitrag I**		
37	+ direkt zurechenbare Prov.-erlöse		
38	- direkt zurechenbare Betriebskosten		
39	**Deckungsbeitrag II + III**		
40	Overheadkosten		
41	**Deckungsbeitrag IV**		
42			
43	**Depot**		
44			
45	**Deckungsbeiträge**	**in EUR p. M.**	**in % p. a.**
46	Provisionserlöse		
47	- direkt zurechenbare Betriebskosten		
48	**Deckungsbeitrag II + III**		
49	Overheadkosten		
50	**Deckungsbeitrag IV**		

Durchführen

Deckungsbeitragsrechnung für die Geschäftskonten
(Tabellenblatt 3)

	A	B	C
1	**Deckungsbeiträge Geschäftskunde laufender Monat**		
2			
3	**Aktivgeschäft: Geschäftsgirokonto Soll-Saldo**		
4			
5	**Deckungsbeiträge**	**in EUR p. M.**	**in % p.a.**
6	Zinserlöse (Kundenzins)		
7	- Alternativzinsen für Anlagen am GKM		
8	**Deckungsbeitrag I**		
9	+ direkt zurechenbare Prov.-erlöse		
10	- direkt zurechenbare Betriebskosten		
11	**Deckungsbeitrag II**		
12	- Risikokosten		
13	- Eigenkapitalkosten		
14	**Deckungsbeitrag III**		
15	Overheadkosten		
16	**Deckungsbeitrag IV**		

	A	B	C
18	**Aktivgeschäft: Darlehenskonto Produktionshalle**		
19			
20	**Deckungsbeiträge**	**in EUR p. M.**	**in % p.a.**
21	Zinserlöse (Kundenzins)		
22	- Alternativzinsen für Anlagen am GKM		
23	**Deckungsbeitrag I**		
24	+ direkt zurechenbare Prov.-erlöse		
25	- direkt zurechenbare Betriebskosten		
26	**Deckungsbeitrag II**		
27	- Risikokosten		
28	- Eigenkapitalkosten		
29	**Deckungsbeitrag III**		
30	Overheadkosten		
31	**Deckungsbeitrag IV**		

Deckungsbeitragsrechnung für die gesamte Geschäftsverbindung
(Tabellenblatt 4)

	A	B	C	D	E	F	G
1	**Kalkulation der Geschäftsbeziehung - laufender Monat**						
2							
3		**Privatkonten**	**Geschäfts-konten**	**Gesamt**		**Neukredit**	**Gesamt**
4	Konditionenbeiträge der Aktivgeschäfte						
5	+ Konditionenbeiträge der Passivgeschäfte						
6	= Deckungsbeitrag I						
7	+ direkt zurechenbare Provisionserlöse						
8	- direkt zurechenbare Betriebskosten						
9	= Deckungsbeitrag II						
10	- direkt zurechenbare Risikokosten						
11	- direkt zurechenbare Eigenkapitalkosten						
12	**= Deckungsbeitrag III**						
13	- Overheadkosten						
14	**= Deckungsbeitrag IV**						

Durchführen

Stellungnahme zum Anliegen des Kunden

Kontrolle

Tauschen Sie die von Ihnen erstellten Unterlagen mit Mitschülern aus, um die Materialien gegenseitig zu prüfen.

Bewerten

Reflektieren und bewerten Sie Ihre Vorgehensweise und Ihre Arbeitsergebnisse.

Phase	Urteil	Verbesserungsvorschläge für diesen Bereich
Vorgehensweise	🙂 😐 🙁	
Arbeitsergebnisse	🙂 😐 🙁	

Aufgaben zur Lernsituation

1. Deckungsbeiträge eines Girokontos

Helen Brand unterhält bei der Regio-Bank AG ein Privatgirokonto. Die eingeräumte Kreditlinie beträgt 5000,00 EUR. Für das vergangene Quartal wurden folgende Daten erfasst:

durchschnittlicher Saldo	6420,00 Soll
Sollzinsen für genehmigte Überziehungen	9,50 % p. a.
Sollzinsen für geduldete Überziehungen	12,50 % p. a.
Betriebskosten	46,80 EUR
Kontoführungsgebühren	28,50 EUR
Alternativzinssatz für Geldanlagen am GKM	3,75 % p. a.
Alternativzinssatz für Geldaufnahmen am GKM	3,95 % p. a.
Risikokosten	1,10 % p. a.
angestrebte Eigenkapitalverzinsung	12,00 % p. a.
notwendiges Eigenkapital	6,00 % p. a.

Ermitteln Sie die Deckungsbeiträge für das Girokonto im vergangenen Quartal.

Deckungsbeiträge	**in EUR für 3 Monate**
Zinserlöse (Kundenzins) für • genehmigte Überziehungen • nicht genehmigte Überziehungen	
– Alternativzinsen für Anlagen am GKM	
= **Deckungsbeitrag I (Zins-Konditionenbeitrag)**	
+ direkt zurechenbare Provisionserlöse	
– direkt zurechenbare Betriebskosten	
= **Deckungsbeitrag II (Netto-Konditionenbeitrag)**	
– Risikokosten	
– Eigenkapitalkosten	
= **Deckungsbeitrag III (Beitrag zum Betriebsergebnis)**	

2. Kundenkalkulation für die Metaxo GmbH

Die Regio-Bank AG führt für die Metaxo GmbH ein Kontokorrentkonto und ein Festgeldkonto. Für das vergangene Quartal vom 31.03.20.. bis 30.06.20.. liegen folgende Daten vor:

Kontokorrentkonto Nr. 895743290	
• kalkulierte Laufzeit: ein Jahr	
• durchschnittlicher Kontostand:	82 500,00 EUR Soll
• Buchungsposten:	340 Stück
• Sollzinssatz:	9,75 % p. a.
• Postengebühr:	0,25 EUR
• Grundgebühr pro Monat:	10,00 EUR
• Betriebskosten je Buchungsposten:	0,50 EUR
• durchschnittlicher Abschreibungsbedarf auf KK-Kredite:	0,90 % p. a.
Festgeldkonto Nr. 895747620	
• Kontoguthaben:	30 000,00 EUR
• Laufzeit:	31.03.20.. bis 30.06.20..
• Zinssatz:	2,75 % p. a.
• Betriebskosten:	25,00 EUR

Zinssätze am Geld- und Kapitalmarkt (GKM):

	Geldanlage am GKM	Geldaufnahme am GKM
3-Monatsgeld	3,5 % p. a.	3,8 % p. a.
12-Monatsgeld	5,4 % p. a.	5,7 % p. a.

Darlehen sind mit 8 % Eigenkapital zu unterlegen. Die kalkulatorische Verzinsung des Eigenkapitals beträgt 10 % p. a.

Ermitteln Sie die Deckungsbeiträge der Metaxo GmbH für das vergangene Quartal.

Deckungsbeiträge	in EUR für 3 Monate
Konditionenbeiträge der Aktivgeschäfte	
+ Konditionenbeiträge der Passivgeschäfte	
= **Deckungsbeitrag I (Zins-Konditionenbeitrag)**	
+ direkt zurechenbare Provisionserlöse	
– direkt zurechenbare Betriebskosten	
= **Deckungsbeitrag II (Netto-Konditionenbeitrag)**	
– direkt zurechenbare Risikokosten	
– direkt zurechenbare Eigenkapitalkosten	
= **Deckungsbeitrag III**	

2 Aufgaben zum Lernfeld

2.1 Grundlagen der Kosten- und Erlösrechnung

1. Aufgabe

Stellen Sie fest, ob es sich bei den unten stehenden Fällen jeweils um

(1) Betriebserlöse,
(2) Betriebskosten,
(3) Werterlöse,
(4) Wertkosten,
(5) neutrale Aufwendungen oder um
(6) neutrale Erträge

handelt.

Tragen Sie die jeweils zutreffende Ziffer in das Kästchen ein.

Fälle

a) realisierte Kursgewinne aus Wertpapiergeschäften	☐
b) Kosten für Formulare	☐
c) Bildung einer Einzelwertberichtigung auf Forderungen	☐
d) Abschreibungen auf Anlagen	☐
e) Belastung von Kunden mit Depotgebühren	☐
f) Steuern vom Einkommen und Ertrag	☐
g) Kontoführungsgebühren	☐
h) Zinsen für Spareinlagen	☐
i) Steuererstattung aus dem Vorjahr	☐

2. Aufgabe

Entscheiden Sie, ob es sich bei den folgenden Geschäftsfällen

(1) um Grundkosten,
(2) um Zusatzkosten,
(3) um neutrale Aufwendungen,
(4) weder um Aufwendungen noch um Kosten

handelt.

Geschäftsfälle

a) Die Regio-Bank AG kauft Einrichtungsgegenstände für die Geschäftsstelle zum Preis von 19 450,00 EUR.	☐
b) Ein Firmenfahrzeug wird mit 4 800,00 EUR unter Buchwert verkauft.	☐
c) Die Regio-Bank AG zahlt eine Gratifikation an Auszubildende für das erfolgreiche Bestehen der IHK-Abschlussprüfung.	☐
d) Die Umsatzsteuer von 54 100,00 EUR wird an das Finanzamt überwiesen.	☐
e) Die Versicherungsbeiträge für Firmenfahrzeuge in Höhe von 4 780,00 EUR werden an die Versicherungsgesellschaft überwiesen.	☐
f) Der Mietwert der Geschäftsstelle im eigenen Gebäude beträgt 54 550,00 EUR.	☐

3. Aufgabe

Die Regio-Bank AG veröffentlicht in ihrem Jahresabschluss folgende Werte:

Position	TEUR
Zinsaufwendungen	12 350
Provisionsaufwendungen	400
Personalaufwendungen	5 800
Allgemeine Verwaltungsaufwendungen	1 840
Sonstige Verbindlichkeiten	6 710
Abschreibungen auf Forderungen	380
Sonstige betriebliche Aufwendungen	400
Körperschaftsteuer	320
Umsatzsteuer	670
Außerordentliche Aufwendungen	210
Zinserträge aus Kredit- und Geldmarktgeschäften	18 600
Sonstige Forderungen	7 560
Provisionserträge	3 100
Zinserträge aus festverzinslichen Wertpapieren	1 930
Sonstige betriebliche Erträge	870
Außerordentliche Erträge	80

Ermitteln Sie folgende Werte (in TEUR):

a) Aufwendungen *TEUR*

b) Erträge *TEUR*

c) Jahresüberschuss. bzw. Jahresfehlbetrag *TEUR*

d) Kosten *TEUR*

e) Erlöse *TEUR*

f) Betriebsergebnis *TEUR*

2.2 Anderskosten

1. Aufgabe

Die Regio-Bank AG hat am 04.05.20.. Selbstbedienungsterminals erworben. In der Controllingabteilung liegen dazu folgende Daten vor:

- Anschaffungskosten 36 000,00 EUR
- gewöhnliche Nutzungsdauer gemäß AfA-Liste 6 Jahre
- erwartete tatsächliche Nutzungsdauer 5 Jahre
- Wiederbeschaffungskosten 40 000,00 EUR

Ermitteln Sie dazu die Aufwendungen und Kosten in den einzelnen Jahren.

Jahr	Aufwand	Kosten	Grundkosten	Zusatzkosten	Neutraler Aufwand
1					
2					
3					
4					
5					
6					
7					
Summe					

2. Aufgabe

Die Regio-Bank AG hat am 23.01.20.. einen Drucker erworben. In der Controllingabteilung liegen dazu folgende Daten vor:

- Anschaffungskosten (einschl. Umsatzsteuer) 900,00 EUR
- erwartete tatsächliche Nutzungsdauer 6 Jahre
- Anwendung der Sammelpostenmethode (Poolmethode) für geringwertige Wirtschaftsgüter

Ermitteln Sie dazu die Aufwendungen und Kosten in den einzelnen Jahren.

Jahr	Aufwand	Kosten	Grundkosten	Zusatzkosten	Neutraler Aufwand
1					
2					
3					
4					
5					
6					
Summe					

3. Aufgabe

Die GuV-Rechnung der Regio-Bank AG weist unter anderem folgende Werte in TEUR aus:

1. Allgemeine Verwaltungsaufwendungen	**23510**
2. Abschreibungen auf Anlagen	**1340**
3. Abschreibungen auf Forderungen	**7320**
4. Spenden	**15**

Erläuterungen zu den oben stehenden Aufwendungen:

zu 1.: Der Mietwert des eigengenutzten Gebäudeanteils beträgt 56 TEUR.

zu 2.: Im laufenden Geschäftsjahr wurden geringwertige Wirtschaftsgüter nach der 800,00-EUR-Methode mit insgesamt 40 TEUR abgeschrieben. Im Controlling betragen die Abschreibungen für diese Güter jedoch nur 8 TEUR.

zu 3.: Im Durchschnitt der letzten Jahre betrug der Forderungsfall 1,2 % des Forderungsbestandes. Der Forderungsbestand beträgt 620000 TEUR.

Ermitteln Sie die Kosten.

	Aufwand	Kosten	Grund-kosten	Zusatz-kosten	Neutraler Aufwand
AVA					
Abschreibungen auf Anlagen					
Abschreibungen auf Forderungen					
Spenden					
Summe					

2.3 Gesamtbetriebskalkulation

1. Aufgabe

Die Regio-Bank AG hat folgende Werte ermittelt:

- durchschnittliche Bilanzsumme 2 400,00 Mio. EUR
- Betriebsergebnis 18,00 Mio. EUR
- Bruttobedarfsspanne −3,00 %
- Sonstige Ertragsspanne 0,10 %
- Provisionsspanne 1,25 %
- Handelsspanne 0,40 %
- Bruttozinsspanne 2,60 %

Nutzen Sie als Lösungshilfe das Schema zur Gesamtbetriebskalkulation von Seite 86.

Ermitteln Sie die

a) Bruttoertragsspanne, %

b) Bruttogewinnspanne, %

c) Nettogewinnspanne und die %

d) Bewertungsspanne (Risikospanne). %

2. Aufgabe

Der Controllingabteilung der Regio-Bank AG liegen folgende Daten vor:

Position	Mio. EUR
durchschnittliche Bilanzsumme	2 500
Zinserträge	124
Provisionserträge	40
Zinsaufwendungen	46
Provisionsaufwendungen	15
Personalaufwendungen	24
Abschreibungen auf Sachanlagen	6
Andere Verwaltungsaufwendungen	20
Abschreibungen auf Forderungen und Wertpapiere	18

a) Ermitteln Sie in Prozent folgende Werte:

aa) Bruttozinsspanne %

ab) Provisionsspanne %

ac) Bruttobedarfsspanne %

ad) Risikospanne %

ae) Nettogewinnspanne %

af) Betriebsergebnis Mio. EUR

b) Der Vorstand der Regio-Bank AG möchte im nächsten Geschäftsjahr die Nettogewinnspanne auf 1,80 % erhöhen. Dazu sollen Provisions- und Zinsüberschuss gesteigert werden. Alle anderen Werte bleiben unverändert.
Um welchen Betrag muss der Zinsüberschuss steigen, wenn der Provisionsüberschuss um 4,00 Mio. EUR steigt? Mio. EUR

2.4 Investitionsrechnung

1. Aufgabe

Die Regio-Bank AG möchte in einer Filiale ein Selbstbedienungsterminal aufstellen, an dem die Kunden rund um die Uhr Ein- und Auszahlungen vornehmen können. Hierzu liegen der Controllingabteilung zwei Angebote vor:

Kosten	Gerät 1	Gerät 2
Fixkosten pro Jahr	8 500,00 EUR	8 000,00 EUR
variable Kosten je Vorgang	0,50 EUR	0,60 EUR

a) Die Regio-Bank AG erwartet 38 000 Vorgänge pro Jahr.

aa) Ermitteln Sie die Gesamtkosten für Gerät 1. EUR

ab) Ermitteln Sie die Gesamtkosten für Gerät 2. EUR

b) Ermitteln Sie, ab welcher Anzahl an Vorgängen Gerät 2 kostengünstiger ist. Vorgänge

2. Aufgabe

Die Regio-Bank AG plant den Kauf neuer Geldautomaten.

Anschaffungskosten	25 200,00 EUR
geplante Nutzungsdauer	6 Jahre
kalkulatorischer Zinssatz	5,00 %
jährliche Verwaltungs- und Wartungskosten	840,00 EUR

Bei jeder Verfügung entstehen Verwaltungskosten von 0,20 EUR. Fremde Nutzer zahlen pro Verfügung eine Provision von 2,50 EUR; eigene Kunden können die Geldautomaten unentgeltlich nutzen. Es werden insgesamt 15 000 Verfügungen von eigenen Kunden und fremden Nutzern erwartet.

a) Ermitteln Sie die

aa) Höhe der jährlichen Abschreibungen EUR

ab) kalkulatorischen Zinsen. EUR

ac) Gesamtkosten pro Jahr. EUR

ad) Kosten einer Verfügung. EUR

b) Ermitteln Sie die Anzahl der Verfügungen durch fremde Nutzer, die notwendig ist, um die gesamten Kosten der Geldautomaten zu decken. *Verfügungen*

2.5 Marktzinsmethode

1. Aufgabe

Die Rheinbank AG hat die nachfolgende vereinfachte Zinsertragsbilanz erstellt:

Aktiva **Zinsertragsbilanz** **Passiva**

	Kunden-zinssatz	Durchschnitt TEUR		Kunden-zinssatz	Durchschnitt TEUR
Kundendarlehen	8,00 %	2500	Kundeneinlagen	2,75 %	2500

Am Geld- und Kapitalmarkt gelten folgende Geld- und Kapitalmarktsätze:

- alternative Geldanlage 5,25 % p. a.
- alternative Geldaufnahme 4,25 % p. a.

Berechnen Sie nach der Marktzinsmethode in Prozent

a) den Konditionsbeitrag in Prozent für Kundendarlehen, %

b) den Konditionsbeitrag in Prozent für Kundeneinlagen, %

c) die Bruttozinsspanne und %

d) den Strukturbeitrag. %

2. Aufgabe

Zur Ermittlung der Erfolgsbeitrage im Wertbereich verwendet die Union-Bank AG die Marktzinsmethode. Aus dem Rechnungswesen liegen folgende Daten vor:

	Termineinlagen	Spareinlagen	Ratenkredite
Volumen in Mio. EUR	800,00	1 400,00	2 200,00
Kundenzinssatz	0,50 %	1,00 %	6,50 %
kalkulierte Laufzeit	1 Jahr	2 Jahre	4 Jahre

Die durchschnittliche Bilanzsumme betrug 2 400,00 Mio. EUR.

Alternativzinssätze am Geld und Kapitalmarkt (GKM)		
Laufzeit	**Geldanlage**	**Geldbeschaffung**
1 Jahr	1,50 %	1,70 %
2 Jahre	3,20 %	3,50 %
4 Jahre	4,40 %	4,70 %

Ermitteln Sie

a) die durchschnittliche Verzinsung der Einlagen, %

b) den Zinsüberschuss, Mio. EUR

c) die Bruttozinsspanne in % der Bilanzsumme, %

d) den Konditionenbeitrag für Termineinlagen, Mio. EUR

e) den Konditionenbeitrag für Spareinlagen und Mio. EUR

f) den Konditionenbeitrag für Ratenkredite. Mio. EUR

3. Aufgabe

Die Nordbank AG hat folgende Werte in Mio. EUR ermittelt:

Aktiva	Durchschnitts-bestand	Zinsertrag	Passiva	Durchschnitts-bestand	Zinsaufwand
Barreserve	15,00	0,00	Sichteinlagen	20,00	0,10
Darlehen	115,00	5,75	Termineinlagen	55,00	1,46
Wertpapiere	38,00	0,76	Spareinlagen	95,00	0,90
Sonstige Aktiva	12,00	0,00	Sonstige Passiva	10,00	0,00

a) Ermitteln Sie die Gesamtzinsspanne in Prozent. %

b) Die Geschäftsleitung strebt eine Gesamtzinsspanne von 2,50 % an.
Um wie viel Euro müssen die Zinserlöse gesteigert bzw. die Zinskosten reduziert werden, damit dieses Ziel erreicht wird? Mio. EUR

c) Die angestrebte Gesamtzinsspanne könnte durch eine Umschichtung auf der Aktivseite erreicht werden.
Um wie viel Euro müssen die Darlehen zulasten der Wertpapiere aufgestockt werden, damit dieses Ziel erreicht wird? Mio. EUR

2.6 Standardeinzelkostenrechnung

1. Aufgabe

Die Regio-Bank AG verwendet die prozessorientierte Standardeinzelkostenrechnung.

Stellen Sie fest, welche Aussage dazu zutreffend ist.

Aussagen

(1) Lohnerhöhungen erhöhen immer die Standardeinzelkosten.

(2) Abschreibungen auf Anlagen sind grundsätzlich als Betriebskosten zu berücksichtigen.

(3) Die tatsächlichen Betriebskosten sind bei allen Kontoeröffnungen gleich hoch.

(4) Die prozessorientierte Standardeinzelkostenrechnung dient dazu, die von Bankleistungen verursachten Wert- und Betriebskosten zu ermitteln.

(5) Bei den Standardeinzelkosten werden nur Grundkosten berücksichtigt.

2. Aufgabe

Ermitteln Sie die Standardeinzelkosten für ein Sparkonto in EUR pro Jahr unter Berücksichtigung der nachfolgenden Kostenfaktoren:

- **Personalkosten** 1,20 EUR/Minute
- **EDV-Kosten** 2,60 EUR/CPU-Sekunde

Personalkosten

Teilleistung	Einheiten	Arbeitszeit in Minuten	Standard-einzelkosten
Beratung	1	20	
Kontodaten erfassen	1	8	
Ein-/Auszahlungen	18	2	
Summe			

EDV-Kosten

Teilleistung	Einheiten	Zeit in CPU-Sekunden	Standard-einzelkosten
Kontodaten erfassen	1	2,50	
Ein-/Auszahlungen	18	0,05	
Zinskapitalisierung	1	1,50	
Summe			

Sonstige Sachkosten

Kostenfaktor	Einheiten	Standard-Kostensatz	Standard-einzelkosten
Kontovertrag	2	0,45 EUR	
Ein-/Auszahlungsbeleg	18	0,02 EUR	
Sparurkunde	1	1,65 EUR	
Summe			

Standardeinzelkosten	

2.7 Kalkulation von Aktiv- und Passivgeschäften

1. Aufgabe

Frederik Lang möchte bei der Regio-Bank AG 30 000,00 EUR für vier Monate als Festgeld anlegen. Bei der Kalkulation sind folgende Werte zu berücksichtigen:

- **Standardeinzelkosten** 40,00 EUR
- **Overheadkosten** 50 % der Standardeinzelkosten

	Geldanlage am GKM	Geldaufnahme am GKM
Zinssätze	1,20 % p. a.	1,40 % p. a.

a) Ermitteln Sie die Preisobergrenze.

Alternativzinsen für Beschaffung am GKM	
– direkt zurechenbare Betriebskosten	
= **Preisobergrenze**	

Die Regio-Bank AG vereinbart mit dem Kunden einen Zinssatz von 0,50 %.

b) Ermitteln Sie die Deckungsbeiträge.

Deckungsbeiträge	**in EUR für die tatsächliche Laufzeit**	**in % p. a.**
Alternativzinsen für Beschaffung am GKM		
– Zinskosten (Kundenzins)		
= **Deckungsbeitrag I (Zins-Konditionenbeitrag)**		
+ direkt zurechenbare Provisionserlöse		
– direkt zurechenbare Betriebskosten		
= **Deckungsbeitrag II/III (Netto-Konditionenbeitrag)**		
– Overheadkosten		
= **Deckungsbeitrag IV**		

2. Aufgabe

Die Breuer GmbH beantragt einen Zwischenkredit (Festdarlehen) von 80 000,00 EUR mit einer Laufzeit von neun Monaten.

Folgende Angaben sind zu berücksichtigen:

- **Sollzinsen 6,75 % p. a.**
- **direkte Betriebskosten 240,00 EUR**
- **Overheadkosten 30 % der direkten Betriebskosten**
- **durchschnittlicher Abschreibungsbedarf auf Zwischenkredite 0,80 % p. a.**
- **Kredite sind mit 8 % Eigenkapital zu unterlegen. Die kalkulatorische Verzinsung des Eigenkapitals beträgt 7,00 % p. a.**

Es gelten folgende Geld- und Kapitalmarktzinssätze:

	Geldanlage	**Geldaufnahme**
9-Monatsgeld	4,4 % p. a.	4,7 % p. a.

a) Ermitteln Sie die Deckungsbeiträge.

Deckungsbeiträge	**in EUR für die tatsächliche Laufzeit**	**in % p. a.**
Zinserlöse (Kundenzins)		
– Alternativzinsen für Anlagen am GKM		
= **Deckungsbeitrag I (Zins-Konditionenbeitrag)**		
+ direkt zurechenbare Provisionserlöse		
– direkt zurechenbare Betriebskosten		
= **Deckungsbeitrag II (Nettokonditionenbeitrag)**		

Deckungsbeiträge	in EUR für die tatsächliche Laufzeit	in % p.a.
– Risikokosten		
– Eigenkapitalkosten		
= **Deckungsbeitrag III**		
– Overheadkosten		
= **Deckungsbeitrag IV**		

b) Ermitteln Sie die Preisuntergrenze.

Alternativzinsen für Anlagen am GKM	
+ Mindestkonditionenmarge, bestehend aus	
• direkt zurechenbaren Betriebskosten	
• Risikokosten	
• Eigenkapitalkosten	
= **Preisuntergrenze**	

2.8 Kundenkalkulation

1. Aufgabe

Die Regio-Bank AG führt für ihren Kunden Christian Lenz ein Girokonto, ein Sparkonto und ein Darlehenskonto. Zur Kundenbewertung liegen für das vergangene Quartal folgende Daten vor:

Girokonto

- durchschnittlicher Sollsaldo 1 920,00 EUR, Zinssatz 8,50 %
- GKM-Zinssatz für alternative Geldanlagen 2,25 %
- Risikokosten 0,70 %
- Eigenkapitalkosten 1,20 %
- Kontoführungsgebühren 7,50 EUR pro Monat
- direkt zurechenbare Betriebskosten 32,00 EUR

Sparkonto

- durchschnittliches Guthaben 6 350,00 EUR, Zinssatz 0,50 % p. a.
- GKM-Zinssatz für alternative Geldaufnahmen 3,50 % p. a.
- direkt zurechenbare Betriebskosten 7,00 EUR

Baudarlehen

- durchschnittlicher Saldo 85 710,00 EUR, Zinssatz 4,50 %
- GKM-Zinssatz für alternative Geldanlagen 3,25 %
- Risikokosten 0,40 %
- Eigenkapitalkosten 0,60 %
- direkt zurechenbare Betriebskosten 15,00 EUR

Ermitteln Sie die Deckungsbeiträge für den Kunden.

Deckungsbeiträge	in EUR für drei Monate
Konditionenbeiträge der Aktivgeschäfte	
+ Konditionenbeiträge der Passivgeschäfte	
= Deckungsbeitrag I (Zins-Konditionenbeitrag)	
+ direkt zurechenbare Provisionserlöse	
– direkt zurechenbare Betriebskosten	
= Deckungsbeitrag II (Netto-Konditionenbeitrag)	
– direkt zurechenbare Risikokosten	
– direkt zurechenbare Eigenkapitalkosten	
= Deckungsbeitrag III	

2. Aufgabe

Die Schneider & Zander GmbH unterhält bei der Regio-Bank AG ein Kontokorrentkonto. Im Mai 20.. wurden von der Controllingabteilung folgende Leistungen erfasst:

Betriebsbereich	Anzahl	Standardeinzelkosten je Vorgang
Abhebungen am Geldautomat	8	0,80 EUR
Online-Überweisungen	340	0,20 EUR
Ein-/Auszahlungen an der Kasse	6	3,00 EUR
Online-Kontoauszüge	22	0,05 EUR

Provisionserträge

Monatspauschale 20,00 EUR

Buchungspostengebühr

- Überweisungen, Ein-/Auszahlungen an der Kasse 0,30 EUR je Vorgang
- Abhebungen an Geldautomaten 0,50 EUR je Vorgang

Wertbereich

- Durchschnittlicher Sollsaldo 37 430,00 EUR
- Sollzinsen 8,50 % p. a.
- Alternativzinssatz für Geldanlagen am GKM 3,75 % p. a.
- Alternativzinssatz für Geldbeschaffung am GKM 3,95 % p. a.
- Risikokosten 1,40 % p. a.
- angestrebte Eigenkapitalverzinsung 8,00 % p. a.
- notwendiges Eigenkapital 10,00 %

a) Ermitteln Sie die Deckungsbeiträge.

Deckungsbeiträge	in EUR für Mai 20..	in % p. a.
Zinserlöse		
– Alternativzinsen für Anlagen am GKM		
= Deckungsbeitrag I (Zins-Konditionenbeitrag)		

Deckungsbeiträge	in EUR für Mai 20..	in % p. a.
+ direkt zurechenbare Provisionserlöse		
– direkt zurechenbare Betriebskosten		
= Deckungsbeitrag II (Nettokonditionenbeitrag)		
– Risikokosten		
– Eigenkapitalkosten		
= Deckungsbeitrag III		

b) *Zudem hatte die Schneider & Zander GmbH Anfang Mai 20.. ein Festdarlehen von 80 000,00 EUR für sechs Monate beantragt.*

Hierzu lagen folgende Daten vor:

- *fristengleicher Alternativzinssatz am GKM* — *4,00 % p. a.*
- *direkt zurechenbare Betriebskosten* — *220,00 EUR*
- *Risikokosten und Eigenkapitalkosten* — *wie bei a)*

Ermitteln Sie die Preisuntergrenze für das Festdarlehen.

Alternativzinsen für Anlagen am GKM	
+ Mindestkonditionenmarge, bestehend aus	
• direkt zurechenbare Betriebskosten	
• Risikokosten	
• Eigenkapitalkosten	
= Preisuntergrenze	

c) *Die Regio-Bank AG und die Schneider & Zander GmbH haben für das Festdarlehen einen Sollzinssatz von 7,50 % vereinbart.*

Ermitteln Sie die Deckungsbeiträge des Festdarlehens für den Monat Mai 20..

Deckungsbeiträge	in EUR für Mai 20..	in % p. a.
Zinserlöse		
– Alternativzinsen für Anlagen am GKM		
= Deckungsbeitrag I (Zins-Konditionenbeitrag)		
+ direkt zurechenbare Provisionserlöse		
– direkt zurechenbare Betriebskosten		
= Deckungsbeitrag II (Nettokonditionenbeitrag)		
– Risikokosten		
– Eigenkapitalkosten		
= Deckungsbeitrag III		

d) *Wie viel Euro beträgt der gesamte Deckungsbeitrag III der Schneider & Zander GmbH im Mai 20..?* *EUR* [ ]

Lernfeld 12:

Kunden über Produkte der Vorsorge und Absicherung informieren

12

Zielbeschreibung:

Sie verfügen über die Kompetenz, Kunden im Rahmen des Drei-Schichten-Modells über Vorsorgemöglichkeiten und Versicherungsprodukte zur Absicherung zu informieren.

1 Lernsituationen

1.1 Information des Kunden Jens Kramer über seine Versorgungslücken

Situationsbeschreibung

Sie sind Mitarbeiterin/in der Regio-Bank AG in der Geschäftsstelle Karlsruhe und haben telefonisch mit Ihrem Kunden Jens Kramer einen Gesprächstermin vereinbart.

Jens Kramer hat die unten stehende Renteninformation erhalten und ist verunsichert, ob seiner Frau Sybille und ihm im Alter genügend Rente zur Verfügung steht. In seinem aktuellen Rentenbescheid hat er gelesen, dass ein zusätzlicher Vorsorgebedarf für das Alter bestehe, um die „Versorgungslücke" zu schließen. Herr Kramer fragt sich, wie groß diese „Lücke" bei ihm wohl sein wird. Zudem macht er sich Sorgen, ob seine Familie im Falle seines Todes oder bei einer Erwerbsunfähigkeit ausreichend abgesichert ist.

Im Vorfeld hat Ihnen Herr Kramer seine aktuelle Renteninformation zukommen lassen.

Deutsche Rentenversicherung Bund
10704 Berlin

Ruhrstraße 2, 10709 Berlin

Postanschrift: 10704 Berlin
Telefon 030 865-1
Telefax 030 865-27240
Servicetelefon 0800 3331919
www.deutsche-rentenversicherung-bund.de
drv@drv-bund.de

Herrn
Jens Kramer
Zum Weidenpfad 66
76233 Karlsruhe

Datum: 01.02.2021

Ihre Renteninformation 2020

Sehr geehrter Herr Kramer,

in dieser Renteninformation haben wir die für Sie vom 01.01.2007 bis zum 31.12.2020 gespeicherten Daten (siehe Versicherungsverlauf) und das geltende Rentenrecht berücksichtigt. Änderungen in Ihren persönlichen Verhältnissen und gesetzliche Änderungen können sich auf Ihre zu erwartende Rente auswirken. Bitte beachten Sie, dass von der Rente auch Kranken- und Rentenversicherungsbeiträge sowie gegebenenfalls Steuern zu zahlen sind. Auf der Rückseite finden Sie zudem wichtige Erläuterungen und zusätzliche Informationen.

Rente wegen voller Erwerbsminderung
Wären Sie heute wegen gesundheitlicher Einschränkungen voll erwerbsgemindert, bekämen Sie von uns eine monatliche Rente von: **1748,54 EUR**

Höhe Ihrer künftigen Regelaltersrente
Ihre bislang erreichte Rentenanwartschaft entspräche nach heutigem Stand einer monatlichen Rente von: **1209,88 EUR**
Sollten Sie bis zum Rentenbeginn Beiträge wie im Durchschnitt der letzten fünf Kalenderjahre gezahlt haben, bekämen Sie ohne Berücksichtigung von Rentenanpassungen von uns eine monatliche Rente von: **2324,61 EUR**

Rentenanpassung
Aufgrund zukünftiger Rentenanpassungen kann die errechnete Rente in Höhe von 2324,61 EUR tatsächlich höher ausfallen. [...] Bei einem Jährlichen Anpassungssatz von 1% ergäbe sich eine Rente von 2870,00 EUR, bei 2% Anpassungssatz ergäbe sich eine monatliche Rente von etwa 3530,00 EUR.

Zusätzlicher Vorsorgebedarf
Da die Renten im Vergleich zu den Löhnen künftig geringer steigen werden und sich somit die Lücke zwischen Rente und Erwerbseinkommen vergrößert, wird eine zusätzliche Absicherung für das Alter wichtiger („Versorgungslücke"). Bei der ergänzenden Altersvorsorge sollten Sie – wie bereits bei Ihrer zu erwartenden Rente – den Kaufkraftverlust beachten.

Mit freundlichen Grüßen

Ihre Deutsche Rentenversicherung
Bund

– Bitte nehmen Sie diesen Beleg zu Ihren Rentenunterlagen –

Folgende Kundendaten entnehmen Sie dem Informationssystem der Bank.

Kunde: Jens Kramer			
Alter:	34 Jahre	Beruf:	Unternehmensberater
Familienstand:	verheiratet	Arbeitgeber:	Logistik Consulting AG
Ehepartner:	Sybille, 31 Jahre	Bruttogehalt:	6 610,87 EUR
Kinder:	Helena, 4 Jahre	Nettogehalt:	4 388,45 EUR

Kontenübersicht	**Konten/Depots**		**Betrag**	**Zusatzinformationen**
	Girokonto:	255698577	S 324,46 EUR	Girocard, Visa-Kreditkarte
	Dispolimit:	3 000,00 EUR		
	Tagesgeldkonto:	558215895	8 774,36 EUR	
	Depot:	678958625	4 669,28 EUR	Investa Aktienfonds

Weitere Kundeninformationen	
	Einnahmen aus Vermietung einer Eigentumswohnung: 980,00 EUR/Monat Versicherungen: • Gesetzliche Krankenversicherung bei der BKK Vitalia • Privat-Haftpflichtversicherung bei der Sonitas Versicherung AG • Kfz-Haftplichtversicherung und Teilkasko bei der Mobile Versicherung AG Gehaltssteigerungen sind in naher Zukunft nicht zu erwarten.

Zur Vorbereitung auf das Gespräch mit Herrn Kramer erstellen Sie folgende Unterlagen:

- Gesprächsvorlage zu Problemen der gesetzlichen Rentenversicherung
- Berechnung der Versorgungslücke von Herrn Kramer
- Ergänzung des Mitarbeiterhandbuches um das Kapitel „Vorsorge und Absicherung – Leistungen der gesetzlichen Rentenversicherung für Hinterbliebene und im Falle einer Erwerbsminderung"
- Schaubild zum „Drei-Schichten-Modell der Altersvorsorge" als Verkaufshilfe im Beratungsgespräch

Führen Sie das Informationsgespräch mit Herrn Kramer.

Information

- **Informieren Sie sich über die Aufgabenstellung und klären Sie Ihre Arbeitsaufträge.**
- **Recherchieren Sie im Internet die Bedeutung von Begrifflichkeiten aus der Renteninformation der Deutschen Rentenversicherung, die Sie nicht verstehen.**

Begriff	Erklärung

Planen und Entscheiden

Stellen Sie fest, welche Informationen und Materialien Sie für die Bearbeitung der Lernsituation benötigen.

- Erstellen Sie einen Arbeits- und Zeitplan für die Bearbeitung der Lernsituation.

Durchführen

Bearbeiten Sie die Unterlagen zu den Handlungsprodukten.

Gesprächsvorlage zu Problemen der gesetzlichen Rentenversicherung

Generationenvertrag und Umlageverfahren	
Generationenvertrag	
Umlageverfahren	

Situation	Problembeschreibung
Rückläufige Geburtenzahlen	
Steigende Lebenserwartung	
Späterer Eintritt in das Berufsleben	
Zeitweilige Arbeitslosigkeit	

Berechnung der Versorgungslücke von Herrn Kramer

Nettogehalt	EUR
– wegfallende Aufwendungen (z. B. Fahrtkosten, Werbungskosten, Kredite)	
+ altersbedingte Mehraufwendungen (z. B. Urlaube, steigende Versicherungsbeiträge)	
= Versorgungsbedarf im Alter (90 % des Nettogehalts)	EUR
– gesetzliche Rente	EUR
– zusätzliche Einkünfte (z. B. betriebliche Altersvorsorge, Miete)	EUR
= Versorgungslücke im Alter	EUR
Zugrunde liegende Annahmen: kein Kaufkraftverlust, keine Gehaltssteigerungen, keine Rentenanpassungen, konstante Mieterträge	

Durchführen

Ergänzung des Mitarbeiterhandbuches um das Kapitel „Vorsorge und Absicherung – Leistungen der gesetzlichen Rentenversicherung für Hinterbliebene und im Falle einer Erwerbsminderung“

Hinterbliebenenrente an Ehegatten bzw. Lebenspartner: Witwen-/Witwerrente	
Kleine Witwen-/Witwerrente	
Voraussetzungen	
Höhe und Dauer	
Große Witwen-/Witwerrente	
Voraussetzungen	
Höhe und Dauer	

Hinterbliebenenrente an Kinder: Waisenrente	
Halbwaisenrente	
Voraussetzungen	
Höhe und Dauer	

Durchführen

Vollwaisenrente	
Voraussetzungen	
Höhe und Dauer	

Erwerbsminderungsrente	
Erwerbsminde-rung	**Merkmale**
Rente wegen voller Erwerbsminderung	
Voraussetzungen	
Höhe und Dauer	

Durchführen

Rente wegen teilweiser Erwerbsminderung	
Voraussetzungen	
Höhe und Dauer	

Schaubild zum „Drei-Schichten-Modell der Altersvorsorge" als Verkaufshilfe im Beratungsgespräch

Das „Drei-Schichten-Modell der Altersvorsorge"

Führen Sie das Informationsgespräch mit Herrn Kramer.

Als Beobachter/in des Gespräches achten Sie auf folgende Aspekte:

- Richtigkeit
- Vollständigkeit
- Verständlichkeit
- strukturierter Gesprächsaufbau
- angemessene Sprache (verbales Verhalten)
- Körpersprache (nonverbales Verhalten)

Kontrolle

Tauschen Sie sich über die von Ihnen erstellte Gesprächsunterlage, die Berechnung der Versorgungslücke, die Ergänzungen im Mitarbeiterhandbuch und die Vorlage für die Beratermappe mit einem Mitschüler/einer Mitschülerin aus, um die Materialien gegenseitig inhaltlich zu prüfen.

Streichen Sie falsche Inhalte und ergänzen Sie fehlende Inhalte in Ihren Unterlagen.

Lernerfolgssicherung: Sortieraufgabe

Schreiben Sie die unten stehenden Begriffe auf eine DIN A4-Seite. Schneiden Sie die Begriffe aus und mischen Sie diese. Bilden Sie mit den Kärtchen einen „Weiß ich"-Stapel, falls Sie mindestens einen sinnvollen Satz zu diesem Begriff formulieren können. Legen Sie die Kärtchen auf den „Weiß ich nicht"-Stapel, wenn Sie keinen sinnvollen Satz zum entsprechenden Begriff formulieren können. Bilden Sie im Anschluss eine Gruppe aus drei Personen und erklären Sie sich die offenen Begriffe gegenseitig.

Renteninformation	Generationenvertrag	Umlageverfahren
Probleme der GRV	Versorgungslücke	Kleine Witwen-/Witwerrente
Große Witwen-/Witwerrente	Halbwaisenrente	Vollwaisenrente
Volle Erwerbsminderung	Teilweise Erwerbsminderung	Drei-Schichten-Modell

Bewerten

Reflektieren und bewerten Sie Ihre Vorgehensweise und Ihre Arbeitsergebnisse.

Phase	Urteil	Verbesserungsvorschläge für diesen Bereich
Gesprächsvorlage	🙂 😐 🙁	
Berechnung der Versorgungslücke	🙂 😐 🙁	
Mitarbeiterhandbuch und Schaubild	🙂 😐 🙁	
Informationsgespräch	🙂 😐 🙁	

Aufgaben zur Lernsituation

1. Probleme der gesetzlichen Rentenversicherung

Stellen Sie fest, welche Aussage zur gesetzlichen Rentenversicherung zutreffend ist. ☐

(1) Durch eine steigende Lebenserwartung werden die Rentenleistungen an die Rentenbezieher immer kürzer ausgezahlt.

(2) Beim Umlageverfahren erhalten die heutigen Rentenbezieher ihre Rentenleistungen direkt aus den heute vereinnahmten Beiträgen der gesetzlichen Rentenversicherung.

(3) Der im Durchschnitt spätere Einstieg in das Berufsleben verursacht in der gesetzlichen Rentenversicherung höhere Beitragseinnahmen.

(4) Einer immer höheren Anzahl von Beitragsempfängern von gesetzlichen Rentenleistungen steht eine stetig größer werdende Zahl an beitragszahlenden Erwerbstätigen gegenüber.

(5) Das Rentenniveau, also die Rente eines Durchschnittsrentners im Verhältnis zum Durchschnittseinkommen, steigt seit Jahren kontinuierlich an.

2. Witwen- und Waisenrente

Manfred Bergner (49 Jahre, seit 29 Jahren beschäftigt im Angestelltenverhältnis bei der Mühltaler Baumaschinen AG) ist kürzlich bei einem Verkehrsunfall tödlich verunglückt. Herr Bergner war verheiratet mit Jutta Bergner (47 Jahre, Hausfrau) und hinterlässt drei gemeinsame Kinder: Lea, 18 Jahre, Luisa, 16 Jahre und Lukas 13 Jahre. Lea leistet momentan ein freiwilliges soziales Jahr in einem Pflegeheim ab. Luisa besucht ein Gymnasium und Lukas ist Schüler einer Realschule.

a) **Stellen Sie fest, welche Aussage zu den Ansprüchen von Frau Bergner aus der Rentenversicherung zutreffend ist.** ☐

(1) Frau Bergner erhält keine große Witwenrente, da eines der beiden Kinder bereits das 18. Lebensjahr vollendet hat.

(2) Frau Bergner erhält keine große Witwenrente, da sie nicht selbst erwerbsgemindert ist.

(3) Frau Bergner erhält die große Witwenrente, da die allgemeine Wartezeit von fünf Jahren erfüllt ist, sie nicht neu geheiratet hat und 47 Jahre alt ist bzw. ein eigenes Kind erzieht, das das 18. Lebensjahr noch nicht vollendet hat.

(4) Frau Bergner erhält maximal bis zum vollendeten 50. Lebensjahr 55 % der Rente ihres Mannes.

(5) Sollte Frau Bergner wieder heiraten, fällt ihre Witwenrente nicht weg.

b) **Stellen Sie fest, welche Aussage zu den Ansprüchen auf Waisenrente zutreffend ist.** ☐

(1) Volljährige Kinder erhalten so lange Halbwaisenrente, wie sie sich in Schul- oder Berufsausbildung befinden bzw. einen freiwilligen Dienst ableisten, da noch ein unterhaltspflichtiger Elternteil lebt und der Vater die allgemeine Wartezeit erfüllt hat.

(2) Volljährige Kinder erhalten so lange Vollwaisenrente, wie sie sich in Schul- oder Berufsausbildung befinden bzw. einen freiwilligen Dienst ableisten, da ihr Vater als Hauptverdiener verstorben ist und der Vater die allgemeine Wartezeit erfüllt hat.

(3) Die Höhe der Waisenrente beträgt in diesem Fall 20 % der Rentenansprüche des Verstorbenen zuzüglich eines Zuschlags, der sich an den rentenrechtlichen Zeiten des Verstorbenen orientiert.

(4) Die Halbwaisen- bzw. Vollwaisenrente wird nur über das vollendete 18. Lebensjahr hinaus bezahlt, wenn der Rentenbezieher eine Behinderung aufweist.

(5) Die Halbwaisen- bzw. Vollwaisenrente wird in einigen Ausnahmefällen maximal bis zur Vollendung des 30. Lebensjahres bezahlt.

3. Erwerbsminderungsrente

Die in den folgenden Fällen genannten Personen sind gesetzlich rentenversichert und haben die versicherungsrechtlichen Voraussetzungen (Mindestversicherungszeit fünf Jahre, in den letzten fünf Jahren vor Eintritt der Erwerbsminderung mindestens drei Jahre Pflichtbeiträge in die Rentenversicherung bezahlt) erfüllt.

Welche der folgenden Personen hat
(1) Anspruch auf Rente wegen teilweiser Erwerbsminderung?
(2) Anspruch auf Rente wegen voller Erwerbsminderung?
(3) keinen Anspruch auf Erwerbsminderungsrente?

a) *Philipp Geiger kann aufgrund einer Gesundheitsschädigung nicht mehr als angestellter Außendienstmitarbeiter der Securitas Versicherung AG arbeiten. Er kann aber acht Stunden täglich im Innendienst des Versicherungsunternehmens eingesetzt werden.* ☐

b) *Jasper Mainhard ist aufgrund eines schweren Unfalls nur noch imstande, zwei Stunden täglich erwerbstätig zu sein.* ☐

c) *Tanja Schröder, angestellte Friseurmeisterin, kann ihren Kunden aufgrund einer Erkrankung der Sehnenscheiden nur noch eine Stunde täglich die Haare schneiden. Eine Praxis für Kieferorthopädie bietet ihr an, in Vollzeit den Empfang der kieferorthopädischen Praxis zu übernehmen, was Frau Schröder gesundheitlich möglich wäre.* ☐

d) *Mehmet Özgün arbeitet seit 32 Jahren für die Metallwerke Ernst KG. Aufgrund einer Gesundheitsschädigung kann er nur noch fünf Stunden täglich als Pförtner am Werkstor tätig sein.* ☐

4. Drei-Schichten-Modell der Altersvorsorge

Sie beraten Martin Gerster über die Altersvorsorge und stellen ihm dabei das sogenannte Drei-Schichten-Modell vor.

Stellen Sie fest, zu welcher Schicht die unten stehenden Altersvorsorgeprodukte jeweils gehören.

Schichten

(1) 1. Schicht (Basisversorgung)
(2) 2. Schicht
(3) 3. Schicht

Altersvorsorgeprodukte

a) *Riester-Altersvorsorgesparplan* ☐

b) *Gesetzliche Rentenversicherung* ☐

c) *Private Rentenversicherung* ☐

d) *Nicht geförderter Fondssparplan* ☐

e) *Rürup-Altersvorsorgesparplan* ☐

f) *Betriebliche Altersversorgung* ☐

1.2 Markus Köhler möchte sich über die Basisrente (Rürup-Rente) informieren

Situationsbeschreibung

Sie sind als Auszubildende/r der Regio-Bank AG in der Geschäftsstelle Würzburg tätig. Ihr Ausbilder Simon Hansen ist Spezialist für Altersvorsorge und Versicherungen. Die Regio-Bank AG bietet ihren Kunden auch Versicherungen von ihrem Verbundpartner, der Regio-Versicherung AG, an.

Herr Hansen: *„Heute Morgen haben wir eine E-Mail von Herrn Köhler erhalten, der etwas für seine Altersvorsorge tun möchte. Dabei können Sie mir doch sicherlich helfen."*

Von	Markus Köhler <markus.koehler@tst-informatik.de>
An	altersvorsorge@regiobank.de
Cc/Bcc	
Betreff	Vorsorge für das Alter als Selbstständiger

Antworten **Allen antworten** **Weiterleiten** **Löschen**

Sehr geehrte Damen und Herren,

wie Sie wissen, arbeite ich zurzeit als angestellter Informatiker bei der Firma TST-Informatik AG in Zell am Main. Nächstes Jahr möchte ich meinen Traum verwirklichen und mich als Informatiker selbstständig machen. Als Selbstständiger müsste ich allerdings dann individuell für mein Alter vorsorgen.

Ich habe mir von einem Freund sagen lassen, dass die Basisrente eine gute Möglichkeit der Altersvorsorge für Selbstständige sei und man damit ganz legal Steuern spare. Ich könnte mir gut vorstellen, eine solche Basisrente bereits jetzt als Angestellter abzuschließen und dann als Selbstständiger fortzuführen.

Momentan bin ich beruflich sehr eingespannt. Bitte schicken Sie mir deshalb per E-Mail ein paar Informationen über die Merkmale der Basisrente, die steuerliche Behandlung in der Anspar- und in der Rentenphase und konkrete Produktinformationen über eine fondsgebundene Basisrentenversicherung. Ich könnte mir momentan als Angestellter vorstellen, einen Beitrag in Höhe von 2 400,00 EUR pro Jahr in die Basisrente zu zahlen.

Vielen Dank und freundliche Grüße

Markus Köhler

Projektleiter Gebiet Süd
TST-Informatik AG
Waldstraße 14
97299 Zell am Main
Telefon: 0931 – 5257-15
E-Mail: markus.koehler@tst-informatik.de
Homepage: www.tst-informatik.de

Information zum Datenschutz: https://tst-informatik.de/datenschutz
Bitte denken Sie an die Umwelt, bevor Sie diese Mail ausdrucken.

Aus dem Informationssystem der Bank entnehmen Sie, dass Herr Köhler keine Kinder hat, 37 Jahre alt und unverheiratet ist. Sein Bruttogehalt als Angestellter beträgt 70 000,00 EUR im Jahr.

Herr Hansen: *„Private Altersvorsorge ist ein sehr komplexes Thema. Da müssen Sie nicht nur die Produkte kennen, sondern auch steuerliche Aspekte berücksichtigen."* Er weist Sie auf § 10 EStG hin.

§ 10 Einkommensteuergesetz (EStG)

(1) Sonderausgaben sind die folgenden Aufwendungen, [...]
2. a) Beiträge zu den gesetzlichen Rentenversicherungen oder zur landwirtschaftlichen Alterskasse sowie zu berufsständischen Versorgungseinrichtungen, die den gesetzlichen Rentenversicherungen vergleichbare Leistungen erbringen;
b) Beiträge des Steuerpflichtigen
aa) zum Aufbau einer eigenen kapitalgedeckten Altersversorgung, wenn der Vertrag nur die Zahlung einer monatlichen, auf das Leben des Steuerpflichtigen bezogenen lebenslangen Leibrente nicht vor Vollendung des 62. Lebensjahres oder zusätzlich die ergänzende Absicherung des Eintritts der Berufsunfähigkeit (Berufsunfähigkeitsrente), der verminderten Erwerbsfähigkeit (Erwerbsminderungsrente) oder von Hinterbliebenen (Hinterbliebenenrente) vorsieht. Hinterbliebene in diesem Sinne sind der Ehegatte des Steuerpflichtigen und die Kinder, für die er Anspruch auf Kindergeld oder auf einen Freibetrag nach § 32 Absatz 6 hat.
[...]
Die Ansprüche nach Buchstabe b dürfen nicht vererblich, nicht übertragbar, nicht beleihbar, nicht veräußerbar und nicht kapitalisierbar sein. [...]

Herr Hansen bittet Sie, die von Herrn Köhler gewünschten Unterlagen zu erstellen und einen Entwurf für die Antwortmail zu verfassen.

Erstellen Sie folgende Unterlagen:

- Informationsblatt über die Merkmale der Basisrente (Rürup-Rente) nach § 10 EStG
- Berechnung der Altersvorsorgeaufwendungen (Sonderausgaben)
- Erläuterungen zum Produktinformationsblatt der Basisrente FondsInvest der Regio-Versicherung AG
- E-Mail an Herrn Köhler mit den gewünschten Informationen im Anhang

Information

- **Informieren Sie sich über die Aufgabenstellung und klären Sie Ihre Arbeitsaufträge.**
- **Informieren Sie sich über Vorschriften zur Gestaltung von geschäftlichen E-Mails.**

Planen und Entscheiden

- **Stellen Sie fest, welche Informationen und Materialien Sie für die Bearbeitung der Lernsituation benötigen.**
- **Erstellen Sie einen Arbeits- und Zeitplan für die Bearbeitung der Lernsituation.**

Durchführen

Bearbeiten Sie die Unterlagen zu den Handlungsprodukten.

Informationsblatt über die Merkmale der Basisrente (Rürup-Rente) nach § 10 EStG

Merkmale der Basisrente nach § 10 EStG	
Leistungen	
Rentenzahlungsbeginn	

ergänzende Absicherungsmöglichkeiten	
Ansprüche sind ...	**Erklärung**
• nicht vererblich	
• nicht übertragbar	
• nicht beleihbar	
• nicht veräußerbar	
• nicht kapitalisierbar	

Steuerliche Behandlung

Sparphase	Rentenbezugsphase

Durchführen

Durchführen

Berechnung der Altersvorsorgeaufwendungen (Sonderausgaben)

Arbeitnehmer, alleinstehend Bruttoeinkommen 2021: 70 000,00 EUR Beitragssatz zur GRV: 18,6 % Beitrag zu einer Rürup-Rentenversicherung: 2 400,00 EUR		**Selbstständiger,** alleinstehend nicht rentenversicherungspflichtig Beitrag zu einer Rürup-Rentenversicherung: 15 420,00 EUR	
Arbeitnehmeranteil zur gesetzlichen Rentenversicherung			
+ Beitrag zur Rürup-Rente		Beitrag zur Rürup-Rente	
+ Arbeitgeberanteil zur gesetzlichen Rentenversicherung			
= Altersvorsorgebeiträge (Höchstbetrag 2021 beträgt 25 787,00 EUR)		= Altersvorsorgebeiträge (Höchstbetrag 2021 beträgt 25 787,00 EUR)	
davon 92 % im Jahr 2021 anrechenbar		davon 92 % im Jahr 2021 anrechenbar	
– Arbeitgeberanteil zur gesetzlichen Rentenversicherung			
= Sonderausgabenabzug im Jahr 2021 (abzugsfähige Altersvorsorgeaufwendungen)		**= Sonderausgabenabzug im Jahr 2021 (abzugsfähige Altersvorsorgeaufwendungen)**	
Fazit			

Durchführen

Auszug aus dem Produktinformationsblatt der Basis-Rente FondsInvest der Regio-Versicherung AG

Basis-Rente FondsInvest
Rentenversicherung
Regio-Versicherung AG

BA **Basisrente** Alter **Produkt-informationsblatt**

[...]

➧ Produktbeschreibung

Ansparphase 1
Mit der Basis-Rente FondsInvest, einer fondsgebundenen Rentenversicherung, bieten wir Ihnen Versicherungsschutz in Form einer lebenslangen Rentenzahlung ab dem vereinbarten Rentenbeginn. In der Ansparphase werden Ihre Beiträge unter Berücksichtigung von Kosten in den von Ihnen bestimmten Investmentfonds angelegt. Die Auszahlung einer Kapitalleistung ist ausgeschlossen.

Auszahlungsphase
Wir zahlen die der Höhe nach garantierte Rente monatlich lebenslang. Bei einer vereinbarten garantierten Rentensteigerung wird diese während der Rentenphase erhöht. Eine Kleinbetragsrente wird abgefunden. Die Überschussbeteiligung erfolgt in der Form einer zusätzlichen Gewinnrente.
Diese Ansprüche sind nicht vererblich, nicht übertragbar, nicht beleihbar, nicht veräußerbar und nicht kapitalisierbar.

➧ Chancen-Risiko-Klasse 2

Die Chancen-Risiko-Klasse (CRK) gibt an, wie die Ertragschancen und Risiken dieses Produkts gegenüber anderen steuerlich geförderten Altersvorsorgeprodukten einzuschätzen sind. Für einen Musterkunden hat die unabhängige Produktinformationsstelle Altersvorsorge dieses Produkt für verschiedene Kapitalmarktszenarien über eine vergleichbare Ansparphase von 30 Jahren untersucht und in die CRK 5 eingeteilt. Dabei wurde berücksichtigt, ob dieses Produkt zu Beginn der Auszahlungsphase eine Beitragserhaltungszusage erhält.

■ CRK 1
Das Produkt bietet eine sichere Anlage durch eine bis zum Beginn der Auszahlungsphase festgelegte garantierte (Mindest-)Verzinsung oder an einen Referenzzins gekoppelte Verzinsung mit niedrigen Ertragschancen. Das unwiderruflich gebildete Kapital nach Abzug der Kosten steigt in der Ansparphase fortwährend an. Der Anbieter gibt eine Beitragserhaltungszusage.

■ CRK 2
Das Produkt bietet eine sicherheitsorientierte Anlage mit begrenzten Ertragschancen. Der Anbieter gibt eine Beitragserhaltungszusage.

■ CRK 3
Das Produkt bietet eine ausgewogene Anlage mit moderaten Ertragschancen. Gibt der Anbieter keine Beitragserhaltungszusage, so besteht ein moderates Verlustrisiko.

■ CRK 4
Das Produkt bietet eine renditeorientierte Anlage mit höheren Ertragschancen. Gibt der Anbieter keine Beitragserhaltungszusage, so besteht ein höheres Verlustrisiko.

■ CRK 5 3
Das Produkt bietet eine chancenorientierte Anlage mit hohen Ertragschancen. Gibt der Anbieter keine Beitragserhaltungszusage, so besteht ein hohes Verlustrisiko.

➧ Basisdaten

Anbieter
Regio-Versicherung AG

Produkttyp
Fondsgebundene Rentenversicherung

Auszahlungsform
lebenslange Rente

Einmalzahlung
Möglich

Sonderzahlung
Möglich

Beitragsänderung
Beitrag kann (unter Auflagen) erhöht, verringert und freigestellt werden. Beitragsänderungen können sich auf die steuerliche Förderung, das Preis-Leistungs-Verhältnis und die Höhe der Leistung auswirken.

➧ Steuerliche Förderung 4

In der Ansparphase können Sie Steuervorteile erhalten. In der Auszahlungsphase müssen Sie die Altersleistung versteuern.

➧ Beispielrechnung 5

Die nachfolgende Tabelle zeigt beispielhafte Wertentwicklungen vor Kosten und die daraus errechneten Gesamtleistungen nach Kosten bei einem Musterbeitrag von 100,00 EUR pro Monat und einer Laufzeit von 30 Jahren auf.

Beispielhafte Wertentwicklung pro Jahr	Kapital zu Beginn der Auszahlungsphase	Monatliche Altersleistung
−1,00 %	22 390,00 EUR	87,00 EUR
2,00 %	33 519,00 EUR	130,00 EUR
5,00 %	53 008,00 EUR	206,00 EUR
7,00 %	73 655,00 EUR	286,00 EUR

Garantiertes Kapital für Verrentung: 0,00 EUR

Das ausgewiesene Kapital kann nicht ausgezahlt werden, sondern steht für die Bildung einer Altersleistung zur Verfügung.

Bei der Berechnung der monatlichen Altersleistung haben wir das Überschuss-System Flexible Gewinnrente mit den derzeit aktuellen Überschüssen sowie die derzeit aktuellen Rechnungsgrundlagen verwendet.

Weitere Informationen unter: www.bundesfinanzministerium.de/Produktinformationsblatt

[...]

Durchführen

Erläuterungen zum Produktinformationsblatt der Basis-Rente FondsInvest der Regio-Versicherung AG

1	
2	
3	
4	
5	

E-Mail an Herrn Köhler mit den gewünschten Informationen im Anhang

Von	
An	
Cc/Bcc	
Betreff	

Antworten | Allen antworten | Weiterleiten | Löschen

Durchführen

Kundenberater Privatversicherungen
Regio-Bank AG
Henkelstraße 77, 97070 Würzburg
Tel.: +49 931 701-225, versicherungen@regio-bank.de
Pflichtangaben: http://www.regio-bank.de/pflichtangaben
Datenschutzhinweise: http://www.regio-bank.de/datenschutzhinweise
Online-Kontakt: https://www.regio-bank.de

Kontrolle

- **Suchen Sie sich eine/-n Partner/-in und vergleichen Sie Ihre Arbeitsergebnisse. Lassen Sie sich unklare bzw. falsche Lösungen von Ihrem Partner/ Ihrer Partnerin erklären und verbessern bzw. ergänzen Sie gegebenenfalls Ihre Unterlagen.**
- **Vergleichen Sie Ihre E-Mails und achten Sie hier insbesondere auf den Aufbau, die Rechtschreibung und Grammatik und den Inhalt. Schließen Sie sich mit einem weiteren Paar zusammen und entscheiden Sie sich in der 4er-Gruppe für eine Muster-E-Mail.**

  Beurteilen Sie bei der E-Mail insbesondere folgende Merkmale:

Empfänger	
Betreff	
Anrede	

Kontrolle

Text	
Grußformel	
Absender und Pflichtangaben	

Bewerten

- Lesen Sie die folgenden Aussagen und entscheiden Sie sich für eine Aussage:

> „Die Basisrente nützt nur den Selbstständigen und macht für Arbeitnehmer keinen Sinn!"
>
> „In der Ansparphase ist die Basisrente lukrativ, aber in der Rentenzahlungsphase holt sich der Staat die gesparten Steuern alle wieder zurück!"
>
> „An den Merkmalen der Basisrente sieht man, dass diese dem Versicherungsnehmer fast nur Nachteile bringt!"
>
> „Das Produktinformationsblatt versteckt im Kleingedruckten viele Risiken einer Basisrente!"
>
> „Geschäftliche E-Mails sollten locker verfasst sein, damit der Empfänger sieht, dass eine Bank mit der Zeit geht."

- Diskutieren Sie mit einem Partner/einer Partnerin auf Basis der erarbeiteten Ergebnisse dieser Lernsituation die von Ihnen gewählte Aussage. Beginnen Sie die Diskussion mit drei Argumenten, die für Ihre Aussage sprechen.

Aufgaben zur Lernsituation

1. Merkmale der Basisrente

Andreas Märkle interessiert sich für den Abschluss einer Basisrente. Zunächst möchten Sie ihn über die Merkmale der Basisrente informieren.

a) Mit welcher der folgenden Aussagen informieren Sie den Kunden richtig? ☐

(1) „Der Basisrentenvertrag kann problemlos auf eine andere Person übertragen werden."
(2) „Im Todesfall erben Ihre Hinterbliebenen Ihren Basisrentenvertrag."
(3) „Eine Basisrente können Sie sich bereits ab dem 55. Geburtstag auszahlen lassen."
(4) „In § 10 EstG ist die Zahlung einer lebenslangen monatlichen Rente vorgesehen. Ein Kapitalwahlrecht gibt es leider nicht."
(5) „Sie können den Basisrentenvertrag auch als Sicherheit für ein Verbraucherdarlehen abtreten."

Herr Märkle hat von Steuervorteilen der Basisrente gehört.

b) Stellen Sie fest, welche der folgenden Aussagen zutreffend ist. ☐

(1) „Renten aus der Basisversorgung werden nachgelagert besteuert., d. h. die Rentenzahlungen im Alter sind nur zum Ertragsanteil steuerpflichtig."
(2) „Ab dem Jahr 2030 sind die Renten aus der Basisversorgung voll steuerpflichtig."
(3) „Die anrechenbaren Altersvorsorgeaufwendungen sind auf die Beitragsbemessungsgrenze der gesetzlichen Rentenversicherung begrenzt."
(4) „Beiträge zur gesetzlichen Rentenversicherung und Beiträge zur Rürup-Rente sind ab dem Jahr 2025 zu 80 % steuerlich als Sonderausgaben vom Einkommen abzugsfähig."
(5) „Beiträge zur Basisrente sind bis zu einem Höchstbetrag steuerlich als Sonderausgaben absetzbar und mindern dadurch das zu versteuernde Einkommen."

2. Steuerlich abzugsfähige Altersvorsorgeaufwendungen einer Basisrente

Herbert Müller ist ledig und rentenversicherungspflichtiger Angestellter. Er möchte von Ihnen wissen, bis zu welcher Höhe Einzahlungen in die Rürup-Rente steuerbefreit sind. Herr Müller zahlt jährlich 2000,00 EUR in eine private Rürup-Rente ein. Das sozialversicherungspflichtige Jahreseinkommen beträgt konstant 68000,00 EUR, der Gesamtbeitragssatz zur gesetzlichen Rentenversicherung beträgt 18,6 %.

Ermitteln Sie die steuerlich abzugsfähigen Altersvorsorgeaufwendungen für die Jahre

a) 2023 und *EUR* ☐☐☐☐,☐☐

b) 2025. *EUR* ☐☐☐☐,☐☐

3. Ausschöpfung des Höchstbetrages der Altersvorsorgebeiträge

Die 39-jährige ledige Angestellte Lydia Breitscheid möchte eine Basisrentenversicherung abschließen. Sie hat ein Bruttoeinkommen in Höhe von 90000,00 EUR pro Jahr. Im Jahr 2021 beträgt die Beitragsbemessungsgrenze der gesetzlichen Rentenversicherung 7100,00 EUR pro Monat und der Gesamtbeitragssatz liegt bei 18,6 %.
Der Gesamtbeitragssatz zur knappschaftlichen Rentenversicherung beträgt 24,7 % und die Beitragsbemessungsgrenze liegt hier bei 8700,00 EUR pro Monat. Der Altersvorsorgehöchstbetrag ist auf volle Euro aufzurunden.

Ermitteln Sie die Höhe des Beitrags zur Basisrentenversicherung, wenn der Höchstbetrag der Altersvorsorgebeiträge voll ausgeschöpft werden soll. *EUR* ☐☐☐☐,☐☐

1.3 Kundenanfragen zur Riester-Rente beantworten

Situationsbeschreibung

Sie sind als Auszubildende/r der Regio-Bank AG in der Zentrale in Frankfurt im Bereich der Altersvorsorge eingesetzt. Verschiedene Kunden haben über das Kontaktformular der Homepage der Bank Fragen zum Thema Riester-Rentenversicherung gestellt. Ihre Ausbilderin Luisa Schönfeld bittet Sie um Unterstützung: *„Setzen Sie sich bitte mit den Anfragen der Kunden auseinander. Bei 1 bis 3 haben die Kunden allgemeine Fragen zur Riester-Rente. Bevor Sie diese beantworten, ergänzen Sie bitte im Ausbildungshandbuch den Abschnitt zur Riester-Rente. Die Kundenanfragen Nr. 4 bis 7 beziehen sich auf konkrete Berechnungen zur Förderung. Sie lassen sich auch gut als Beispiele für zukünftige Auszubildende verwenden. Außerdem sehen Sie, dass die Kundin Lisa Jäckle um eine Rückmeldung auf Ihrer Telefon-Mailbox bittet. Das könnten Sie doch ebenfalls übernehmen."*

Auszüge aus den Kundenanfragen

Kundenanfrage Nr.	Kunde	Anfrage
1	Alexander Berger	Mein Freund erhält als selbstständiger Handwerker die Riester-Förderung. Kann ich als selbstständiger Rechtsanwalt nicht auch einen Riester-Vertrag abschließen?
2	Stefanie Greuber	Wenn ich eine Riester-Rente abschließe, dann möchte ich diese bereits mit 50 Jahren ausgezahlt bekommen und dann die Hälfte meines Ersparten direkt bei Rentenbeginn erhalten und die andere Hälfte als monatliche Rente. Ist das möglich?
3	Mustafa Demir	Kann ich meine Riester-Beiträge in der Steuererklärung ansetzen und erhalte ich dann noch zusätzlich eine Förderung für mich und meine beiden Kinder?
4	Petra Förster	Mir ist aufgefallen, dass ich bei meiner Riester-Rentenversicherung nicht die volle Grundzulage in Höhe von 175,00 EUR erhalte. Woran kann das liegen?
5	Markus Klein	4 % meines sozialversicherungspflichtigen Vorjahreseinkommens entsprechen 2 600,00 EUR. Ich habe jedoch nur 1 925,00 EUR auf meinen Riester-Vertrag eingezahlt. Ist da etwas schief gelaufen?
6	Christian Krause	Ich zahle 465,00 EUR pro Jahr auf meinen Riester-Vertrag ein und erhalte nur verminderte Zulagen in Höhe von 495,00 EUR. Was habe ich falsch gemacht?
7	Lisa Jäckle	Ich dachte, dass ich bei meiner Riester-Rente gar keinen eigenen Beitrag zahlen muss, da ich doch so wenig verdiene und meine Beiträge über die staatlichen Zulagen erbracht werden. Bin ich da richtig informiert? Da ich mich zurzeit auf einer Geschäftsreise befinde, können Sie mir Ihre Antwort gern auf meiner Telefon-Mailbox hinterlassen.

Dem Informationssystem der Bank entnehmen Sie folgende Daten.

Auszug aus Riester-Verträgen	
Förster, Petra	32 Jahre, Beamtin, ledig, keine Kinder, sozialversicherungspflichtiges Vorjahreseinkommen: 40 000,00 EUR
Klein, Markus	40 Jahre, Angestellter, ledig, keine Kinder, sozialversicherungspflichtiges Vorjahreseinkommen: 64 800,00 EUR
Krause, Christian	47 Jahre, Angestellter, verheiratet, zwei Kinder: Alexander, geb. 30.11.2007; Marianne, geb. 12.09.2009, Ehefrau: Linda, nicht berufstätig, sozialversicherungspflichtiges Vorjahreseinkommen: 32 000,00 EUR
Jäckle, Lisa	29 Jahre, Angestellte, geschieden, zwei Kinder: Hannah, geb. 26.03.2018, Leon, geb. 14.12.2019, sozialversicherungspflichtiges Vorjahreseinkommen: 18 000,00 EUR

Erstellen Sie folgende Unterlagen:

- Ausbildungshandbuch: Abschnitt Riester-Rente
- Berechnungsbeispiele zur Riester-Rente für zukünftige Auszubildende
- Vorbereitung der Nachricht für die Telefon-Mailbox von Frau Jäckle

Information

Informieren Sie sich über die Aufgabenstellung und klären Sie Ihre Arbeitsaufträge.

Planen und Entscheiden

- **Stellen Sie fest, welche Informationen und Materialien Sie für die Bearbeitung der Lernsituation benötigen.**
- **Erstellen Sie einen Arbeits- und Zeitplan für die Bearbeitung der Lernsituation.**

Durchführen

Bearbeiten Sie die Unterlagen zu den Handlungsprodukten.

Ausbildungshandbuch: Abschnitt Riester-Rente

Grundlagen der Riester-Rente	
Personenkreis	**Gefördert**

Durchführen

Personen-kreis	**Nicht gefördert** **Besonderheiten bei Eheleuten und Lebenspartnerschaften**
Voraussetzungen für die staatliche Förderung	

Beiträge und staatliche Förderung	**Gesamtbetrag** = ______ + ______

Gesamtbetrag pro Jahr (in % des sozialversicherungspflichtigen Vorjahreseinkommens)	Maximale jährliche Grundzulage	Maximale jährliche Kinderzulage je kindergeldberechtigtem Kind

Sockelbeitrag: ______

Steuerliche Behandlung der Riester-Rente

Sparphase	Sonderausgabenabzug und Günstigerprüfung
Rentenbezugsphase	Nachgelagerte Besteuerung

Durchführen

Durchführen

Berechnungsbeispiele Riester-Rente für zukünftige Auszubildende

Förster, Petra 32 Jahre Beamtin ledig keine Kinder sozialversicherungs-pflichtiges Vorjahres-einkommen: 40 000,00 EUR	
Klein, Markus 40 Jahre Angestellter ledig keine Kinder sozialversicherungs-pflichtiges Vorjahres-einkommen: 64 800,00 EUR	
Krause, Christian 27 Jahre Angestellter zwei Kinder: Alexander, geb. 30.11.2007; Marianne, geb. 12.09.2009 Ehefrau: Linda, nicht berufstätig sozialversicherungs-pflichtiges Vorjahres-einkommen: 32 000,00 EUR Eigenbeitrag 465,00 EUR pro Jahr	
Jäckle, Lisa 25 Jahre Angestellte ledig zwei Kinder: Hannah, geb. 26.03.2018, Leon, geb. 14.12.2019 sozialversicherungs-pflichtiges Vorjahres-einkommen: 18 000,00 EUR	

Durchführen

Vorbereitung der Nachricht für die Telefon-Mailbox von Frau Jäckle

Notizen für die Nachricht für die Telefon-Mailbox	
Begrüßung	
Vorstellung	
Anlass des Anrufes und Rückmeldung zur Kundenanfrage	
Verständnis/ Akzeptanz bewirken	
Erreichbarkeit mitteilen	
Verabschiedung	

Kontrolle

Erstellen Sie zur Überprüfung Ihres Lernerfolges ein Glossar (= alphabetisch sortierte Liste mit Fachbegriffen) zum Thema „Riester-Rente“ zu den unten stehenden Begriffen.

Begriff	Erläuterung
geförderter Personenkreis	
Gesamtbeitrag	
Grundzulage	

Kontrolle

Begriff	Erläuterung
Günstigerprüfung	
Kapitalgarantie	
Kapitalverrentung	
Kinderzulage	
Mindest-eigenbeitrag	
nachgelagerte Besteuerung	
Sonderausgaben-abzug	
Sockelbeitrag	

Bewerten

Reflektieren und bewerten Sie Ihre Bearbeitung der Lernsituation anhand der Zielscheibe. Zeichnen Sie jeweils einen Punkt zu den vier Bereichen auf der Zielscheibe ein. Der Mittelpunkt bedeutet „voll zufrieden", der äußere Rand bedeutet „sehr unzufrieden".

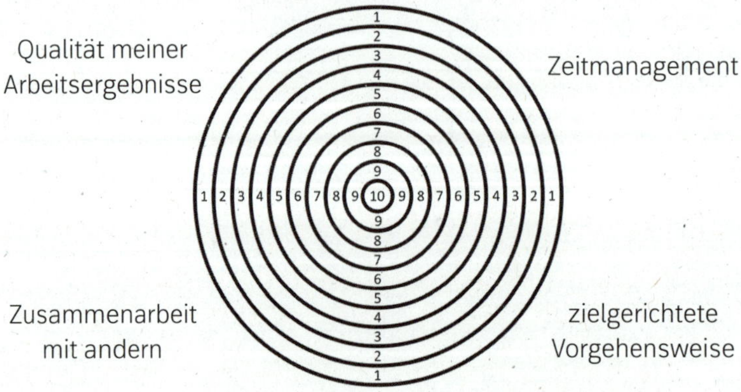

Aufgaben zur Lernsituation

1. Beratung der Eheleute Kübler über die Riester-Rente

Sie beraten die Eheleute Clara und Hendrik Kübler über die „Riester-Rente". Sie prüfen zunächst, ob die Eheleute zum geförderten Personenkreis zählen.

a) Geben Sie an, welche der genannten Personen nicht zum geförderten Personenkreis zählen. ☐
(1) Auszubildende
(2) Beamte
(3) Selbstständige
(4) gesetzlich rentenversicherte Arbeitnehmer
(5) Arbeitslose, die Arbeitslosengeld beziehen

Sie erläutern den Kunden wesentliche Merkmale der „Riester-Rente".

b) Stellen Sie fest, welche der folgenden Aussagen zur „Riester-Rente" zutreffend sind. ☐
(1) Die Riester-Rente beruht wie die gesetzliche Rente auf dem sogenannten Generationenvertrag.
(2) Die Auszahlung des angesparten Kapitals kann in monatlichen Raten oder in einer Summe erfolgen.
(3) Die Riester-Rente lohnt sich nur in seltenen Fällen, da die Rente später voll zu versteuern ist.
(4) Verstirbt ein Ehegatte während der Ansparphase, können die angesparten Gelder einschließlich der Zulagen auf einen Altersvorsorgevertrag des überlebenden Ehegatten übertragen werden.
(5) Die Förderung ist für geringfügig beschäftigte Arbeitnehmer generell möglich.

Die Eheleute Clara und Hendrik Kübler möchten beide einen „Riester-Vertrag" abschließen. Ihr Sohn Pascal wurde am 20.03.2007 geboren, ihre Tochter Lena am 18.05.2009. Hendrik arbeitet als Buchhalter in einer Spedition und erzielte im Vorjahr ein sozialversicherungspflichtiges Einkommen von 38000,00 EUR. Clara ist teilzeitbeschäftigt und erzielte im Vorjahr ein sozialversicherungspflichtiges Einkommen von 17000,00 EUR. Die Kinderzulagen erhält die Ehefrau. Informieren Sie die Eheleute über die zu leistenden Beiträge und über die Höhe der staatlichen Zulagen.

Gesamtbeitrag pro Jahr (in % des sozialversicherungspflichtigen Vorjahreseinkommens)	**Maximale jährliche Grundzulage**	**Maximale jährliche Kinderzulage je Kind**
4 %, max. aber 2100,00 EUR	175,00 EUR	Kinder bis zum 31.12.2007 geboren: 185,00 EUR Kinder ab dem 01.01.2008 geboren: 300,00 EUR

c) Ermitteln Sie folgende Beträge für das laufende Jahr:

ca) staatliche Zulagen für Hendrik EUR ☐☐☐,☐☐

cb) Eigenbeitrag von Hendrik EUR ☐☐☐☐,☐☐

cc) staatliche Zulagen für Clara EUR ☐☐☐,☐☐

cd) Eigenbeitrag von Clara EUR ☐☐,☐☐

Sie beraten die Kunden über die verschiedenen Riester-Anlageformen.

d) Stellen Sie fest, ob sich die unten stehenden Aussagen
(1) nur auf die klassische Riester-Rentenversicherung,
(2) nur auf den Riester-Fondssparplan,
(3) nur auf Wohn-Riester-Verträge,
(4) auf alle genannten Anlageformen,
(5) auf keine der genannten Anlageformen
beziehen.

da) Der Kapitalerhalt der eingezahlten Gelder ist garantiert. ☐

db) Zu Beginn der Auszahlungsphase kann der Altersvorsorgesparer das gesamte steuerpflichtige Kapital mit einem Nachlass von 30 % sofort versteuern. ☐

dc) Die eingezahlten Gelder werden in der Regel mit mindestens 0,90 % verzinst. ☐

dd) Die Rentenzahlungen sind mit dem Ertragsanteil zu versteuern. ☐

de) Bei Beginn der Rentenzahlungen wird ein Teil des Kapitals in eine Rentenversicherung eingezahlt, die ab dem 85. Lebensjahr die Zahlung einer lebenslangen Rente garantiert. ☐

df) Die auf einem Förderkonto erfassten Gelder werden zu 2,00 % aufgezinst. ☐

dg) Es fällt in der Regel ein Ausgabeaufschlag an. ☐

Nach einigen Jahren haben die Eheleute Kübler einen größeren Geldbedarf und erkundigen sich nach den Folgen einer vorzeitigen Auflösung des Altersvorsorgevertrags.

e) Welche der folgenden Aussagen über die vorzeitige Auflösung des Altersvorsorgevertrags ist zutreffend? ☐

(1) Während der Ansparphase kann ein staatlich geförderter Altersvorsorgevertrag nicht aufgelöst werden.

(2) Eine vorzeitige Auflösung eines Altersvorsorgevertrags während der Ansparphase ist nur in gesetzlich geregelten Ausnahmefällen möglich, z. B. wenn der Begünstigte völlig erwerbsunfähig wird.

(3) Eine vorzeitige Auflösung des Altersvorsorgevertrags ist unter Einhaltung einer vorher vereinbarten Kündigungsfrist möglich.

(4) Eine vorzeitige Kündigung des Altersvorsorgevertrags ist nur unter Verlust bereits gewährter Zulagen und Steuerersparnisse möglich.

(5) Eine vorzeitige Verfügung über einen Altersvorsorgevertrag ist zwar nicht möglich, es können aber bei finanziellen Engpässen bis zu 10 000,00 EUR entnommen werden, wenn sie bis zum Renteneintrittsalter wieder auf den Vertrag eingezahlt werden.

2. Riester-Zulagen und Günstigerprüfung

Die Eheleute Andreas und Charlotte Grabowski haben zwei Kinder im Alter von zwei und vier Jahren. Das sozialversicherungspflichtige Einkommen von Andreas betrug im Vorjahr 38 700,00 EUR. Charlotte erzielte ein sozialversicherungspflichtiges Einkommen von 22 600,00 EUR und erhielt zudem 3 650,00 EUR Elterngeld.
Beide Eheleute haben jeweils einen „Riester-Altersvorsorgevertrag" abgeschlossen.
Die Kinderzulagen werden der Ehefrau zugeordnet.

a) Ermitteln Sie die Höhe der staatlichen Zulagen.

aa) Andreas EUR ☐☐☐,☐☐

ab) Charlotte EUR ☐☐☐,☐☐

b) Ermitteln Sie die von den Eheleuten zu leistenden Mindesteigenbeiträge.

ba) Andreas EUR ☐☐☐☐,☐☐

bb) Charlotte EUR ☐☐☐,☐☐

Die Eheleute haben im laufenden Jahr insgesamt 1 600,00 EUR selbst auf ihre Altersvorsorgeverträge eingezahlt. Damit haben sie die notwendigen Mindesteigenbeiträge geleistet. Das Finanzamt prüft im Rahmen einer Günstigerprüfung, ob der Erhalt der Zulagen oder der Abzug der Riesterbeiträge als Sonderausgaben für die Eheleute günstiger ist. Der für die Günstigerprüfung maßgebliche Einkommensteuersatz beträgt 32 %.

c) Wie viel Euro beträgt der Steuervorteil, wenn die Eheleute die Riesterbeiträge als Sonderausgabe geltend machen? EUR ☐☐☐,☐☐

d) Entscheiden Sie, ob der Sonderausgabenabzug oder der Erhalt der Zulagen für die Eheleute günstiger ist. ☐
(1) Sonderausgabenabzug ist günstiger.
(2) Zulagen sind günstiger.

3. Günstigerprüfung für Johanna Reinartz

Johanna Reinartz hat im laufenden Jahr in ihren „Riester-Vertrag" monatlich 200,00 EUR eingezahlt. Frau Reinartz ist alleinstehend und hat keine Kinder. Ihr sozialversicherungspflichtiges Arbeitseinkommen betrug im Vorjahr 60 000,00 EUR.
Im laufenden Jahr beträgt ihr zu versteuerndes Einkommen – ohne Berücksichtigung der „Riester-Beiträge" – 62 000,00 EUR. Bei einem Einkommen von 62 000,00 EUR beträgt die Einkommensteuer 17 868,00 EUR. Der für die Günstigerprüfung maßgebliche Einkommensteuersatz beträgt 42 %.

a) Wie viel Euro staatliche Zulagen stehen Johanna Reinartz für das laufende Jahr zu? EUR [ ]

b) Wie hoch ist der Gesamtbeitrag (einschließlich Zulagen), den Johanna Reinartz geleistet hat? EUR [ ]

c) Beurteilen Sie, ob Johanna Reinartz den erforderlichen Mindesteigenbeitrag geleistet hat. [ ]
(1) Ja, sie hat den erforderlichen Mindesteigenbeitrag geleistet.
(2) Nein, sie hat den erforderlichen Mindesteigenbeitrag nicht geleistet.

d) Wie viel Euro beträgt die Einkommensteuer, wenn Johanna Reinartz die Riester-Beiträge steuerlich geltend macht? EUR [ ]

e) Wie viel Euro beträgt die zusätzliche Steuerersparnis unter Berücksichtigung der erhaltenen Zulagen? EUR [ ]

4. Wohn-Riester

Die Eheleute Ellen und Sebastian Stankovic möchten einen „Wohn-Riester-Altersvorsorgevertrag" abschließen.

a) Die Kunden interessieren sich für einen Bausparvertrag mit Darlehensoption. Mit welcher der folgenden Aussagen beraten Sie die Eheleute richtig? [ ]
(1) „Die Gelder aus einem ‚Wohn-Riester-Vertrag' können Sie für den Erwerb einer selbst genutzten Immobilie im In- oder Ausland (zum Beispiel Spanien oder Türkei) verwenden."
(2) „Die von Ihnen mithilfe des Riester-Bauspardarlehens erworbene Immobilie müssen Sie mindestens zwölf Jahre selbst nutzen."
(3) „Mit ‚Wohn-Riester-Verträgen' verbundene Darlehen müssen Sie bis zum 68. Lebensjahr tilgen."
(4) „Die staatlichen Zulagen erhöhen in der Ansparphase das Bausparguthaben, in der Darlehensphase fallen sie weg."
(5) „Ein Verkauf der Immobilie stellt immer eine förderschädliche Verwendung dar."

b) Die Eheleute Stankovic bitten zudem um Erläuterung der Besteuerung des „Wohn-Riester-Vertrages". Mit welcher Aussage informieren Sie die Eheleute richtig? [ ]
(1) „Die fiktiven Rentenzahlungen aus einem ‚Wohn-Riester-Vertrag' sind zu 50 % einkommensteuerpflichtig."
(2) „In dem sogenannten ‚Wohnförderkonto' werden alle Eigenbeiträge des Riester-Sparers erfasst, Zulagen erhöhen das Guthaben auf dem Wohnförderkonto nicht."
(3) „Das im ‚Wohnförderkonto' erfasste Kapital wird immer gleichmäßig auf die Jahre vom Rentenbeginn bis zum 85. Lebensjahr aufgeteilt und jährlich versteuert."
(4) „Die Beträge auf dem ‚Wohnförderkonto' werden um 2 % jährliche Zinsen erhöht, da Ihnen das geförderte Kapital bereits vor der Auszahlungsphase zur Verfügung steht."
(5) „Die rechnerischen (fiktiven) Erträge des ‚Wohn-Riester-Vertrages' werden mit 25 % Abgeltungsteuer zuzüglich 5,5 % Solidaritätszuschlag und gegebenenfalls Kirchensteuer besteuert."

1.4 Die IT-PRO GmbH möchte ihren Angestellten eine Direktversicherung anbieten

Situationsbeschreibung

Sie sind Auszubildende/r der Regio-Bank AG und für zwei Monate in der Abteilung für betriebliche Altersversorgung eingesetzt.

Frau Reuter, Geschäftsführerin der IT-PRO GmbH, berichtet in einem Telefonat von Schwierigkeiten, geeignete IT-Spezialisten für ihr Unternehmen zu rekrutieren. Sie haben mit der Kundin darüber gesprochen, dass eine gute betriebliche Altersversorgung die Attraktivität des Unternehmens als Arbeitgeber erhöhen kann. Zudem teilen Sie der Geschäftsführerin mit, dass Unternehmen auch gesetzlich dazu verpflichtet sind, ihren Mitarbeiterinnen und Mitarbeitern eine betriebliche Altersversorgung anzubieten. Am Ende des Gespräches vereinbaren Sie mit Frau Reuter einen Termin, um mit ihr über eine Direktversicherung durch Entgeltumwandlung für die Beschäftigten der IT-PRO GmbH zu sprechen.

Während des Telefonats mit Frau Reuter haben Sie sich die folgenden Notizen gemacht:

Telefonnotiz – Regio-Bank AG			
An ---		Abteilung Altersvorsorge	
Gesprochen mit Frau Bettina Reuter, Geschäftsführerin		Datum 12.11.20..	Uhrzeit 10:50 Uhr
Firma IT-PRO GmbH	Telefonnummer 07541 - 2354 - 10	E-Mail-Adresse bettina.reuter@it-pro.de	
☒ hat angerufen ☐ hat zurückgerufen	☐ meldet sich wieder ☒ möchte Beratungstermin	☐ bittet um Rückruf	
Nachricht: – Mitarbeiterinnen und Mitarbeiter sollen die Möglichkeit haben, Teile ihres Gehaltes in eine betriebliche Altersvorsorge einzuzahlen – Zusammenhänge einer Direktversicherung skizzieren – Vorteile für Arbeitnehmer und Arbeitgeber darstellen – Beispielrechnung zur Verdeutlichung der Vorteile für Arbeitnehmer: Muster-Arbeitnehmer, 32 Jahre, ledig, keine Kinder			
weitergeleitet von		am	

Zur Vorbereitung des Beratungsgespräches mit Frau Reuter erstellen Sie folgende Unterlagen:

- Flyer zur Direktversicherung durch Entgeltumwandlung für die Mitarbeiter/innen der IT-PRO GmbH
- Beispielrechnung zu den Steuer- und Sozialversicherungsvorteilen bei einer Direktversicherung

Außerdem nehmen Sie das Telefonat mit Frau Reuter zum Anlass für eine Ergänzung des Internetauftritts der Regio-Bank AG zum Thema Direktversicherung.

- FAQ-Liste zum Thema „Direktversicherung" für die Homepage der Regio-Bank AG

Information

Informieren Sie sich über die Aufgabenstellung und klären Sie Ihre Arbeitsaufträge.

Planen und Entscheiden

- Stellen Sie fest, welche Informationen und Materialien Sie für die Bearbeitung der Lernsituation benötigen.
- Erstellen Sie einen Arbeits- und Zeitplan für die Bearbeitung der Lernsituation.

Durchführen

Bearbeiten Sie die Unterlagen zu den Handlungsprodukten.

Flyer zur Direktversicherung durch Entgeltumwandlung für die Mitarbeiter/innen der IT-PRO GmbH

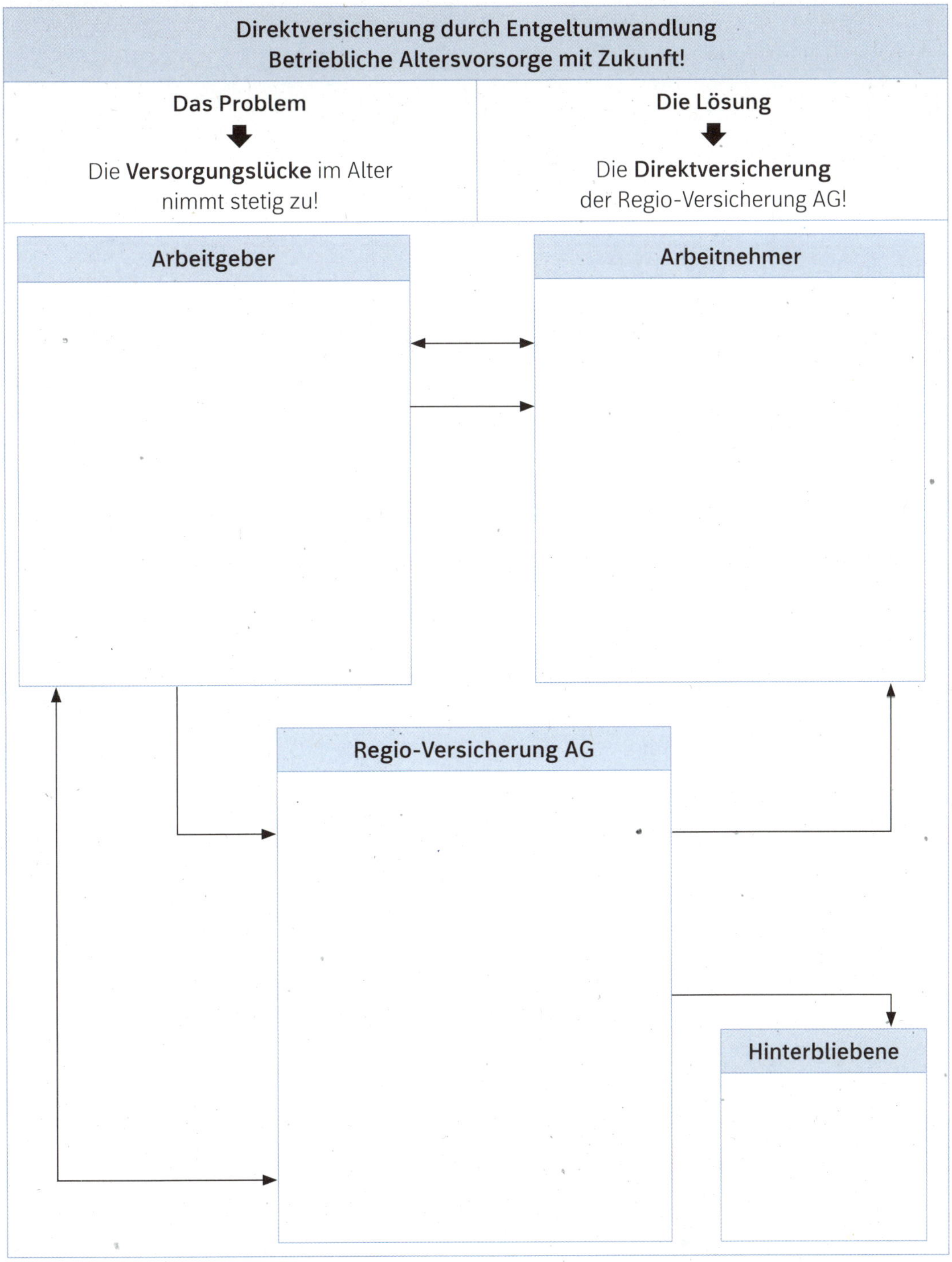

Durchführen

Vorteile der Direktversicherung durch Entgeltumwandlung	
Für den Arbeitnehmer	
Für den Arbeitgeber	

Beispielrechnung zu den Steuer- und Sozialversicherungsvorteilen bei einer Direktversicherung

Arbeitnehmer 32 Jahre alt, ledig, keine Kinder, Kirchensteuer 9 %, Bruttogehalt 4 000,00 EUR/ Monat, Entgeltumwandlung in Höhe von 250,00 EUR/Monat

Sozialversicherungsbeiträge 2021	Beitragssatz	Arbeitnehmer	Arbeitgeber
Gesetzliche Rentenversicherung			
Gesetzliche Krankenversicherung (Zusatzbeitrag GKV 1,3 %)			
Arbeitslosenversicherung			
Pflegepflichtversicherung			
Summe			

Durchführen

	Bisherige Gehalts-abrechnung	Gehalts-abrechnung nach Entgelt-umwandlung	Anmerkungen
Bruttogehalt			
Lohnsteuer (aus Lohnsteuertabelle)	663,16 EUR	593,41 EUR	Ersparnis:
Kirchensteuer 9 %			Ersparnis:
SV-Beiträge AN			Ersparnis:
			Summe Ersparnisse:
Nettogehalt			**Einkommensverzicht:**
Verpflichtender Arbeitgeberzuschuss: 15 % des umgewandelten Entgelts (soweit keine abweichende tarifvertragliche Regelung besteht) Grund: Arbeitgeber spart Sozialversicherungsbeiträge			
Gesamtvorteil für den Arbeitnehmer			

FAQ-Liste für die Homepage der Regio-Bank AG

Wichtige Fragen und Antworten zur Direktversicherung aus Entgeltumwandlung	
Welche Personen haben einen Anspruch auf Entgeltumwandlung?	
Wie hoch sind die geförderten Höchst-beträge?	

Durchführen

Wichtige Fragen und Antworten zur Direktversicherung aus Entgeltumwandlung	
Wie erfolgt die Beitragszahlung?	
Welchen Beitrag muss der Arbeitgeber leisten?	
Was bekommt der Arbeitnehmer am Ende der Laufzeit ausbezahlt?	
Was passiert mit der Direktversicherung bei einem Arbeitgeberwechsel?	
Was passiert, wenn der Arbeitnehmer (= versicherte Person) stirbt?	
Wie werden die Leistungen aus der Betriebsrente zu Rentenbeginn versteuert?	

Kontrolle

- **Suchen Sie sich eine/-n Partner/-in, mit dem/der Sie die Lernerfolgskontrolle durchführen möchten.**
- **Die Lernerfolgskontrolle erfolgt mithilfe einer kollaborativen digitalen Austauschplattform. Hierfür bietet sich die Anwendung ZUMpad an. Dieses Tool ist kostenfrei, einfach aufgebaut, intuitiv zu bedienen und datenschutzrechtlich unbedenklich. Ein ZUMpad ist eine leere Internetseite, auf der mehrere Personen sofort gleichzeitig schreiben können.**
- **Gehen Sie hierzu mit einem digitalen Endgerät auf die Internetseite www.zumpad.zum.de. Ein/-e Partner/-in erstellt auf der Startseite ein ZUMpad. Beim Erstellen können Sie einen sinnvollen Namen für das ZUMpad vergeben. Geben Sie diesen Namen (Internetadresse) an den/die andere/-n Partner/-in weiter.**
- **Öffnen Sie beide das erstellte ZUMpad und schreiben Sie jeweils mit ihrem digitalen Endgerät vier Fragen zum Thema Direktversicherung durch Entgeltumwandlung in das ZUMpad.**
- **Antworten Sie jeweils mit Ihrem digitalen Endgerät auf die Fragen Ihres Partners bzw. Ihrer Partnerin.**

Bewerten

Reflektieren und bewerten Sie Ihre Vorgehensweise und Ihre Arbeitsergebnisse.

Phase	Urteil	Verbesserungsvorschläge für diesen Bereich
Flyer	🙂 😐 🙁	
Berechnung	🙂 😐 🙁	
FAQ-Liste	🙂 😐 🙁	
ZUMpad	🙂 😐 🙁	

Aufgaben zur Lernsituation

1. Beteiligte bei der Direktversicherung

Die Regio-Bank AG bietet der Transum GmbH als betriebliche Altersversorgung für ihre Mitarbeiterinnen und Mitarbeiter eine Direktversicherung ihres Verbundpartners der Regio-Versicherung AG an.

Stellen Sie fest, welche der folgenden Aussagen zutreffend ist. ☐

(1) Versicherungsnehmer einer Direktversicherung ist der Arbeitnehmer.
(2) Versicherte Person einer Direktversicherung ist der Arbeitgeber.
(3) Der Versicherungsvertrag einer Direktversicherung wird zwischen dem Arbeitgeber und dem Versicherungsunternehmen geschlossen.
(4) Die Beiträge für eine Direktversicherung werden aus dem Nettogehalt des Arbeitnehmers gezahlt.
(5) Bei Fälligkeit erhält der Arbeitnehmer 20 Jahre lang eine Rentenzahlung aus der Direktversicherung.

2. Vor- und Nachteile der Direktversicherung

Sie erläutern dem Geschäftsführer der Transum GmbH, Herrn Wohlers, die Vor- und Nachteile einer Direktversicherung.

Stellen Sie fest, welche der folgenden Aussagen zutreffend ist. ☐

(1) Der Arbeitgeber ist nie dazu verpflichtet, seinen Arbeitnehmern einen Zuschuss zur Direktversicherung zu zahlen.
(2) Im Gegensatz zum Arbeitnehmer spart der Arbeitgeber bei der Direktversicherung keine Sozialversicherungsbeiträge.
(3) Die Direktversicherung bietet dem Arbeitnehmer keine Möglichkeit der Hinterbliebenenabsicherung.
(4) Bei der Direktversicherung fallen bis zu bestimmten Höchstbeträgen keine Steuern und Sozialversicherungsbeiträge an.
(5) Der Direktversicherungsvertrag kann bei einem Ausscheiden des Arbeitnehmers aus dem Unternehmen nicht auf den neuen Arbeitgeber übertragen werden.

3. Gesamtvorteil einer Direktversicherung für den Arbeitnehmer

Viktoria Freiberg (34 Jahre, ledig, kinderlos, kirchensteuerpflichtig) arbeitet als Angestellte für den Logistikdienstleister TransFlux GmbH und verdient 3000,00 EUR brutto im Monat. Um ihre Versorgungslücke ein wenig schließen zu können, möchte sie 200,00 EUR pro Monat in eine Direktversicherung investieren.

Bisher erfolgte ein Lohnsteuerabzug in Höhe von 423,16 EUR pro Monat. Nach Entgeltumwandlung werden ihr nur noch 372,58 EUR an Lohnsteuer berechnet. Der Kirchensteuersatz beträgt 9 %. Bisher wurden ihr 602,25 EUR im Monat an Sozialversicherungsbeiträgen abgezogen. Nach Entgeltumwandlung erfolgt ein Abzug an Sozialversicherungsbeiträgen in Höhe von 562,10 EUR pro Monat.

Ermitteln Sie

a) den Betrag des Nettoeinkommens, auf den Frau Freiberg pro Monat aufgrund ihrer Investition in die Direktversicherung verzichten muss, EUR ☐☐☐,☐☐
b) den verpflichtenden Arbeitgeberzuschuss und EUR ☐☐,☐☐
c) den Gesamtvorteil für Frau Freiberg durch den Abschluss der Direktversicherung. EUR ☐☐☐,☐☐

4. Steuerliche Behandlung der Direktversicherung

Im Rahmen des Beratungsgesprächs klären Sie Frau Freiberg über die steuerliche Behandlung der Direktversicherung in der Spar- und Rentenbezugsphase auf.

Stellen Sie fest, welche der folgenden Aussagen zutreffend ist. ☐

(1) Eine Entgeltumwandlung kann steuerbegünstigt maximal auf 25 Jahre abgeschlossen werden.
(2) Der steuerfreie Höchstbetrag beträgt pro Jahr 8 % der Beitragsbemessungsgrenze der gesetzlichen Rentenversicherung West.
(3) Der Arbeitgeberzuschuss zur Direktversicherung wird pauschal mit 15 % besteuert.
(4) Rentenleistungen aus der Direktversicherung sind nur mit dem Ertragsanteil zu versteuern, dessen Höhe vom Alter des Renteneintritts abhängig ist.
(5) Der sozialversicherungsfreie Höchstbetrag beträgt pro Jahr 6 % der Beitragsbemessungsgrenze der gesetzlichen Rentenversicherung West.

1.5 Emilia Reichert möchte sich gegen Berufsunfähigkeit absichern

Situationsbeschreibung

Sie sind Auszubildende/r der Regio-Bank AG und momentan in der Abteilung Vorsorge und Absicherung eingesetzt. Ihre Ausbilderin Regina Maurer ist auf Versicherungs- und Vorsorgeprodukte spezialisiert.

Frau Maurer: *„Unsere Kundin Emilia Reichert hat sich letzte Woche für eine Berufsunfähigkeitsversicherung mit einer Rentenzahlung in Höhe von 1 500,00 EUR entschieden. Sie möchte bis zum 67. Geburtstag abgesichert sein. Die Absicherung soll an ihrem 21. Geburtstag beginnen. Dafür muss Frau Reichert eine monatliche Prämie in Höhe von 147,32 EUR zahlen.*

Ganz wichtig ist, dass vor Vertragsabschluss der Gesundheitszustand der Kundin genau erhoben wird. Für die Regio-Versicherung AG besteht nämlich im Fall einer Berufsunfähigkeit ein hohes Kostenrisiko. Ich hatte Frau Reichert bereits den Fragebogen zur Erhebung ihres Gesundheitszustandes zukommen lassen. Sollte Frau Reichert hier falsche Angaben machen, würde sie die sogenannte vorvertragliche Anzeigepflicht verletzen. Dann könnte die Regio-Versicherung AG unterschiedliche Rechte geltend machen. Ich habe Frau Reichert auch mitgeteilt, dass Sie uns einen Hausarztbericht vorlegen muss. Den ausgefüllten Fragebogen und den Hausarztbericht bringt sie zum Beratungsgespräch heute Mittag mit. Jetzt aber erstmal Schritt für Schritt. Berechnen Sie bitte den potenziellen Schaden, der der Regio-Versicherung AG im Falle einer Berufsunfähigkeit entstehen könnte und ergänzen Sie die fehlenden Inhalte im Mitarbeiterhandbuch zur Berufsunfähigkeitsversicherung. Erstellen Sie dann noch für das Beratungsgespräch mithilfe des Versicherungsvertragsgesetzes eine Übersicht über die gesetzlichen Folgen der Verletzung der vorvertraglichen Anzeigepflicht."

Im Versicherungsvertragsgesetz finden Sie folgende Regelungen zur vorvertraglichen Anzeigepflicht:

§ 19 Versicherungsvertragsgesetz: Anzeigepflicht

(1) Der Versicherungsnehmer hat bis zur Abgabe seiner Vertragserklärung die ihm bekannten Gefahrumstände, die für den Entschluss des Versicherers, den Vertrag mit dem vereinbarten Inhalt zu schließen, erheblich sind und nach denen der Versicherer in Textform gefragt hat, dem Versicherer anzuzeigen. [...]

(2) Verletzt der Versicherungsnehmer seine Anzeigepflicht nach Absatz 1, kann der Versicherer vom Vertrag zurücktreten.

(3) Das Rücktrittsrecht des Versicherers ist ausgeschlossen, wenn der Versicherungsnehmer die Anzeigepflicht weder vorsätzlich noch grob fahrlässig verletzt hat. In diesem Fall hat der Versicherer das Recht, den Vertrag unter Einhaltung einer Frist von einem Monat zu kündigen.

(4) Das Rücktrittsrecht des Versicherers wegen grob fahrlässiger Verletzung der Anzeigepflicht und sein Kündigungsrecht nach Absatz 3 Satz 2 sind ausgeschlossen, wenn er den Vertrag auch bei Kenntnis der nicht angezeigten Umstände, wenn auch zu anderen Bedingungen, geschlossen hätte. Die anderen Bedingungen werden auf Verlangen des Versicherers rückwirkend, bei einer vom Versicherungsnehmer nicht zu vertretenden Pflichtverletzung ab der laufenden Versicherungsperiode Vertragsbestandteil.

(5) Dem Versicherer stehen die Rechte nach den Absätzen 2 bis 4 nur zu, wenn er den Versicherungsnehmer durch gesonderte Mitteilung in Textform auf die Folgen einer Anzeigepflichtverletzung hingewiesen hat. Die Rechte sind ausgeschlossen, wenn der Versicherer den nicht angezeigten Gefahrumstand oder die Unrichtigkeit der Anzeige kannte.

(6) Erhöht sich im Fall des Absatzes 4 Satz 2 durch eine Vertragsänderung die Prämie um mehr als 10 Prozent oder schließt der Versicherer die Gefahrabsicherung für den nicht angezeigten Umstand aus, kann der Versicherungsnehmer den Vertrag innerhalb eines Monats nach Zugang der Mitteilung des Versicherers ohne Einhaltung einer Frist kündigen. Der Versicherer hat den Versicherungsnehmer in der Mitteilung auf dieses Recht hinzuweisen.

§ 21 Versicherungsvertragsgesetz: Ausübung der Rechte des Versicherers

(2) Im Fall eines Rücktrittes nach § 19 Abs. 2 nach Eintritt des Versicherungsfalles ist der Versicherer nicht zur Leistung verpflichtet, es sei denn, die Verletzung der Anzeigepflicht bezieht sich auf einen Umstand, der weder für den Eintritt oder die Feststellung des Versicherungsfalles noch für die Feststellung oder den Umfang der Leistungspflicht des Versicherers ursächlich ist.

Fragebogen zum Gesundheitszustand Eigenangaben zur Risikobeurteilung der versicherten Person			
Versicherte Person	Reichert, Emilia	**Alter**	20 Jahre
Körpergröße	172 cm	**Gewicht**	62 kg
Beruf	Gärtnerin im Garten- und Landschaftsbau		

1.	Wurden Ihnen in den letzten fünf Jahren länger als vier Wochen oder wiederholt Medikamente verschrieben?	☒ nein ☐ ja	Wenn ja, welche, von wann bis wann und von wem? ---
2.	Bestanden in den letzten fünf Jahren körperliche oder geistige Behinderungen und/oder Schäden, Verlust oder Schäden an Körperteilen oder Organen, Wirbelsäulenverkrümmung, Bandscheibenschaden und/oder Arthralgien (Gelenkschmerzen)?	☐ nein ☒ ja	Wenn ja, welche? Blockierung der Lendenwirbelsäule
3.	Bezogen oder beantragten Sie in den letzten fünf Jahren eine Rente aus gesundheitlichen Gründen oder bestand in diesem Zeitraum eine anerkannte Behinderung?	☒ nein ☐ ja	Wenn ja, wie lange und weshalb? ---
4.	Wurden Sie in den letzten zehn Jahren stationär in einer Klinik, einem Krankenhaus, einer Reha- oder Kuranstalt behandelt?	☒ nein ☐ ja	Wenn ja, wann, weshalb und wo? ---
5.	Nehmen oder nahmen Sie in den letzten fünf Jahren Drogen oder wurden Sie in den letzten fünf Jahren wegen Alkohol-, Drogen- oder Medikamentenkonsum beraten oder behandelt?	☒ nein ☐ ja	Wenn ja, wann, von wem und weshalb? ---

Hausarztbericht über Behandlungen im letzten und in diesem Jahr		
Behandelnder Arzt: Dr. Walter Teuber, Patientin: Emilia Reichert		
Datum	**Vorgang**	**Bemerkungen**
07.11. des vergangenen Jahres	Rechnung	Privatrechnung Nr. 64756
07.11. des vergangenen Jahres	Diagnose	Blockierung der Lendenwirbelsäule
07.11. des vergangenen Jahres	Präv-AOK	Präventionsempfehlung Kurs AOK
14.11. des vergangenen Jahres	Zahlung	Gutschrift zur Rechnung Nr. 64756
15.04. diesen Jahres	Diagnose	Blockierung der Lendenwirbelsäule

Erstellen Sie folgende Unterlagen:

- Kapitel „Überblick über die Berufsunfähigkeitsversicherung" für das Mitarbeiterhandbuch
- Strukturierte Übersicht zu den Folgen einer Verletzung der vorvertraglichen Anzeigepflicht nach §§ 19 und 21 VVG

Führen Sie das Beratungsgespräch mit Frau Reichert. Beschränken Sie sich hierbei auf die Informationsphase zur vorvertraglichen Anzeigepflicht und zu den Folgen einer Verletzung dieser Obliegenheit. Gehen Sie in diesem Zusammenhang auch auf den von Frau Reichert vorgelegten Fragebogen zum Gesundheitszustand und den Hausarztbericht ein.

Information

- Informieren Sie sich über die Aufgabenstellung und klären Sie Ihre Arbeitsaufträge.
- Stellen Sie die Bedeutung einer Berufsunfähigkeitsversicherung für Frau Reichert heraus, indem Sie den Unterschied zwischen Berufsunfähigkeit und Erwerbsminderung erklären und die Ansprüche aus der gesetzlichen Rentenversicherung im Falle einer Erwerbsminderung wiederholen (Lernfeld 12, Lernsituation 1).
  Nutzen Sie hierzu die folgende Übersicht.

Erwerbsminderung	Berufsunfähigkeit

Rente wegen voller Erwerbsminderung	
Rente wegen teilweiser Erwerbsminderung	
Bedeutung einer Berufsunfähigkeitsversicherung für Frau Reichert	

Planen und Entscheiden

- Stellen Sie fest, welche Informationen und Materialien Sie für die Bearbeitung der Lernsituation benötigen.
- Erstellen Sie einen Arbeits- und Zeitplan für die Bearbeitung der Lernsituation.

Durchführen

Bearbeiten Sie die Unterlagen zu den Handlungsprodukten.

Kapitel „Überblick über die Berufsunfähigkeitsversicherung“ für das Mitarbeiterhandbuch

Leistungen der Berufsunfähigkeits-versicherung	

Verweisungsrechte des Versicherers

Abstrakte Verweisung	Konkrete Verweisung

Obliegenheiten vor Vertragsabschluss	
Nachprüfungsrecht	
Besteuerung von BU-Renten	

Durchführen

Strukturierte Übersicht der gesetzlichen Regelungen zu den Folgen einer Verletzung der vorvertraglichen Anzeigepflicht nach §§ 19 und 21 VVG

Ausgangssituation
Der Versicherungsnehmer verletzt im Moment des Vertragsabschlusses seine Anzeigepflicht (§ 19 (2) VVG). Durch gesonderte Mitteilung in Textform wurde der Versicherungsnehmer durch den Versicherer auf die Folgen einer Anzeigepflichtverletzung hingewiesen (§ 19 (5) VVG).

Durchführen

Art des Verschuldens bei Verletzung der Anzeigepflicht	Vorsatz	Grobe Fahrlässigkeit		Einfache Fahrlässigkeit		Kein Verschulden	
		Ja	Nein	Ja	Nein	Ja	Nein
Rechte des Versicherers							
Rechte des Versicherungsnehmers							

Führen Sie das Beratungsgespräch mit Frau Reichert. Beschränken Sie sich hierbei auf die Informationsphase zur vorvertraglichen Anzeigepflicht und zu den Folgen einer Verletzung dieser Obliegenheit. Gehen Sie in diesem Zusammenhang auch auf den von Frau Reichert vorgelegten Fragebogen zum Gesundheitszustand und den Hausarztbericht ein.

Kontrolle

- Suchen Sie sich eine/n Partner/in und vergleichen Sie Ihre Arbeitsergebnisse. Lassen Sie sich unklare bzw. falsche Lösungen von Ihrem Partner/ Ihrer Partnerin erklären und verbessern bzw. ergänzen Sie gegebenenfalls Ihre Unterlagen.
- Beobachten Sie das Kundenberatungsgespräch und geben Sie den Teilnehmern unter Beachtung der Feedbackregeln eine Rückmeldung zu Ihren Beobachtungen.

Bewerten

Reflektieren und bewerten Sie Ihre Vorgehensweise und Ihre Arbeitsergebnisse.

Phase	Urteil	Verbesserungsvorschläge für diesen Bereich
Übersicht zur Berufsunfähigkeitsversicherung	🙂 😐 🙁	
Strukturierte Übersicht zu § 19 VVG und § 21 VVG	🙂 😐 🙁	
Beachtung der Feedbackregeln beim Beratungsgespräch	🙂 😐 🙁	

Aufgaben zur Lernsituation

1. Berufsunfähigkeit

Samuel von Stein interessiert sich für den Abschluss einer Berufsunfähigkeitsversicherung bei der Regio-Versicherung AG. Bisher hat er nur von Erwerbsminderung gehört. Was sich hinter dem Begriff Berufsunfähigkeit verbirgt, ist ihm nicht klar.

Stellen Sie fest, welche der folgenden Aussagen zutreffend ist. ☐

Berufsunfähigkeit liegt vor, wenn

(1) die versicherte Person wegen Krankheit oder anderer Gebrechen auf nicht absehbare Zeit eine Erwerbstätigkeit ganz oder teilweise nicht mehr ausüben kann.

(2) die versicherte Person aus gesundheitlichen Gründen nur noch weniger als drei Stunden täglich arbeiten kann.

(3) die versicherte Person infolge Krankheit, Körperverletzung oder mehr als altersentsprechenden Kräfteverfalls, die ärztlich nachzuweisen sind, voraussichtlich mindestens sechs Monate ununterbrochen ihren zuletzt ausgeübten Beruf nicht mehr zu mindestens 50 % ausüben kann.

(4) die versicherte Person, aus gesundheitlichen Gründen mindestens drei Stunden, jedoch weniger als sechs Stunden täglich arbeiten kann.

(5) die versicherte Person infolge Krankheit, Körperverletzung oder mehr als altersentsprechenden Kräfteverfalls, die ärztlich nachzuweisen sind, voraussichtlich mindestens zwölf Monate ununterbrochen ihren zuletzt ausgeübten Beruf nicht mehr zu mindestens 50 % ausüben kann.

2. Rechte und Pflichten aus einer Berufsunfähigkeitsversicherung

Vor Abschluss des Berufsunfähigkeitsversicherungsvertrages klären Sie Herrn von Stein über Rechte und Pflichten aus dem Vertrag auf.

Stellen Sie fest, welche der folgenden Aussagen zutreffend ist. ☐

(1) Während der Zeit der Rentenzahlungen darf der Versicherer nicht regelmäßig überprüfen, ob die versicherte Person weiterhin berufsunfähig ist.
(2) Der Gesundheitszustand des Versicherten bei Rentenbeginn bestimmt den zu versteuernden Anteil der Berufsunfähigkeitsrente.
(3) Im Leistungsfall zahlt der Versicherer die vereinbarte Berufsunfähigkeitsrente, den Beitrag muss der Versicherungsnehmer aber weiterhin zahlen.
(4) Praxisüblich ist ein Verzicht auf die abstrakte Verweisung, d. h. der Versicherer kann die versicherte Person nicht auf eine andere zumutbare Tätigkeit verweisen.
(5) Praxisüblich ist ein Leistungsverweigerungsrecht des Versicherers, wenn der Versicherte noch in einem anderen gleichwertigen Beruf arbeiten kann, unabhängig davon, ob er tatsächlich eine entsprechende Anstellung findet.

3. Verletzung der vorvertraglichen Anzeigepflicht

Im Beratungsgespräch erläutern Sie Herrn von Stein die Folgen einer Verletzung der vorvertraglichen Anzeigepflicht.

Stellen Sie fest, welche der folgenden Aussagen zutreffend ist. ☐

(1) Bei unverschuldeter Verletzung der Anzeigepflicht hat der Versicherer ein Kündigungsrecht mit Frist von einem Monat, wenn der Versicherer den Vertrag auch bei Kenntnis der nicht angezeigten Umstände geschlossen hätte.
(2) Dem Versicherer stehen die Rechte nach § 19 VVG nur zu, wenn er den Versicherungsnehmer mündlich auf die Folgen einer Anzeigepflichtverletzung hingewiesen hat.
(3) Bei vorsätzlicher Anzeigepflichtverletzung hat der Versicherer kein Rücktrittsrecht.
(4) Bei einfacher fahrlässiger Verletzung der Anzeigepflicht kann der Versicherungsnehmer bei einer Prämienerhöhung von mehr als 10 % den Versicherungsvertrag nicht fristlos kündigen, wenn der Versicherer den Vertrag auch bei Kenntnis der nicht angezeigten Umstände geschlossen hätte.
(5) Bei einer grob fahrlässigen Verletzung der Anzeigepflicht kann der Versicherungsnehmer bei einer Prämienerhöhung von mehr als 10 % den Versicherungsvertrag fristlos kündigen, wenn der Versicherer den Vertrag auch bei Kenntnis der nicht angezeigten Umstände geschlossen hätte.

4. Einflussfaktoren auf den Risikobeitrag

Anna Götz, Auszubildende der Regio-Bank AG, wundert sich, dass die Beiträge verschiedener Versicherungsnehmer bei der Regio-Versicherung AG so stark variieren. Ihr Ausbilder, Herr Hansen, erklärt ihr die Abhängigkeit der Beitragshöhe von unterschiedlichen Faktoren.

Stellen Sie fest, welche der folgenden Aussagen zutreffend ist. ☐

(1) Je höher die vereinbarte BU-Rente, desto geringer ist der Monatsbeitrag.
(2) Je höher die Altersgrenze der Auszahlung der BU-Rente, desto höher ist der Monatsbeitrag.
(3) Je niedriger das Eintrittsalter, desto höher ist der Monatsbeitrag.
(4) Je besser der Gesundheitszustand des Versicherten, desto höher ist der Monatsbeitrag.
(5) Je risikoreicher der Beruf des Versicherten ist, desto niedriger ist der Monatsbeitrag.

1.6 Antonio Rossi erhält nach einem Skiunfall Leistungen aus der privaten Unfallversicherung

Situationsbeschreibung

Ihr Kunde Antonio Rossi hat Ihnen ein ärztliches Gutachten zu seinem Skiunfall in den Weihnachtsferien in Südtirol zukommen lassen. Durch eine Unachtsamkeit war er schlagartig von der Piste abgekommen und gegen einen Baum geprallt. Für die Bergung aus dem unwegsamen Gelände wurden ihm 7 500,00 EUR in Rechnung gestellt, die seine Krankenversicherung nicht übernimmt.

Herr Rossi hofft nun auf Leistungen der gesetzlichen und privaten Unfallversicherung und möchte wissen, welche Ansprüche er aus den Versicherungen hat. Die Schadenanzeige hatte er Ihnen bereits unverzüglich nach seinem stationären Krankenhausaufenthalt zukommen lassen. Morgen Vormittag möchte sich Antonio Rossi bei Ihnen in der Filiale über die zu erwartenden Leistungen informieren.

Auszug aus dem ärztlichen Gutachten

„... im Krankenhaus in Bruneck wurde Antonio Rossi vom 27.12. bis zum 14.01. stationär behandelt ..."

„... im Anschluss an den stationären Aufenthalt war Herr Rossi noch für 37 Tage zu 100 % arbeitsunfähig ..."

„... beim Aufprall auf einen nahe der Piste stehenden Baum wurde das linke Auge durch einen hervorstehenden Ast verletzt. Das Auge ist dauerhaft zu 70 % in seiner Funktionsfähigkeit eingeschränkt ..."

„... das linke Bein von Herrn Rossi ist bis zur Mitte des Oberschenkels in seiner Funktionsfähigkeit dauerhaft zu 40 % eingeschränkt ..."

„... sein rechter Daumen ist versteift und wird auf Dauer zu 100 % funktionsunfähig bleiben ..."

Ihnen liegen die folgenden Vertragsdaten vor.

Daten der versicherten Person			
Name, Vorname	Rossi, Antonio	Geburtsdatum	26.04.1990
Straße	Feldweg 24a	Stadt	73430 Aalen
Beruf	Geschäftsführer eines Dental-Labors		
Unfall-Versicherungsvertrag			
Versicherungsvertragsnummer	3443668-UVP	Bedingungen	AUB 2019
SEPA-Lastschriftmandat	☒ ja ☐ nein	Zahlungsweise	monatlich
Beginn Ablauf	12.12.2020 12.12.2025	Versicherungsbeitrag	14,56 EUR
Gefahrengruppe[1]	☒ A ☐ B	Tarif (Progression 350 %)	UV-TP350
Vereinbarte Versicherungsleistungen			
Invaliditätsleistung, progressive Invaliditätsstaffel 350	100 000,00 EUR	Unfallrente	---
Tagegeld ab 1. Tag	100,00 EUR	Krankenhaustagegeld	50,00 EUR
Soforthilfe	---	Todesfallleistung	---
Kosten für kosmetische Operationen	10 000,00 EUR	Kosten für Such-, Bergungs- oder Rettungseinsätze	25 000,00 EUR

1 Gefahrengruppe A: Personen mit kaufmännischer oder verwaltender Berufstätigkeit im Innen- und Außendienst, Personen mit leitender oder Aufsicht führender Tätigkeit im Betrieb oder auf Baustellen sowie Personen, die im Gesundheitswesen oder in der Schönheitspflege tätig sind, Schüler, Studenten, Arbeitsuchende und Hausmänner. Gefahrengruppe B: Personen mit körperlicher oder handwerklicher Berufstätigkeit sowie Personen, die mit ätzenden, giftigen, leicht entzündlichen oder explosiven Stoffen tätig sind. Bei Gefahrengruppe B erhöht sich der Versicherungsbeitrag um 50 %.

Gliedertaxe der Regio-Versicherung AG			
	Invaliditätsgrad		Invaliditätsgrad
Arm		**Zehen**	
bis Schultergelenk	70 %	große Zehe	5 %
bis oberhalb des Ellenbogengelenks	65 %	eine andere Zehe	2 %
unterhalb des Ellenbogengelenks	60 %		
Hand	55 %	**Auge**	
		beide Augen	100 %
Finger		ein Auge	50 %
Daumen	20 %		
Zeigefinger	10 %	**Ohr**	
ein anderer Finger	5 %	Gehör auf beiden Ohren	60 %
		Gehör auf einem Ohr	30 %
Bein			
über Mitte des Oberschenkels	70 %	**Sinnesbeeinträchtigung**	
bis Mitte des Oberschenkels	60 %	Geruchssinn	10 %
bis unterhalb des Knies	45 %	Geschmackssinn	5 %
bis Mitte des Unterschenkels	40 %		
Fuß	40 %		

Erstellen Sie folgende Unterlagen zur Vorbereitung auf das Gespräch mit Herrn Rossi:

- Vergleich von gesetzlicher und privater Unfallversicherung
- Übersicht zur privaten Unfallversicherung
- Leistungsübersicht zum Versicherungsfall Antonio Rossi

Führen Sie das Gespräch mit Herrn Rossi und beachten Sie hierbei die besondere Situation, in der sich der Kunde befindet.

Information

- **Informieren Sie sich über die Aufgabenstellung und klären Sie Ihre Arbeitsaufträge.**
- **Aktivieren Sie Ihr Vorwissen zur gesetzlichen Unfallversicherung (Lernfeld 1), indem Sie den folgenden Text bearbeiten. Geben Sie dabei jedem Abschnitt eine passende Zwischenüberschrift und markieren Sie die Schlüsselbegriffe zur gesetzlichen Unfallversicherung.**

Die gesetzliche Unfallversicherung – Aufgaben und Leistungen

....

Die gesetzliche Unfallversicherung ist wohl der am wenigsten bekannte Zweig der deutschen Sozialversicherung. Die gesetzliche Unfallversicherung gibt es schon seit mehr als 100 Jahren, sie ist zurückzuführen auf Reichskanzler Otto von Bismarck. Die Grundlagen der gesetzlichen Unfallversicherung sind im Siebten Buch des Sozialgesetzbuches (SGB VII) festgeschrieben.

....

Im Gegensatz zur Kranken- oder Rentenversicherung ist die gesetzliche Unfallversicherung Sache Ihres Arbeitgebers: Er meldet seinen Betrieb bei einer Berufsgenossenschaft oder einem anderen zuständigen Unfallversicherungs-Träger an und zahlt den kompletten Beitrag. Jeder, der in einem Arbeits-, Ausbildungs- oder Dienstverhältnis steht, ist kraft Gesetzes versichert; der Versicherungsschutz besteht ohne Rücksicht auf Alter, Geschlecht, Familienstand oder Nationalität. Er erstreckt sich auf Arbeits- und Wegeunfälle sowie Berufskrankheiten. Arbeitsunfälle sind Unfälle, die Versicherte bei ihrer Arbeit und auf Dienstwegen erleiden. Dazu gehören auch Tätigkeiten wie die Instandhaltung von Arbeitsgeräten, die Teilnahme am Betriebssport oder an Betriebsausflügen und -feiern.

Wegeunfälle sind Unfälle, die sich auf dem direkten Weg zur Arbeit oder zurück ereignen. Versichert sind auch Umwege, die zum Beispiel nötig werden, um Kinder während der Arbeitszeit unterzubringen, oder bei Fahrgemeinschaften.

Berufskrankheiten sind Krankheiten, die sich der Versicherte durch eine berufliche Tätigkeit zugezogen hat und die in der Berufskrankheiten-Verordnung vom Gesetzgeber als solche bezeichnet sind. Die so genannten Volkskrankheiten wie Muskel- und Skeletterkrankungen oder Herz-Kreislauf-Erkrankungen können in der Regel keine Berufskrankheiten sein. Der Verdacht auf eine Berufskrankheit muss der Berufsgenossenschaft gemeldet werden.

Die gesetzliche Unfallversicherung hat darüber hinaus den Auftrag, nach Eintritt eines Versicherungsfalles den Verletzten, seine Angehörigen oder Hinterbliebenen zu entschädigen. Dazu gehören je nach Einzelfall die medizinische und berufliche Rehabilitation sowie die Auszahlung von Übergangsgeldern und Renten.

Quelle: Deutsche Gesetzliche Unfallversicherung (DGUV). In: https://www.dguv.de/de/ihr_partner/arbeitnehmer/gesetzliche-uv/index.jsp [29.12.2020].

Information

Planen und Entscheiden

- Stellen Sie fest, welche Informationen und Materialien Sie für die Bearbeitung der Lernsituation benötigen.
- Erstellen Sie einen Arbeits- und Zeitplan für die Bearbeitung der Lernsituation.

Durchführen

Bearbeiten Sie die Unterlagen zu den Handlungsprodukten.

Vergleich von gesetzlicher und privater Unfallversicherung

	Gesetzliche Unfallversicherung	Private Unfallversicherung
Träger		
Zielgruppe		
Versicherungsfall		
Beitragszahlung		
Leistungen		

Durchführen

Übersicht zur privaten Unfallversicherung

Unfallbegriff PAUKE – Plötzliches, von außen unfreiwillig auf den Körper wirkendes Ereignis	
Plötzlichkeit	
Einwirken von außen auf den Körper	
Unfreiwilligkeit	

Ausschlüsse	
Ausgeschlossene Risiken	Ausgeschlossene Gesundheitsschäden

Leistungen der Unfallversicherung	
Invaliditätsleistung	

Leistungen der Unfallversicherung	
Unfallrente	
Soforthilfe	
Tagegeld	
Krankenhaus-tagegeld	
Todesfall-leistung	
Kosten für kosmetische Operationen	
Kosten für Such-, Bergungs- oder Rettungs-einsätze	

Durchführen

Durchführen

Leistungsübersicht zum Versicherungsfall Antonio Rossi

Leistungen der Unfallversicherung für Antonio Rossi		
Leistungsart	Vereinbarte Versicherungsleistung	Entschädigung
Invaliditätsleistung		
Unfallrente		
Soforthilfe		
Tagegeld		
Krankenhaustagegeld		
Todesfallleistung		

Durchführen

Leistungen der Unfallversicherung für Antonio Rossi		
Leistungsart	Vereinbarte Versicherungsleistung	Entschädigung
Kosten für kosmetische Operationen		
Kosten für Such-, Bergungs- oder Rettungseinsätze		
Gesamtentschädigung aus der privaten und gesetzlichen Unfallversicherung		

Führen Sie das Gespräch mit Herrn Rossi und beachten Sie hierbei die besondere Situation, in der sich der Kunde befindet.

Als Beobachter/in des Gespräches achten Sie auf folgende Aspekte:

- Richtigkeit
- Vollständigkeit
- Verständlichkeit
- Strukturierter Gesprächsaufbau
- angemessene Sprache (verbales Verhalten)
- Körpersprache (nonverbales Verhalten)

Kontrolle

- Tauschen Sie die von Ihnen erstellten Unterlagen mit einem Mitschüler aus, um die Materialien gegenseitig auf Vollständigkeit und Richtigkeit zu prüfen.
- Erstellen Sie im Anschluss zu folgenden Begriffen der privaten Unfallversicherung Karteikarten. Auf der Rückseite der Karteikarte soll der jeweilige Begriff erklärt werden.
- Es bietet sich an, digitale Lernkarten zu erstellen. Hierzu kann z. B. die Anwendung Quizlet (https://quizlet.com/de) verwendet werden. Nach der Registrierung können Sie sehr unkompliziert digitale Karteikarten erstellen. Hilfen für die Erstellung eines Karteikarten-Lernsets finden Sie auf der Website von Quizlet.com und als Erklärvideos bei Youtube.

PAUKE	Ausgeschlossene Risiken	Ausgeschlossene Gesundheitsschäden
Invaliditätsleistung	Unfallrente	Soforthilfe
Tagegeld	Krankenhaustagegeld	Todesfallleistung

Bewerten

Reflektieren Sie die Bearbeitung der Lernsituation anhand der folgenden Fragen:

Fragen	Eigene Reflexion
Wie bewerten Sie Ihre Arbeitsergebnisse in Bezug auf die Qualität?	
Wie bewerten Sie Ihre Effizienz bei der Erarbeitung der Unterrichtsergebnisse?	
Wie bewerten Sie die Arbeitsbedingungen (Zusammenarbeit mit Mitschülern, Störgeräusche, räumliche Situation)?	
Welche weiteren Arbeitsmaterialien und Arbeitstechniken hätten Sie einsetzen können?	

Aufgaben zur Lernsituation

1. Gesetzliche und private Unfallversicherung

Maria Huber unterhält sich mit ihrer Freundin über die gesetzliche und private Absicherung im Falle eines Unfalls und trifft hierbei verschiedene Aussagen.

Stellen Sie fest, welche der folgenden Aussagen zutreffend ist. ☐

(1) Die private Unfallversicherung sichert zwar nur Unfälle außerhalb der Arbeitszeit ab, dafür bietet sie aber weltweiten Versicherungsschutz, und das rund um die Uhr.
(2) Zielgruppe der gesetzlichen Unfallversicherung sind vor allem Rentner, Arbeitnehmer, Auszubildende, Studenten, Schüler, Kinder in Kindertageseinrichtungen.
(3) Die Beitragszahlung der gesetzlichen Unfallversicherung übernehmen Arbeitgeber und Arbeitnehmer je zur Hälfte.
(4) In der gesetzlichen Unfallversicherung sind Arbeitsunfälle, Wegeunfälle und Berufskrankheiten versichert.
(5) Träger der privaten Unfallversicherung sind Berufsgenossenschaften.

2. Unfallbegriff und ausgeschlossene Risiken und Gesundheitsschäden

Sie beraten Maria Huber zur privaten Unfallversicherung. In diesem Zusammenhang kommen Sie auf den Unfallbegriff und die Ausschlüsse der privaten Unfallversicherung zu sprechen.

Stellen Sie fest, welche der folgenden Aussagen zutreffend ist. ☐

(1) In der privaten Unfallversicherung sind Unfälle aufgrund des Konsums von Cannabis eingeschlossen.
(2) Die Gesundheitsschädigung muss unfreiwillig eingetreten sein.
(3) Bei einem Unfall muss die Gesundheitsbeeinträchtigung durch ein äußeres Einwirken auf den Körper oder durch einen inneren organischen Vorgang verursacht worden sein.
(4) Ein versicherter Unfall muss plötzlich und unerwartet geschehen. Mit dem Unfall in Zusammenhang stehende Gesundheitsschäden müssen im Augenblick des Unfalls eingetreten sein.
(5) Vergiftungen beim Essen und Trinken sowie Schäden am Auge gehören zu den ausgeschlossenen Gesundheitsschäden.

3. Unfall – ja oder nein?

Zum besseren Verständnis erklären Sie Maria Huber im Beratungsgespräch anhand einiger Beispiele, wann ein Unfall vorliegt und in welchen Situationen der Unfallbegriff nicht erfüllt ist.

Stellen Sie fest, ob es sich bei den folgenden Aussagen
(1) um einen Unfall handelt oder
(2) nicht um einen Unfall handelt.

a) *Ein Kitesurfer prallt mit voller Wucht auf einen Felsen im Wasser und verletzt sich schwer.* ☐

b) *Frau Heller infiziert sich mit dem Coronavirus und erleidet langfristige Gesundheitsschäden.* ☐

c) *Ein Jogger wird von einem Rottweiler gebissen. Durch den Biss infiziert sich der verletzte Jogger mit Tollwut.* ☐

d) *Herr Hermann repariert die Wohnzimmerlampe, ohne die Stromzufuhr abzustellen. Aufgrund eines Stromschlags wird er schwer verletzt.* ☐

e) *Herr Mutschler hilft seinem Nachbarn beim Umzug und erleidet beim Entladen des Autos einen Bandscheibenvorfall.* ☐

f) *Der Marathonläufer Wilson Bekele erleidet beim Berlin-Marathon einen Schlaganfall auf der Zielgeraden und zieht sich schwere Verletzungen beim Aufprall auf den Boden zu.* ☐

4. Leistungen der Unfallversicherung

Sie informieren Frau Huber über die unterschiedlichen Leistungen der privaten Unfallversicherung.

Stellen Sie fest, welche der folgenden Aussagen zutreffend ist. ☐

(1) *Die Invaliditätsleistung ist abhängig vom Grad der Invalidität, der sich bei Gliedmaßen und Sinnesorganen nach der Gliedertaxe bestimmt.*
(2) *Ein Anspruch auf Auszahlung einer vereinbarten Unfallrente entsteht ab einem unfallbedingten Invaliditätsgrad von mindestens 25 %.*
(3) *Das Krankenhaustagegeld wird für jeden Tag einer ambulanten und stationären Behandlung im Krankenhaus aufgrund eines Unfalls bezahlt.*
(4) *Das Tagegeld zum Ausgleich eines Verdienstausfalles nach einem Unfall wird maximal für fünf Jahre gezahlt.*
(5) *Bei einer progressiven Invaliditätsstaffel steigt die Versicherungsleistung ab einem Invaliditätsgrad von 25 % linear an.*

5. Progressive Invaliditätsstaffel

Frau Huber hat sich für eine private Unfallversicherung bei der Regio-Versicherung AG entschieden. Die vereinbarte Versicherungssumme für Invalidität beträgt 200 000,00 EUR. Es wurde die progressive Invaliditätsstaffel U 225 (= 225 % Progression) vereinbart. Einen Monat später erleidet sie einen Unfallschaden. Die Funktionsfähigkeit ihres rechten Fußes ist zu 100 % dauerhaft beeinträchtigt. Der linke Arm unterhalb des Ellenbogengelenks ist zu 50 % auf Dauer funktionsunfähig. Außerdem hat sie ihren Geruchssinn komplett dauerhaft verloren. .

Der Invaliditätsgrad beträgt
- **bei Verlust eines Fußes 40 %,**
- **bei Verlust eines Armes unterhalb des Ellenbogengelenks 60 %,**
- **bei Verlust des Geruchssinns 10 %.**

Ermitteln Sie

a) den Gesamtinvaliditätsgrad von Frau Huber und — % ☐☐

b) die Entschädigungsleistung für Frau Huber. — *EUR* ☐☐☐☐☐☐,☐☐

2 Aufgaben zum Lernfeld

2.1 Selina Erdmann interessiert sich für eine Basisrente

1. Aufgabe

Selina Erdmann (36 Jahre) möchte eine kapitalgedeckte Basisrentenversicherung (Rürup-Rentenversicherung) abschließen. Zunächst interessiert sie sich für die steuerliche Behandlung in der Beitragsphase und in der Rentenbezugsphase.

Beschreiben Sie die steuerlichen Regelungen.

Beitragsphase: ______________________________

____

____

____

Rentenbezugsphase: ______________________________

____

____

____

2. Aufgabe

Frau Erdmann ist bei der Füssener Seilbahnwerke AG angestellt und erhält im Jahr 2021 ein Bruttojahreseinkommen in Höhe von 65 000,00 EUR. Der Gesamtbeitragssatz zur gesetzlichen Rentenversicherung beträgt 18,6 %; die Beitragsbemessungsgrenze liegt bei 85 200,00 EUR.
Zur Schließung ihrer Versorgungslücke möchte sie einen Rürup-Vertrag abschließen.
Der Höchstbetrag für Altersvorsorgeaufwendungen zur Basisversorgung beträgt 25 787,00 EUR.

Wie viel Euro muss Frau Erdmann in den Rürup-Vertrag einzahlen, um den Höchstbetrag auszuschöpfen? *EUR* [ ][ ][ ][ ][ ],[ ][ ]

Nebenrechnung:

____

____

____

____

3. Aufgabe

Selina Erdmann zahlt den notwendigen Betrag in einen Rürup-Vertrag ein und kann den Höchstbetrag (vgl. Aufgabe 2) in der Einkommensteuererklärung geltend machen.

Wie viel Euro betragen die abzugsfähigen Altersvorsorgeaufwendungen im Jahr 2021? *EUR* [ ][ ][ ][ ][ ],[ ][ ]

Nebenrechnung:

____

____

____

____

2.2 Riester-Rente für Harry Koch

1. Aufgabe

Harry Koch, verheiratet, zwei Kinder (Sven, geboren am 21.09.2007, und Maren, geboren am 10.02.2009), arbeitet als Schreiner bei einem kleinen Handwerksunternehmen. Seine Ehefrau Yvonne ist zurzeit nicht berufstätig. Sie haben mit den Eheleuten einen Beratungstermin vereinbart, um sie über die Riester-Rente zu informieren.

Erläutern Sie zwei Argumente, mit denen Sie den Kunden im Beratungsgespräch von den Vorteilen der Riester-Rente überzeugen können.

2. Aufgabe

Sie beraten die Eheleute über mögliche Anlageformen.

Nennen Sie vier förderungsfähige Anlageformen der privaten Altersvorsorge.

3. Aufgabe

Nach der Erläuterung der Vor- und Nachteile der Anlageformen empfehlen Sie den Eheleuten, jeweils einen eigenen Vertrag abzuschließen.

Begründen Sie diese Empfehlung und erklären Sie, warum auch Yvonne Koch einen eigenen Altersvorsorgevertrag abschließen kann.

4. Aufgabe

Harry Koch erzielte im Vorjahr ein sozialversicherungspflichtiges Einkommen von 43 800,00 EUR. In diesem Jahr schätzt er, dass sein Einkommen bei etwa 44 500,00 EUR liegen wird.

In Musterrechnungen informieren Sie die Eheleute über die zu leistenden Beiträge und über die Höhe und Zahlung der staatlichen Zulagen. Die Ehefrau soll die Kinderzulagen erhalten.

Gesamtbeitrag pro Jahr (in % des sozialversicherungspflichtigen Vorjahreseinkommens)	**Maximale jährliche Grundzulage**	**Maximale jährliche Kinderzulage je Kind**
4 %, max. aber 2 100,00 EUR	175,00 EUR	Kinder bis zum 31.12.2007 geboren: 185,00 EUR Kinder ab dem 01.01.2008 geboren: 300,00 EUR

Ermitteln Sie die notwendigen Beiträge und die staatlichen Zulagen mithilfe des folgenden Schemas für das laufende Jahr.

	Mindestgesamtbeitrag	**Grundzulage**	**Kinderzulage**	**Eigenbeitrag des Anlegers**
Harry Koch				
Yvonne Koch				
Summe				

5. Aufgabe

Beschreiben Sie, wo die staatlichen Zulagen zu beantragen sind.

2.3 Günstigerprüfung bei Margit Böhmer

1. Aufgabe

Die alleinstehende Margit Böhmer ist Angestellte und hat ein berücksichtigungsfähiges Kind, geb. 08.11.2007. Im laufenden Jahr hat sie 2 480,00 EUR ihres sozialversicherungspflichtigen Vorjahreseinkommens in Höhe von 62 000,00 EUR selbst (ohne die Altersvorsorgezulage) in einen Riester-Altersvorsorgevertrag eingezahlt. Frau Böhmer hat im laufenden Jahr ohne Berücksichtigung der Riester-Beiträge ein zu versteuerndes Einkommen von 65 000,00 EUR.

Ermitteln Sie den Gesamtbeitrag (Sparbeitrag + Zulagen) für den Riester-Vertrag. *EUR*

2. Aufgabe

Frau Böhmers persönlicher Einkommensteuersatz (Grenzsteuersatz) beträgt 42 %.

Führen Sie die Günstigerprüfung durch.

2.4 Information von Bernhard Scheurer über die Direktversicherung

1. Aufgabe

Sie sind Mitarbeiter/-in der Regio-Bank AG und beraten Bernhard Scheurer über eine betriebliche Altersversorgung gegen Entgeltumwandlung. Zunächst klären Sie den Kunden über die steuerliche Förderung und die Sozialversicherungspflicht der Versicherungsbeiträge auf.

Erläutern Sie Herrn Scheurer die steuerfreien und sozialversicherungsfreien Höchstbeträge.

2. Aufgabe

Bernhard Scheurer möchte wissen, welche Risiken über eine Direktversicherung abgesichert werden können.

Informieren Sie Herrn Scheurer.

3. Aufgabe

Herr Scheurer ist sich nicht sicher, ob er in einigen Jahren noch beim gleichen Arbeitgeber beschäftigt ist. Bei einem Arbeitgeberwechsel sind bei der arbeitnehmerfinanzierten Direktversicherung durch Entgeltumwandlung die berechtigten Interessen des Arbeitnehmers zu wahren.

Erklären Sie Herrn Scheurer in diesem Zusammenhang die Begriffe Unverfallbarkeit und Portabilität.

Unverfallbarkeit:

Portabilität:

2.5 Sina Schwarz wünscht Beratung zu ihrer Kapitallebensversicherung

1. Aufgabe

Sina Schwarz hat vor einigen Jahren als private Altersvorsorge eine kapitalbildende Lebensversicherung abgeschlossen. Kürzlich hat sie die jährliche Leistungsübersicht der Regio-Versicherung AG mit dem aktuellen Stand der Kapitallebensversicherung und allen wichtigen Vertragswerten erhalten. Sie ärgert sich darüber, dass die Leistung im Erlebensfall niedriger ist als die insgesamt in die Versicherung einbezahlten Beiträge. Im Rahmen eines Beratungsgespräches bittet Sie um Auskunft über diesen Sachverhalt.

Begründen Sie Frau Schwarz den Sachverhalt. Gehen Sie dabei auf die Beitragsbestandteile einer Kapitallebensversicherung ein.

2. Aufgabe

Sina Schwarz berichtet Ihnen, dass ihr von ihrem Arbeitgeber gekündigt worden sei. Sie möchte aus diesem Grund die Lebensversicherung kündigen, da sie die Beiträge nicht mehr aufbringen kann. Sie möchte gerne wissen, welchen Betrag sie ausgezahlt bekommt.

Informieren Sie Frau Schwarz über den Auszahlungsbetrag und beurteilen Sie eine Kündigung der Lebensversicherung.

3. Aufgabe

Auf Rückfrage erfahren Sie von Frau Schwarz, dass sie ausgebildete Altenpflegerin ist und damit rechnet, in spätestens drei Monaten wieder einen angemessenen Arbeitsplatz zu finden. Sie kann aus diesem Grund vermutlich nur vorübergehend den Beitrag zu ihrer Lebensversicherung nicht leisten.

Erläutern Sie verschiedene Möglichkeiten der Überbrückung von vorübergehenden Zahlungsschwierigkeiten.

4. Aufgabe

Sina Schwarz hat eine Eigentumswohnung gekauft und möchte zur Absicherung eines Darlehens die Ansprüche aus der Lebensversicherung an die Regio-Bank AG abtreten. Als widerruflich Bezugsberechtigte hatte Frau Schwarz beim Abschluss der Lebensversicherung ihr Enkelkind Paul Großmann eingesetzt.

Erläutern Sie, unter welchen Bedingungen und in welcher Höhe die Regio-Bank AG die Abtretung akzeptieren wird.

5. Aufgabe

Frau Schwarz möchte wissen, wie die Zahlungen aus der Kapitallebensversicherung bei Fälligkeit steuerlich behandelt werden und wie Zahlungen an den begünstigten Enkel in ihrem Todesfall steuerlich behandelt würden.

Informieren Sie die Kundin.

2.6 Astrid Johannsen beantragt Leistungen aus der Unfallversicherung

1. Aufgabe

Sie sind Mitarbeiter/-in der Regio-Bank AG und Spezialist/-in für Vorsorge und Absicherung. Sie erhalten einen Brief der Versicherungsnehmerin Astrid Johannsen.

Astrid Johannsen
Ligusterweg 12
01239 Dresden

Regio-Bank AG
Abteilung Vorsorge und Absicherung
Hauptstraße 110
01307 Dresden

23.11.20..

Unfallversicherung Nr. UV64789-39f

Sehr geehrte Damen und Herren,

am 07.08. dieses Jahres erfasste mich beim Überqueren der B170 ein Motorrad. Zunächst wurde ich nach Zeugenaussagen mehrere Meter durch die Luft geschleudert. Durch den anschließenden Aufprall auf die Straße verletzte ich mich schwer.

Ich erlitt ein Schädeltrauma – von dem ich mich nach Aussage meines Arztes aber bis zum Herbst wieder vollkommen erholen werde. Bedauerlicherweise musste mein rechtes Bein bis zur Mitte des Oberschenkels amputiert werden. Auch meine rechte Hand wurde schwer verletzt und wird auf Dauer zu 70 % funktionsunfähig bleiben.

Hiermit beantrage ich die mir zustehende Invaliditätsleistung aus meiner Unfallversicherung.

Mit freundlichen Grüßen

Astrid Johannsen

Prüfen und beurteilen Sie, ob die Kundin aufgrund des Vorfalls einen Anspruch auf die Versicherungsleistung hat.

2. Aufgabe

Dem Vertragsspiegel entnehmen Sie, dass die Versicherungsnehmerin neben einer Todesfallleistung eine Invaliditätsleistung abgesichert hat.

Begründen Sie den Anspruch von Frau Johannsen auf Invaliditätsleistung.

3. Aufgabe

Vertraglich ist mit Frau Johannsen eine Invaliditätsleistung in Höhe von 90 000,00 EUR mit 350er Progression vereinbart.

a) Bestimmen Sie den Gesamtinvaliditätsgrad. %

b) Bestimmen Sie die Höhe der Invaliditätsleistung. EUR

Einstufung der Invaliditätsgrade	
	Invaliditätsgrad
Arm	
bis Schultergelenk	70 %
bis oberhalb des Ellenbogengelenks	65 %
unterhalb des Ellenbogengelenks	60 %
Hand	55 %
Finger	
Daumen	20 %
Zeigefinger	10 %
ein anderer Finger	5 %
Bein	
über Mitte des Oberschenkels	70 %
bis Mitte des Oberschenkels	60 %
bis unterhalb des Knies	45 %
bis Mitte des Unterschenkels	40 %
Fuß	40 %

Lernfeld 13:

Finanzierungen für Geschäfts- und Firmenkunden abschließen

13

Zielbeschreibung:

Sie verfügen über die Kompetenz, die Bonität von Geschäfts- und Firmenkunden zu beurteilen, Sicherheiten zu bestellen, Darlehensverträge abzuschließen und abzuwickeln.

1 Lernsituationen

1.1 Rating für die Fit & Fun KG

Situationsbeschreibung

Sie arbeiten in der Firmenkundenabteilung der Regio-Bank AG.

Die Fit & Fun KG ist seit mehreren Jahren Kundin der Regio-Bank AG.

Nun plant das Unternehmen die Eröffnung des neuen Studios und benötigt dafür einen Investitionskredit von 150000,00 EUR.

Sie unterhalten sich mit dem Firmenkundenbetreuer Leon Reinders über den Darlehensantrag.

Herr Reinders: *„Eigentlich sollte einer Darlehensgewährung nichts im Wege stehen. Wir müssen aber zuvor ein neues Rating durchführen. Unsere letzte Unternehmensanalyse liegt schon drei Jahre zurück."*

Sie: *„Hört sich interessant, aber auch kompliziert an."*

Herr Reinders: *„Da will ich nicht widersprechen. Beim Rating müssen wir viele quantitative und qualitative Faktoren berücksichtigen. Die quantitativen Faktoren, wie zum Beispiel Bilanz- und Erfolgskennzahlen, sind unproblematisch, da hilft uns der Kollege Computer bei der Auswertung. Schwieriger sind die qualitativen Faktoren, wie zum Beispiel die Beurteilung der Managementfähigkeiten der Geschäftsleitung. Hier müssen wir als Firmenkundenbetreuer aus dem Marktbereich ein Votum abgeben und ich befürchte wieder Diskussionen mit den Kreditsachbearbeitern in der Marktfolge, die alles immer super kritisch sehen. Wir müssen uns aber mit denen auf eine einheitliche Bewertung verständigen.*
Ich kenne die Geschäftsführerinnen Frau Uhlmann und Frau Becker seit Jahren und schätze sie als Personen und fähige Managerinnen. Dazu ein paar Daten:

- *Die Kontoführung war stets absprachegemäß.*
- *Das Unternehmen wächst seit Jahren stetig, die bisherigen Studio-Neueröffnungen wurden langfristig und gut vorausgeplant und konnten erfolgreich durchgeführt werden.*
- *Luisa Uhlmann, 35 Jahre, ist Diplom-Sportlehrerin, hat zunächst drei Jahre als Trainerin gearbeitet und anschließend fünf Jahre lang ein Studio selbst geleitet, bevor sie sich selbstständig gemacht hat.*
- *Petra Becker, 34 Jahre, die zweite Komplementärin der KG, hat Gesundheitsökonomie studiert und ebenfalls einige Jahre Berufserfahrung gesammelt, allerdings im Bereich Physiotherapie. Die beiden leiten das Unternehmen seit drei Jahren gemeinsam.*
- *Trotz zahlreicher großer Fitnessstudioketten kann sich die Fit & Fun KG aufgrund ihres besonderen Angebotes an Kursen seit Jahren am Markt behaupten und wachsende Mitgliederzahlen verzeichnen. Der monatliche Mitgliederbeitrag liegt über dem Branchendurchschnitt.*
- *Die Sportgeräte in den anderen Studios sind relativ modern. Die Fluktuation im Betrieb ist verhältnismäßig gering. Die Fit & Fun KG zahlt überdurchschnittlich gute Löhne und bietet ihren Mitarbeitern Weiterbildungsmöglichkeiten an.*
- *Das Rechnungswesen ist der Schwachpunkt des Unternehmens, das Controlling müsste effizienter gestaltet werden."*

Herr Reinders legt Ihnen auch einen Branchenreport vor, dem Sie folgende Informationen entnehmen:

- Der Bericht zeigt grundsätzlich eine positive Entwicklung des deutschen Fitnessmarktes.
- Die Mitgliederzahlen von Fitnessstudios wachsen seit 2015 stetig an, gleiches gilt für die Anlagen- und Umsatzentwicklung.
- Das Ausfallrisiko ist rückläufig, gleiches gilt für die Zahl der Unternehmensinsolvenzen.
- Positiv zu sehen ist ebenfalls die Verbesserung der Zahlungsmoral der Mitglieder.
- Zentrale Elemente für Unternehmen in dieser Branche sind ein hohes Maß an Innovation, Kundenorientierung und Qualität.

Frau Uhlmann hat bereits den Geschäftsbericht aus dem Vorjahr bei Ihnen eingereicht. Dort finden Sie folgende Informationen:

AKTIVA	Bilanz der Fit und Fun KG				PASSIVA
	Berichtsjahr	Vorjahr		Berichtsjahr	Vorjahr
A. ANLAGEVERMÖGEN			**A. EIGENKAPITAL**		
1. Immaterielle Vermögensgegenstände	28 000,00 EUR	12 000,00 EUR	1. Kapitalanteil persönlich haftender Gesellschafter	720 000,00 EUR	660 000,00 EUR
2. Grundstücke und Gebäude	640 000,00 EUR	640 000,00 EUR	2. Kapitalanteil Kommanditisten	220 000,00 EUR	220 000,00 EUR
3. Betriebs- und Geschäftsausstattung	1 160 000,00 EUR	980 000,00 EUR	**B. RÜCKSTELLUNGEN**		
			1. Langfristige Rückstellungen	200 000,00 EUR	160 000,00 EUR
			2. Kurzfristige Rückstellungen	12 000,00 EUR	15 000,00 EUR
B. UMLAUFVERMÖGEN			**C. VERBINDLICHKEITEN**		
1. Vorräte	44 000,00 EUR	39 000,00 EUR	1. Langfristiges Bankverbindichkeiten	625 000,00 EUR	460 000,00 EUR
2. Forderungen aus Lieferungen und Leistungen	272 000,00 EUR	244 000,00 EUR	2. Kurz- und mittelfristige Bankverbindlichkeiten	175 000,00 EUR	330 000,00 EUR
3. Kassenbestand und Guthaben bei Kreditinstituten	60 000,00 EUR	44 000,00 EUR	3. Verbindlichkeiten aus Lieferungen und Leistungen	72 000,00 EUR	64 000,00 EUR
			4. Sonstige Verbindlichkeiten (kurzfristig)	180 000,00 EUR	50 000,00 EUR
	2 204 000,00 EUR	1 959 000,00 EUR		2 204 000,00 EUR	1 959 000,00 EUR

GEWINN- UND VERLUSTRECHNUNG für das Geschäftsjahr 20..

	Berichtsjahr	Vorjahr
1. Umsatzerlöse	3 920 000,00 EUR	3 480 000,00 EUR
2. Bestandsveränderungen an fertigen und unfertigen Erzeugnissen	– EUR	– EUR
3. Andere aktivierte Eigenleistungen	4 800,00 EUR	3 200,00 EUR
4. Sonstige betriebliche Erträge	120 000,00 EUR	108 000,00 EUR
5. Materialaufwand	−312 000,00 EUR	−204 000,00 EUR
6. Personalaufwand	−1 480 000,00 EUR	−1 360 000,00 EUR
7. Abschreibungen auf Sachanlagen	−220 000,00 EUR	−192 000,00 EUR
8. Sonstige betriebliche Aufwendungen	−1 760 000,00 EUR	−1 620 000,00 EUR
9. Sonstige Zinsen und ähnliche Erträge	11 200,00 EUR	6 000,00 EUR
10. Zinsen und ähnliche Aufwendungen	−42 000,00 EUR	−31 200,00 EUR
11. Steuern vom Einkommen und vom Ertrag	−58 000,00 EUR	−48 000,00 EUR
12. Sonstige Steuern	−49 920,00 EUR	−35 600,00 EUR
13. Jahresüberschuss	**134 080,00 EUR**	**106 400,00 EUR**

Hinweis zur Gewinn- und Verlustrechnung:
Im Berichtsjahr und im Vorjahr fielen keine außerordentlichen Erträge und Aufwendungen an.

Herr Reinders: *„Nun haben Sie alle Daten und ich bitte Sie, die Bilanz- und Erfolgskennzahlen für das Unternehmen zu ermitteln. Die qualitativen Faktoren habe ich schon beurteilt. Da fehlt aber noch unsere Stellungnahme, die wir gut begründen müssen, ansonsten sind Diskussionen mit der Marktfolge vorprogrammiert.“*

Erstellen Sie folgende Unterlagen:

- Informationsschrift zum Kreditrating
- Erstellung einer Strukturbilanz und einer Strukturerfolgsrechnung mithilfe eines Tabellenkalkulationsprogramms
- Auswertung der Bilanz- und Erfolgskennzahlen
- Stellungnahme zu den qualitativen Rating-Faktoren

Information

- **Informieren Sie sich über die Aufgabenstellung.**
- **Unterscheiden Sie die Begriffe „quantitative Faktoren" und „qualitative Faktoren".**
- **Beschreiben Sie die Aufgaben vom „Marktbereich" und von der „Marktfolge".**

Planen und Entscheiden

Erstellen Sie einen Arbeits- und Zeitplan zu den einzelnen Arbeitsschritten.

Durchführen

Bearbeiten Sie die Unterlagen zu den Handlungsprodukten.

Informationsschrift zum Kreditrating

Definition

Durchführen

Merkmale eines Kreditratings		
Merkmale	**Beschreibung**	**Unterlagen**
wirtschaftliche Verhältnisse		
Produkte und Vertriebsstruktur		
Management		
Kunden-beziehung		
Markt-entwicklung und Branchen-situation		
Weitere Unternehmens-daten		

Durchführen

Erstellung einer Strukturbilanz und einer Strukturerfolgsrechnung

- Strukturbilanz

	A	B	C	D	E	F
1	**Aktiva**	**Berichtsjahr**	**in % der Bilanzsumme**	**Vorjahr**	**in % der Bilanzsumme**	**Veränderungen in EUR**
2	Immaterielle Vermögensgegenstände					
3	Grundstücke und Gebäude					
4	Betriebs- und Geschäftsausstattung					
5	**Summe Anlagevermögen**					
6						
7	Vorräte					
8	Forderungen a. LL.					
9	Liquide Mittel (Kasse, Bankguthaben)					
10	**Summe Umlaufvermögen**					
11						
12	**Gesamtvermögen**					
13						
14	**Passiva**	**Berichtsjahr**	**in % der Bilanzsumme**	**Vorjahr**	**in % der Bilanzsumme**	**Veränderungen in EUR**
15	Kapitalanteil persönlich haftender Gesellschafter					
16	Kapitalanteil Kommanditisten					
17	**Summe Eigenkapital**					
18						
19	Langfr. Verbind. (Laufzeit über 5 Jahre)					
20	Langfrisitge Rückstellungen					
21	**Langfristiges Fremdkapital**					
22						
23	Kurz- und mittelfristige Verbindlichkeiten					
24	Kurzfristige Rückstellungen					
25	**Kurz- und mittelfristiges Fremdkapital**					
26						
27	**Summe Fremdkapital**					
28						
29	**Gesamtkapital**					

- Strukturerfolgsrechnung

	A	B	C	D	E
1		**Berichtsjahr**	**Vorjahr**	**Veränderungen**	
2				**in EUR**	**in %**
3	Umsatzerlöse				
4	Andere aktivierte Eigenleistungen				
5	**Gesamtleistung**				
6	Sonstige betriebliche Erträge				
7	Materialaufwand				
8	Personalaufwand				
9	Abschreibungen auf Sachanlagen				
10	Sonstige betriebliche Aufwendungen				
11	Sonstige Steuern (z. B. Kfz-Steuer, Grundsteuer)				
12	**Teil-Betriebsergebnis (EBIT; Ergebnis vor Zinsen und Ertragsteuern)**				
13	Sonstige Zinsen und ähnliche Erträge				
14	Zinsen und ähnliche Aufwendungen				
15	**Betriebsergebnis (Ergebnis der gewöhnlichen Geschäftstätigkeit)**				
16	Außerordentliche Erträge				
17	Außerordentliche Aufwendungen				
18	Steuern vom Einkommen und vom Ertrag				
19	**Jahresüberschuss**				

Durchführen

Auswertung der Bilanz- und Erfolgskennzahlen

Kennzahlen	Erläuterung und Rechenweg	Berichtsjahr	Vorjahr
Eigenkapital-quote			
Anlagen-deckungsgrad I			
Anlagen-deckungsgrad II			
Cashflow			Hinweis: Zuführung zu den langfristigen Rückstellungen 57 000 EUR
Cashflow-Rate			
Eigenkapital-rentabilität			

Durchführen

Kennzahlen	Erläuterung und Rechenweg	Berichtsjahr	Vorjahr
Umsatz-rentabilität			
Gesamtkapital-rentabilität			
Debitorenziel (Kundenziel)			
Kreditorenziel (Lieferantenziel)			

Stellungnahme zu den qualitativen Rating-Faktoren

- **Ergebnisse gemäß Bearbeitung durch Herrn Reinders**
  1 = sehr gut → 6 = ungenügend

1. Soft-Facts						
Merkmal	**1**	**2**	**3**	**4**	**5**	**6**
Plausibilität von Unternehmensplanungen		X				
Gibt es Rationalisierungspotenziale?				X		
Zustand der Anlagen		X				
Leistungsstruktur (z. B. Produktmix, Gefahr der Substitution der Produkte)						
Vertrieb (z. B. Kundenorientierung, Marketingkonzept)		X				
Qualität des Forderungsbestandes, Forderungsmanagement	X					
eigene Zahlungsweise (mit Skonto, mit Ziel, nach Mahnung)			X			
Kontoführung	X					
Teilergebnis 1	2,14					

Durchführen

2. Management/Strategie						
Merkmal	**1**	**2**	**3**	**4**	**5**	**6**
fachliche Qualifikation	X					
persönliche Qualifikation	X					
Organisationsstruktur			X			
Mitarbeiter (z. B. Fluktuation)			X			
Unternehmensnachfolge					X	
Beziehung zur Bank	X					
Qualität des Rechnungswesens			X			
Teilergebnis 2	2,40					

3. Marktstellung						
Merkmal	**1**	**2**	**3**	**4**	**5**	**6**
Unabhängigkeiten von Zulieferern und Abnehmern	X					
Wettbewerbssituation (z. B. Umsatzentwicklung, Defizite gegenüber Wettbewerbern in Qualität und Kosten, Marktanteil, Marktposition)			X			
Entwicklung des Unternehmens im Vergleich zur Branchenentwicklung		X				
Teilergebnis 3	2,00					
Gesamtergebnis	2,18					

- **Erläuterung und Beurteilung der qualitativen Rating-Faktoren**

Kontrolle

Tauschen Sie die von Ihnen erstellten Unterlagen mit anderen Gruppen aus, um die Materialien gegenseitig zu prüfen.

Bewerten

Reflektieren und bewerten Sie Ihre Vorgehensweise und Ihre Arbeitsergebnisse.

Phase	Urteil	Verbesserungsvorschläge für diesen Bereich
Informationsschrift zum Kreditrating	🙂 😐 🙁	
Erstellung von Strukturbilanz und Strukturerfolgsrechnung	🙂 😐 🙁	
Auswertung der Bilanz- und Erfolgskennzahlen	🙂 😐 🙁	
Stellungnahme zu den qualitativen Ratingfaktoren	🙂 😐 🙁	

Aufgaben zur Lernsituation

1. Rating für die Leather-Trend-Fashion GmbH

Die Leather-Trend-Fashion GmbH beantragt bei der Regio-Bank AG ein Darlehen über 620000,00 EUR. Zur Beurteilung der Kreditwürdigkeit führt die Regio-Bank AG ein Rating durch.

Welche der folgenden Aussagen zum Rating ist richtig? ☐

(1) Der Darlehensnehmer hat keinen Einfluss auf das Rating.
(2) Das Rating ermöglicht die Vereinbarung eines individuellen Sollzinssatzes, der die Bonität der Leather-Trend-Fashion GmbH berücksichtigt.
(3) Im Rahmen des Ratings wird festgestellt, welche öffentlichen Fördermöglichkeiten für die geplante Investition in Anspruch genommen werden können.
(4) Im Rahmen des Ratings werden für jeden Kunden individuelle Bewertungskriterien herangezogen, die die Ermittlung der Kreditwürdigkeit eines Kunden deutlich erleichtern und vereinheitlichen.
(5) Für die Inhalte des Darlehensvertrages hat das Rating keine Bedeutung.

2. Kreditwürdigkeitsprüfung bei der Baustoffe GmbH

Jan Steiger, Geschäftsführer der Baustoffe GmbH, beabsichtigt den Kauf eines Lkw für das Unternehmen und möchte den Kaufpreis in Höhe von 250000,00 EUR bei der Regio-Bank AG finanzieren.

a) Welche Information halten Sie hinsichtlich der Kreditwürdigkeitsprüfung für richtig? ☐

(1) Sie verlangen von Herrn Steiger seine Gehaltsabrechnungen der letzten drei Monate.
(2) Sie überprüfen die bisherige Kontoführung der Baustoffe GmbH, um Hinweise auf mögliche negative Merkmale wie Rücklastschriften und Kontoüberziehungen zu erhalten.
(3) Sie lassen sich den aktuellen Handelsregisterauszug der Baustoffe GmbH vorlegen, um sich über die Höhe des haftenden Vermögens der GmbH zu informieren.
(4) Sie ermitteln anhand der vorgelegten Bilanzen das Debitorenziel der Baustoffe GmbH, um zu überprüfen, wie schnell das Unternehmen seine Rechnungen bezahlt.
(5) Sie informieren sich über die Entwicklung der Baustoffbranche im letzten Jahr, um die aktuelle Auftragslage der Baustoffe GmbH einschätzen zu können.

b) Zur Prüfung der Kreditwürdigkeit bedienen Sie sich eines Kreditratings. Welche der folgenden Aussagen ist hierzu richtig? ☐

(1) Beim Kreditrating beurteilt man die Kreditrisiken eines Unternehmens mittels eines subjektiven für jeden Kunden individuell ausgestalteten Verfahrens.
(2) Die BaFin gibt die Ratingstufen im Rahmen des Kreditratings für alle Kreditinstitute vor, sodass alle Banken und Sparkassen über ein einheitliches und transparentes Ratingsystem verfügen.
(3) Bilanzkennzahlen fließen nicht in das Kreditrating ein, da sie bereits im Rahmen der Auswertung des Jahresabschlusses berücksichtigt wurden.
(4) Den einzelnen Ratingstufen sind bestimmte Ausfallwahrscheinlichkeiten zugeordnet, um so das Kreditrisiko eines Unternehmens besser beurteilen zu können.
(5) Ziel des Kreditratings ist es, die Kreditfähigkeit des Unternehmens zu beurteilen.

3. Ermittlung von Bilanz- und Erfolgskennzahlen für die LTG Maschinenbau AG

Die LTG Maschinenbau AG hat bei der Regio-Bank AG ihre Bilanz sowie die Gewinn- und Verlustrechnung eingereicht.

Aktiva **Bilanz der LTG Maschinenbau AG in TEUR** **Passiva**

	Berichtsjahr	Vorjahr		Berichtsjahr	Vorjahr
Grundstücke und Gebäude	1 200	1 300	Gezeichnetes Kapital	650	650
Maschinen	2 340	2 130	Rücklagen	1 380	1 170
Fuhrpark	680	940	Bilanzgewinn	190	280
Roh-, Hilfs- und Betriebsstoffe	1 050	1 110	Pensionsrückstellungen	390	360
			Kurzfristige Rückstellungen	120	140
Unfertige Erzeugnisse	720	650	Langfristige Bankdarlehen	1 980	2 160
Fertige Erzeugnisse	790	430	Kurzfristige Bankverbindlichkeiten	1 970	1 890
Forderungen aus Lieferungen und Leistungen	1 260	1 180	Lieferantenverbindlichkeiten	1 430	1 240
Bankguthaben	80	160			
Aktive Rechnungsabgrenzung	30	40	Passive Rechnungsabgrenzung	40	50
	8 150	**7 940**		**8 150**	**7 940**

Gewinn- und Verlustrechnung (Auszug – Werte in TEUR)	**Berichtsjahr**	**Vorjahr**
Umsatzerlöse	14 460	16 320
Zinsaufwendungen	190	170
Abschreibungen auf Anlagen	390	360
Zuführung zu den langfristigen Rückstellungen	30	25
Betriebsergebnis	340	640
Jahresüberschuss	380	560

Ermitteln Sie für das Berichtsjahr folgende Bilanz- und Erfolgskennzahlen:

a) Eigenkapitalquote (ohne Bilanzgewinn) %

b) Anlagendeckungsgrad I %

c) Anlagendeckungsgrad II %

d) Cashflow TEUR

e) Eigenkapitalrentabilität %

f) Gesamtkapitalrentabilität %

g) Umsatzrentabilität %

h) Debitorenziel Tage

4. Bilanz- und Erfolgskennzahlen

Die Regio-Bank AG ermittelt bei Firmenkunden im Rahmen der Kreditwürdigkeitsprüfung Bilanz- und Erfolgskennzahlen.

Stellen Sie fest, welche der nachfolgenden Kennzahlen bei den unten stehenden Aussagen jeweils angesprochen ist.

Kennzahlen

(1) Eigenkapitalquote
(2) Anlagendeckungsgrad II
(3) Gesamtkapitalrentabilität
(4) Kreditorenziel (tatsächlich in Anspruch genommen)
(5) Cashflow

Tragen Sie eine (9) in das Kästchen ein, wenn keine der genannten Kennzahlen angesprochen ist.

Aussagen

a) Ist beim Vergleich dieser Kennzahl über mehrere Abrechnungsperioden ein Rückgang festzustellen, kann dies auf eine Verbesserung der Liquiditätslage des Unternehmens hinweisen.

b) Diese Kennzahl gibt den erwirtschafteten Liquiditätsüberschuss an.

c) Diese Kennzahl gibt Auskunft über die kapitalmäßige Zusammensetzung der Passivseite.

d) Ist diese Kennzahl kleiner als 100 %, sind Teile des langfristig im Unternehmen gebundenen Vermögens nicht durch langfristige Finanzierungsmittel gedeckt.

e) Diese Kennzahl zeigt die durchschnittliche Anzahl der Tage, nach der die Kunden des Unternehmens ihre Rechnungen begleichen.

f) Liegt der Wert für diese Kennzahl über dem Zinssatz für Fremdkapital, lohnt sich die Aufnahme weiterer Fremdmittel.

1.2 Investitionskredit für die Fit & Fun KG

Situationsbeschreibung

Sie sind als Auszubildende/r in der Firmenkundenabteilung der Regio-Bank AG tätig.

Die Fit & Fun KG hat bei der Regio-Bank AG zur Finanzierung von Trainingsgeräten für ein neues Studio einen Investitionskredit von 150000,00 EUR beantragt. Die betriebsgewöhnliche Nutzungsdauer der neuen Geräte beträgt laut AfA-Tabelle fünf Jahre.

Die Regio-Bank AG hat das Unternehmen nach einem Rating der Ratingklasse 10 zugeordnet.

Ratingklassen	Ausfallwahrscheinlichkeit in % p. a.
1	0,08
2	0,12
3	0,17
4	0,26
5	0,39
6	0,59
7	0,88
8	1,32
9	1,98
10	2,96
11	4,44
12	6,67
13	10,00
14	15,00
15	20,00
16 bis 18	Ausfall eingetreten

Sie sprechen mit dem Firmenkundenbetreuer Leon Reinders über den Darlehensantrag.

Herr Reinders: *„Bei einer Ratingklasse 10 können wir der Kundin das Darlehen zu einem Zinssatz von 5,20 % anbieten. Wenn das Unternehmen uns jedoch werthaltige Sicherheiten stellen kann, ermäßigt sich der Zinssatz auf 4,50 %. Die Bestellung einer Grundschuld ist aber leider nicht möglich, da die Räumlichkeiten angemietet sind."*

Sie: *„Können wir nicht einfach ein Pfandrecht an den Trainingsgeräten vereinbaren?"*

Herr Reinders: *„Nein, das Pfandrecht wäre keine gute Idee, da haben Sie in der Berufsschule wohl nicht aufgepasst. Wir können uns die Geräte aber sicherungsübereignen lassen."*

Sie: *„Sorry, ich erinnere mich dunkel. Das schaue ich mir aber noch mal genauer an."*

Herr Reinders: *„Tun Sie das. In meinem Gespräch mit Frau Uhlmann, der Geschäftsführerin der Fit & Fun KG, bestand noch Unklarheit über die Art der Rückzahlung des Darlehens. Das Darlehen soll aber regelmäßig getilgt werden, ein endfälliges Darlehen hat sie ausgeschlossen. Frau Uhlmann, erwartet von uns ein schriftliches Angebot. Dabei können Sie mir helfen."*

Sie: *„Sehr gern."*

Erstellen Sie folgende Unterlagen:

- Übersicht zum Pfandrecht und zur Sicherungsübereignung
- Sicherungsübereignungsvertrag
- Kundeninformation zum Sicherungsübereignungsvertrag
- Tilgungspläne für Abzahlungs- und Annuitätendarlehen mithilfe eines Tabellenkalkulationsprogramms
- Darlehensangebot

Information

- Welchen Zusammenhang gibt es zwischen Sollzinssatz und Rating?

- Unter welcher Bedingung bietet die Regio-Bank AG das Darlehen zu einem Zinssatz von 4,50 % an?

- Begründen Sie, warum in diesem Fall die Bestellung eines Pfandrechtes nicht sinnvoll ist.

Planen und Entscheiden

Erstellen Sie einen Arbeits- und Zeitplan für die Bearbeitung der Lernsituation.

Durchführen

Bearbeiten Sie die Unterlagen zu den Handlungsprodukten.

Übersicht zum Pfandrecht und zur Sicherungsübereignung

	Pfandrecht an beweglichen Sachen	Sicherungsübereignung
Praxisbeispiel für Vermögenswerte		
Verbindung der Sicherheit zur Forderung		
Eigentümer		
Besitzer		
Verwertung		

Sicherungsübereignungsvertrag

Bereiten Sie den Sicherungsübereignungsvertrag unterschriftsreif vor. Fehlende Daten ergänzen Sie bitte nach eigener Wahl.

Sicherungsübereignung
Sachen

Geschäftszeichen

Zur Sicherung **der unter Nr. 2 näher bezeichneten bankmäßigen Ansprüche** überträgt/übertragen

– nachstehend der Sicherungsgeber genannt – der Sparkasse das im Folgenden umschriebene Sicherungsgut.

1 Sicherungsgut

1.1 Angaben zur Sicherung
Die Übereignung erfasst alle Sachen – nachstehend das Sicherungsgut genannt –,

☐ die nachfolgend aufgeführt sind:

Lfd. Nr.	Art, Gattung, Menge, Gewicht, Marke, Kennnummer, sonstige genaue Bezeichnung	Einkaufs-/Anschaffungspreis[1]
1		

[1] *Mit Währungseinheit.*

☐ die in dem als Vertragsbestandteil beigefügten Verzeichnis (Anlage Nr. ______________) aufgeführt sind.

1.2 Lagerort
Das Sicherungsgut lagert an folgendem Ort *(genaue Bezeichnung des Lagerortes)*:

☐ Der Sicherungsgeber ist Mieter/Pächter des Lagerortes.

☐ Er hat der Sparkasse den Dauerauftrag auf Zahlung des Miet- oder Pachtzinses erteilt.

1.3 Der Sicherungsgeber versichert, dass er Eigentümer des Sicherungsguts ist.

1.4 Versicherung des Sicherungsguts
Das Sicherungsgut ist gegen Feuer- und Einbruchdiebstahlschäden – und[2]

schäden –
[2] *Hier sind weitere branchen- und standorttypische Risiken aufzuführen.*
im vollen Wert

☐ **Neuwert** ☐ **Zeitwert**

bei der

Versicherungs-Nr.

versichert. Der Sicherungsgeber legt den Versicherungsschein vor. Die Prämien sind voll bezahlt.

☐ Der Sicherungsgeber hat der Sparkasse den Dauerauftrag auf Zahlung der Versicherungsprämien erteilt.

2 Sicherungszweck

Gesichert werden bankmäßige Ansprüche der Sparkasse gemäß nachfolgend bestimmtem Sicherungszweck gegen

– nachstehend der Kreditnehmer genannt –.

☐ **a) Begrenzter Sicherungszweck:**
Das Sicherungsgut dient zur Sicherung aller Forderungen der Sparkasse gegen den Kreditnehmer aus

Werden Leistungsraten (Zins- und Tilgungsbeträge) zu Lasten eines Girokontos des Kreditnehmers (Zahlungskonto) abgebucht und entsteht hierdurch eine Überziehung des Zahlungskontos (insbesondere eingeräumte oder geduldete Kontoüberziehung), so sichert die Sicherungsübereignung nicht nur den auf dem Darlehens-/Kreditkonto geschuldeten Restbetrag. Vielmehr bezieht sie sich auch auf die durch die Ratenbelastung auf dem Zahlungskonto entstandene Überziehung, dies allerdings auf einen Betrag beschränkt, der den für einen Zeitraum von drei Monaten zu zahlenden Leistungsraten zzgl. der hieraus aufgelaufenen Zinsen entspricht. Sind die Leistungsraten in Zeitabständen von mehr als drei Monaten fällig, so sichert die Sicherungsübereignung die durch die letzte Ratenbelastung entstandene Überziehung des Zahlungskontos.

Geschäftszeichen

Sollte der durch diese Sicherungsübereignung gesicherte Kredit-/Darlehensvertrag nichtig sein, wirksam angefochten, widerrufen oder aufgehoben werden, oder aus sonstigen Gründen unwirksam oder nicht vollziehbar sein, so sind auch alle hieraus resultierenden vertraglichen und gesetzlichen Ansprüche der Sparkasse gegen den Kreditnehmer gesichert.

☐ **b) Weiter Sicherungszweck:**
Das Sicherungsgut dient zur Sicherung **aller bestehenden und künftigen, auch bedingten oder befristeten Forderungen** der Sparkasse gegen den Kreditnehmer **aus ihrer bankmäßigen Geschäftsverbindung** (insbesondere aus laufender Rechnung, Krediten und Darlehen jeder Art einschließlich etwaiger gesetzlicher Ansprüche und Wechseln). Es sichert auch Ansprüche gegen den Kreditnehmer aus Wechseln, auch soweit sie von Dritten hereingegeben werden, aus Abtretungen oder gesetzlichem Forderungsübergang und aus vom Kreditnehmer gegenüber der Sparkasse übernommenen Bürgschaften ab deren Fälligkeit, soweit die Sparkasse diese Ansprüche im Rahmen ihrer bankmäßigen Geschäftsverbindung mit dem Kreditnehmer erwirbt.

3 Besondere Vereinbarungen

4 Erwerb des Eigentums

4.1 Einigung über die Übertragung des Eigentums
Der Sicherungsgeber überträgt der Sparkasse das Eigentum bzw. Miteigentum am Sicherungsgut. Das Eigentum geht mit Vertragsschluss auf die Sparkasse über.

4.2 Übergabeersatz (Besitzrecht am Sicherungsgut)
Die Übergabe des Sicherungsguts an die Sparkasse wird dadurch ersetzt, dass der Sicherungsgeber das Sicherungsgut sorgfältig und sachgemäß für die Sparkasse verwahrt. Für den Fall, dass sich das Sicherungsgut im unmittelbaren Besitz eines Dritten befindet, tritt der Sicherungsgeber seinen Herausgabeanspruch gegen den Dritten an die Sparkasse ab.

5 Versicherungen

Der Sicherungsgeber verpflichtet sich, auch die künftig fälligen Versicherungsprämien an das/die unter Nr. 1.4 genannte/n Versicherungsunternehmen pünktlich zu bezahlen und die Zahlungen auf Verlangen nachzuweisen. Die Sparkasse ist berechtigt, notfalls selbst die Prämien zu Lasten des Sicherungsgebers zu zahlen.
Die Sparkasse verzichtet auf den Eintritt in den Versicherungsvertrag. Alle aus dem Versicherungsvertrag entstehenden gegenwärtigen und künftigen Ansprüche gegen die Versicherungsgesellschaft, die das Sicherungsgut betreffen, tritt der Sicherungsgeber hiermit an die Sparkasse ab. Der Sicherungsgeber teilt der Versicherungsgesellschaft mit, dass das Sicherungsgut Eigentum der Sparkasse ist und dass sämtliche Rechte aus dem Versicherungsvertrag, die das Sicherungsgut betreffen, der Sparkasse zustehen. Der Sicherungsgeber beantragt durch Vermittlung der Sparkasse bei dem genannten Versicherungsunternehmen auf besonderem Vordruck, der Sparkasse für das Sicherungsgut den üblichen Sicherungsschein bzw. die übliche Sicherungsbestätigung zu erteilen.

6 Nachsicherungspflicht

Falls der Sicherungsgeber zugleich der Kreditnehmer ist, kann die Sparkasse von ihm die Bestellung oder Verstärkung von Sicherheiten für seine Kreditverbindlichkeiten verlangen, wenn sich aufgrund nachträglich eingetretener oder bekannt gewordener Umstände eine Veränderung der Risikolage ergibt. Zu diesen Umständen können z. B. eine Verschlechterung oder drohende Verschlechterung der wirtschaftlichen Verhältnisse des Sicherungsgebers, eines Mithaftenden oder Bürgen oder des Werts bestehender Sicherheiten zählen.

7 Weitere Pflichten des Sicherungsgebers

Der Sicherungsgeber verpflichtet sich,

7.1 jede Änderung des Bestands oder jede Verschlechterung des Sicherungsguts der Sparkasse unverzüglich anzuzeigen;

7.2 der Sparkasse, einem von dieser beauftragten Treuhänder oder ihrer zuständigen Prüfungsstelle jederzeit auf Anfordern seine Bücher, Bilanzen, Abschlüsse und Geschäftspapiere vorzulegen oder die Einsicht und Prüfung dieser Vorgänge zu gestatten, jede gewünschte Auskunft zu erteilen und die Besichtigung seines Betriebs zu ermöglichen. **Die Sparkasse kann die zur Prüfung der Sicherheiten erforderlichen Unterlagen direkt bei den Beratern des Sicherungsgebers in Buchführungs- und Steuerangelegenheiten nach Rücksprache mit dem Sicherungsgeber anfordern.** Soweit die genannten Unterlagen auf Datenträgern gespeichert sind, ist der Sicherungsgeber verpflichtet, diese in angemessener Frist lesbar zu machen;

7.3 jede Maßnahme zu vermeiden, durch die Dritten, die an den Sicherungsrechten der Sparkasse rechtlich oder wirtschaftlich interessiert sind, die Rechtsstellung der Sparkasse verborgen bleibt. Der Sicherungsgeber hat die Sparkasse umgehend – **in Textform** –[3] zu benachrichtigen, wenn das Sicherungsgut von einem Dritten gepfändet wird, und hat dem pfändenden Dritten mitzuteilen, dass der Sparkasse die Rechte am Sicherungsgut übertragen sind;

[3] *Nichtzutreffendes bitte streichen.*

7.4 das Sicherungsgut sorgfältig zu behandeln und auf seine Kosten instand zu halten;

7.5 die Sparkasse dabei zu unterstützen, das Sicherungsgut als ihr Eigentum kenntlich zu machen;

7.6 das Sicherungsgut ohne vorherige Zustimmung der Sparkasse nicht von seinem derzeitigen Lagerort zu entfernen und eine eventuelle Entfernung durch die unmittelbaren Besitzer oder durch sonstige Dritte der Sparkasse unverzüglich anzuzeigen;

7.7 den Miet-/Pachtzins für den Lagerort pünktlich zu bezahlen und die Zahlungen auf Verlangen der Sparkasse nachzuweisen.

8 Verwertungsrecht der Sparkasse

8.1 Die Sparkasse ist berechtigt, das Sicherungsgut zu verwerten, wenn
- ihre gesicherten Forderungen nach dem Kredit-/Darlehensvertrag fällig sind und der Kreditnehmer mit seinen Zahlungen in Verzug ist oder
- der Kreditnehmer seine Zahlungen eingestellt hat oder
- der Kreditnehmer ein gerichtliches Insolvenzverfahren über sein Vermögen beantragt hat.

Das Verwertungsrecht bleibt von der Verjährung der gesicherten Forderungen unberührt.

193 072.000 D2 (Fassung März 2021) - v8.0

Geschäftszeichen

8.2 Die Sparkasse wird die Verwertung mit angemessener Nachfrist vorab androhen, soweit dies nicht untunlich ist. Die Frist wird so bemessen sein, dass sie dem Sicherungsgeber sowohl das Vorbringen von Einwendungen als auch das Bemühen um Zahlung der geschuldeten Beträge zur Abwendung der Verwertung ermöglicht. Soweit der vorliegende Vertrag für den Sicherungsgeber ein Handelsgeschäft nach dem HGB ist, beträgt die Frist grundsätzlich eine Woche. Im Übrigen wird sie in der Regel vier Wochen betragen.
Eine Fristsetzung ist nicht erforderlich, wenn der Sicherungsgeber seine Zahlungen eingestellt hat oder die Eröffnung eines gerichtlichen Insolvenzverfahrens über sein Vermögen beantragt hat.

8.3 Unter mehreren Sicherheiten hat die Sparkasse das Wahlrecht. Bei der Auswahl und Verwertung wird die Sparkasse auf die berechtigten Belange des Sicherungsgebers tunlichst Rücksicht nehmen.
Die Sparkasse kann unter den o. g. Voraussetzungen die **Herausgabe des Sicherungsguts** vom Sicherungsgeber verlangen, es in ihren unmittelbaren Besitz nehmen oder es an anderer Stelle einlagern; die Sparkasse haftet hierbei nur für Sorgfalt bei Auswahl des Verwahrers. Sie ist auch befugt, das Sicherungsgut freihändig, auch durch Abtretung des Herausgabeanspruchs oder durch öffentliche Versteigerung zu verwerten oder unter Berechnung eines angemessenen Preises selbst zu übernehmen und sich damit für ihre Forderung zu befriedigen. Der Vereinbarung sofortiger Barzahlung des Kaufpreises bedarf es nicht. Desgleichen ist die Sparkasse berechtigt, die vom Sicherungsgeber abgetretenen Forderungen einzuziehen.
Die Sparkasse kann ferner vom Sicherungsgeber verlangen, dass dieser das Sicherungsgut verwertet oder bei der Verwertung mitwirkt. Der Sicherungsgeber hat alles, was er bei der Verwertung des Sicherungsguts erlangt, unverzüglich an die Sparkasse herauszugeben. Den beim Verkauf, der Selbstübernahme oder der Einziehung gegenüber der Schuld erzielten Mehrerlös hat die Sparkasse dem Sicherungsgeber zu vergüten. Aus umsatzsteuerlichen Gründen ist die Sparkasse berechtigt, für die in der Verwertung liegende Lieferung durch Gutschrift abzurechnen. Der Sicherungsgeber erklärt sich damit einverstanden.

8.4 Reicht der Verwertungserlös nicht zur Befriedigung sämtlicher durch die Sicherungsübertragung gesicherten Forderungen aus, so wird er nach billigem Ermessen der Sparkasse verrechnet. Das Gleiche gilt für Zahlungen zur Ablösung der Sicherheit.

9 Freigabe von Sicherheiten

9.1 Die Sparkasse ist zur Freigabe des Sicherungsguts verpflichtet, sobald sie wegen aller ihrer Ansprüche gegen den Kreditnehmer befriedigt ist. Sie ist schon vorher auf Verlangen zur Freigabe von Gegenständen nach ihrer Wahl verpflichtet, wenn und soweit der realisierbare Wert des Sicherungsguts sowie aller sonstigen Sicherheiten 110 % aller gesicherten Forderungen nicht nur kurzfristig übersteigt. Die Deckungsgrenze von 110 % erhöht sich um den jeweils aktuellen Umsatzsteuersatz, soweit die Sparkasse mit der Abführung der Umsatzsteuer aus Verwertungserlösen belastet ist.

9.2 Grundlage für die Bemessung des realisierbaren Werts des übertragenen Sicherungsguts ist zunächst der Einkaufspreis, wenn es vom Sicherungsgeber gekauft wurde. Hat der Sicherungsgeber das Sicherungsgut selbst erzeugt bzw. be- oder verarbeitet, so sind die Herstellungskosten (Material-, Fertigungs- und Sonderkosten) anzusetzen. Vom so ermittelten Wert wird ein angemessener Sicherheitsabschlag wegen etwaiger Wertminderung/Verwertungsrisiken vorgenommen. Soweit Eigentumsvorbehalte bestehen, sind noch nicht gezahlte Kaufpreisanteile abzusetzen.
Die Sparkasse kann die Freigabepflicht auch dadurch erfüllen, dass sie andere Sicherheiten in entsprechendem Umfang freigibt.

9.3 Soweit der Sicherungsgeber selbst der Kreditnehmer ist, wird die Sparkasse, wenn sie von einem Bürgen oder einem sonstigen Dritten befriedigt wird, ihre Rechte auf diesen übertragen, es sei denn, ihr werden Ansprüche anderer nachgewiesen.

10 Zustimmung des Ehegatten/Lebenspartners gemäß Lebenspartnerschaftsgesetz (LPartG)

Der mitunterzeichnende Ehegatte/Lebenspartner gemäß LPartG des Sicherungsgebers stimmt – soweit erforderlich – vorstehenden Erklärungen zu.

11 Allgemeine Geschäftsbedingungen

Die Sparkasse weist ausdrücklich darauf hin, dass ergänzend ihre Allgemeinen Geschäftsbedingungen (AGB) Vertragsbestandteil sind. Die AGB können in den Geschäftsräumen der Sparkasse eingesehen werden und werden auf Wunsch zur Verfügung gestellt.[4]

[4] Jeder Vertragspartner der Sparkasse erhält ein Exemplar der AGB, soweit noch keine Geschäftsverbindung besteht und der Vertragsabschluss außerhalb der Sparkasse erfolgt.

Ort, Datum	Ort, Datum
Firma und Unterschrift(en) Sicherungsgeber	Unterschrift(en) Sparkasse
Unterschrift Ehegatte/Lebenspartner gemäß LPartG, falls nach Nr. 10 erforderlich	

193 072.000 D2 (Fassung März 2021) - v8.0

Durchführen

Kundeninformation zum Sicherungsübereignungsvertrag

Kundeninformation	
Sehr geehrte Kundin, sehr geehrter Kunde, zur Besicherung eines Darlehens haben Sie mit uns eine Sicherungsübereignung vereinbart. Bitte lesen Sie den Vertrag sorgfältig durch, da hier unsere gegenseitigen Rechte und Pflichten geregelt sind. Wir möchten Sie bitten, insbesondere die nachstehend aufgeführten Merkmale zur Kenntnis zu nehmen. Freundliche Grüße Regio-Bank AG	
Merkmal	**Erläuterung**
Individualisierung des Sicherungsgutes	
Besitz- und Eigentumsverhältnisse	
Sicherungszweck	
Versicherung	
Pflichten des Sicherungsgebers	
Verwertungsrecht	
Freigabe von Sicherheiten	

Durchführen

Tilgungspläne für Abzahlungs- und Annuitätendarlehen

1. Abzahlungsdarlehen

	A	B	C	D	E
1	**Nettodarlehensbetrag:**		150.000,00 EUR		
2	**Sollzinssatz:**		4,50%		
3	**Laufzeit:**		60 Monate	150 000 : 60 Monate	
4					
5	**Zeitraum**	**Darlehensbetrag**	**Zinsen**	**Tilgung**	**Monatsrate**
6	1. Monat	150.000 − 2.500	562,50	2.500	3.062,50
7	2. Monat	147.500	553,13	2.500	3.053,13
8	3. Monat	145.000	543,75	2.500	3.043,75
9	4. Monat	142.500		''	
10	5. Monat	140.000		''	
11	6. Monat			''	
12	7. Monat			''	
13	8. Monat			''	
14	9. Monat			''	
15	10. Monat			''	
16	11. Monat			''	
17	12. Monat				

2. Annuitätendarlehen

	A	B	C	D	E
1	**Nettodarlehensbetrag**		150.000,00 EUR		
2	**Sollzinssatz:**		4,50%		
3	**Laufzeit:**		60 Monate		
4	**Monatsrate**		2.796,45 €		
5					
6	**Zeitraum**	**Darlehensbetrag**	**Zinsen**	**Tilgung**	**Monatsrate**
7	1. Monat	150.000	562,50	2.233,95	2.796,45
8	2. Monat	147.766,05	554,12	2.242,33	2.796,45
9	3. Monat	145.523,72	545,71	2.250,74	''
10	4. Monat				''
11	5. Monat				''
12	6. Monat				''
13	7. Monat				''
14	8. Monat				''
15	9. Monat				
16	10. Monat				
17	11. Monat				
18	12. Monat				

$\frac{2.233,99 \times 12 \times 100}{150.000}$

Durchführen

Die anfängliche Tilgung des Annuitätendarlehens beträgt 17,8716 **%.**
(Ergebnis auf vier Nachkommastellen runden.)

Darlehensangebot

Entwerfen Sie ein formgerechtes (DIN5008) Angebotsschreiben an Frau Uhlmann, das einen begründeten Vorschlag für die Rückzahlung sowie alle weiteren wichtigen Daten zum Kredit enthält.

Kontrolle

Tauschen Sie die von Ihnen erstellten Unterlagen mit Ihren Mitschülern aus, um die Materialien gegenseitig zu prüfen.

Reflektieren und bewerten Sie Ihre Vorgehensweise und Ihre Arbeitsergebnisse.

Bewerten

Phase	Urteil	Verbesserungsvorschläge für diesen Bereich
Übersicht zum Pfandrecht und zur Sicherungsübereignung	🙂 😐 🙁	
Kundeninformation zum Sicherungsübereignungsvertrag	🙂 😐 🙁	
Tilgungspläne für Abzahlungs- und Annuitätendarlehen	🙂 😐 🙁	
Darlehensangebot	🙂 😐 🙁	

Aufgaben zur Lernsituation

1. Sicherungsübereignung einer Produktionsmaschine

Die Regio-Bank AG lässt sich zur Sicherung eines Investitionskredits für die Sentro GmbH die finanzierten Gegenstände, zwei Mehrspindeldrehautomaten, übereignen. Die Darlehenssumme beträgt 135 000,00 EUR. Dies sind 60 % der Anschaffungskosten.

a) Wie viel Euro eigene Mittel hat die Sentro GmbH beim Kauf der Automaten eingesetzt?

EUR ________

b) Nennen Sie die zur Sicherheitenbestellung erforderlichen Rechtshandlungen.

____

____

c) Zeigen Sie zwei Möglichkeiten der Individualisierung der Automaten auf.

____

____

d) Aufgrund des Sicherungsübereignungsvertrages verpflichtet sich die Sentro GmbH, die Automaten gegen alle Risiken zu versichern. Erläutern Sie, wie sichergestellt wird, dass im Schaden- bzw. Verlustfall die Versicherungsleistung unmittelbar an die Regio-Bank AG erfolgt.

____

____

____

e) Bei einer Betriebsbesichtigung wird zu einem späteren Zeitpunkt festgestellt, dass die Automaten nicht mehr an ihrem Standort sind. Es stellt sich heraus, dass diese zum Zeitpunkt der Kreditvergabe mit einem Eigentumsvorbehalt des Herstellers belastet waren und von diesem inzwischen zurückgeholt wurden.
Kann die Regio-Bank AG vom Hersteller die Herausgabe der Automaten verlangen? Begründen Sie Ihre Auffassung.

____

____

____

f) Durch welche Sicherungsvorkehrung hätte die Regio-Bank AG diese „Panne“ verhindern können?

2. Abzahlungsdarlehen für die Argus Solutions AG

Die Argus Solutions AG benötigt zur Finanzierung einer neuen Produktionsmaschine einen Investitionskredit in Höhe von 240 000,00 EUR. Nach erfolgreicher Kreditprüfung ist die Regio-Bank AG bereit, ein Darlehen zu folgenden Bedingungen zur Verfügung zu stellen:

- Kreditart Abzahlungsdarlehen
- Darlehenshöhe 240 000,00 EUR
- Zinssatz 6,50 % p. a.
- Laufzeit 8 Jahre
- Ratenzahlung quartalsweise

a) Stellen Sie einen Tilgungsplan für das erste Jahr auf und ermitteln Sie die Restschuld am Ende des ersten Jahres. EUR

b) Wie viel Euro Zinsen zahlte die Argus Solutions AG im ersten Laufzeitjahr? EUR

3. Annuitätendarlehen an die Taurus GmbH

Die Regio-Bank AG stellt der Taurus GmbH am 30. März 20.. folgenden Investitionskredit in Form eines Annuitätendarlehens zur Verfügung:

- Auszahlungsbetrag 100 %
- Sollzinssatz 5,5 %
- anfängliche Tilgung 5,0 %
- vierteljährliche Rate 3 281,25 EUR

a) Ermitteln Sie den Darlehensbetrag. EUR

b) Wie viel Euro beträgt die Restschuld nach einem Jahr? EUR

4. Sicherungsübereignung eines Kraftfahrzeugs

Jörg Schulz ist geschäftsführender Gesellschafter der Baustoffhandel Schulz GmbH und plant, für das Unternehmen einen Lkw zu erwerben. Er möchte den Kaufpreis mittels eines Darlehens von der Regio-Bank AG finanzieren.

Zur Besicherung des Darlehens soll der Lkw an die Bank sicherungsübereignet werden.

Welche zwei der folgenden Aussagen sind richtig?

(1) Die Baustoffhandel Schulz GmbH hat nach vollständiger Rückzahlung des Kredits gegenüber der Regio-Bank AG einen Anspruch auf Rückübertragung des Eigentums.
(2) Zur Wirksamkeit der Sicherungsübereignung muss der Lkw im Sicherungsübereignungsvertrag genau bezeichnet sein.
(3) Für die Rechtswirksamkeit der Sicherungsübereignung ist die Übergabe der Zulassungsbescheinigung Teil II (Fahrzeugbrief) erforderlich.
(4) Der Lkw wird in der Bilanz der Regio-Bank AG ausgewiesen, da sie Eigentümerin des Fahrzeugs ist.
(5) Sollte der Lkw mit einem Eigentumsvorbehalt belastet sein, erlischt dieser mit der Sicherungsübereignung.
(6) Die Regio-Bank AG wird erst mit der Bereitstellung des Kredits Eigentümerin des Lkw, weil die Sicherungsübereignung akzessorisch ist.

1.3 Betriebsmittelkredit für die Fit & Fun KG

Situationsbeschreibung

Sie sind als Auszubildende/r in der Firmenkundenabteilung der Regio-Bank AG tätig.

Die Fit & Fun KG ist seit vielen Jahren Kundin bei der Regio-Bank AG. Luisa Uhlmann, Komplementärin der Fit & Fun KG, hat mit ihrem Firmenkundenbetreuer Leon Reinders telefonisch Kontakt aufgenommen, da sie die Kontokorrentkreditlinie des Unternehmens von 200 000,00 EUR auf 300 000,00 EUR erhöhen möchte.

Sie führen mit Herrn Reinders folgenden Dialog:

Herr Reinders: *„Grundsätzlich steht der Darlehensgewährung nichts im Wege. Die Fit & Fun KG ist ein solides Unternehmen mit guten Erfolgsaussichten. Schön wäre es aber, wenn wir wieder eine werthaltige Sicherheit bekommen könnten."*

Sie: *„Ich verstehe, das ist ja auch im Interesse der Kreditnehmerin."*

Herr Reinders: *„Richtig, Sie haben schon einiges hier gelernt. Haben Sie denn auch eine Idee für eine passende Sicherheit."*

Sie: *„Grundpfandrechte und Sicherungsübereignung sind ja wohl nicht mehr möglich; dann schlage ich doch mal eine Verpfändung der Forderungen vor, die das Unternehmen an Kunden hat."*

Herr Reinders: *„Leider knapp daneben, wir sollten hier besser eine Sicherungsabtretung vereinbaren."*

Sie: *„Oh, Sie haben recht. Mir ist auch gerade eingefallen, warum Sie die Sicherungsabtretung bevorzugen."*

Herr Reinders: *„Prima, dann können Sie ja ein paar Unterlagen zu diesem Kredit und seiner Besicherung erstellen. Außerdem sollten Sie eine Präsentation für Frau Uhlmann vorbereiten, um sie von den Vorteilen der Abtretung als Kreditsicherheit zu überzeugen."*

Zu den Forderungen der Fit & Fun KG liegen folgende Informationen vor:

In den acht Studios der Fit & Fun KG trainieren zurzeit 1 200 Mitglieder pro Fitnessstudio. Der Monatsbeitrag liegt bei 49,00 EUR pro Person, die Verträge haben eine Mindestlaufzeit von zwölf Monaten.

Erstellen Sie folgende Unterlagen:

- Informationsschrift zum Kontokorrentkredit
- Übersicht zum Pfandrecht an Forderungen und zur Sicherungsabtretung
- Globalabtretungsvertrag
- Kundeninformation zum Globalabtretungsvertrag
- Kundenpräsentation zur Globalzession als Kreditsicherheit

Warum ist die Stellung einer Kreditsicherheit auch im Interesse der Kundin?

____

____

____

Warum ist eine Verpfändung der Forderungen nicht sinnvoll?

____

____

____

Information

Information

Unterscheiden Sie genehmigte und nicht genehmigte (geduldete) Überziehungen.

Planen und Entscheiden

Erstellen Sie einen Arbeits- und Zeitplan für die Bearbeitung der Lernsituation.

Durchführen

Bearbeiten Sie die Unterlagen zu den Handlungsprodukten.

Informationsschrift zum Kontokorrentkredit

Art der Finanzierung	Fremdfinanzierung ? Außenfinanzierung
Zweck	Finanzierung des Umlaufvermögens oder Zwischenkredit zur Vorfinanzierung von Investitionsvorhaben
Laufzeit	für einen kurzfristigen Zeitraum bestimmt (drei Monate, sechs Monate, ein Jahr, ...) laufende Prolongation ist üblich
Rückzahlung	durch laufende Geldeingänge
Kosten	Sollzinsen für den in Anspruch genommenen Kredit evtl. Kreditprovision für den genehmigten, aber nicht in Anspruch genommenen Kredit
Abschlussrechnung	Erstellung monatlich oder vierteljährlich Sie gilt als genehmigt wenn der Kunde nicht innerhalb einer Ausschlussfrist von sechs Wochen nach Zugang der Abrechnung schriftlich Einwendungen erhoben hat.
Vorteile aus Sicht des Kunden	

Übersicht zum Pfandrecht an Forderungen und zur Sicherungsabtretung

Durchführen

Pfandrecht an Forderungen und Sicherungsabtretung im Vergleich		
	Pfandrecht an Forderungen	Sicherungsabtretung von Forderungen
Praxisbeispiel für Vermögenswerte		
Rechtliche Verbindung der Sicherheit zur Forderung	akzessorisch	abstrakt & fiduciarisch (treuhänderisch)
Gläubiger		
Offenlegung		
Verwertung		

Globalabtretungsvertrag

Bereiten Sie den Globalabtretungsvertrag unterschriftsreif vor. Fehlende Daten ergänzen Sie bitte nach eigener Wahl.

Abtretung von Außenständen (Globalabtretung)

Geschäftszeichen ______________

Zur Sicherung **der unter Nr. 2 näher bezeichneten bankmäßigen Ansprüche** tritt/treten

____

– nachstehend der Zedent genannt – der Sparkasse die ihm/ihnen aus Warenlieferungen und Leistungen sowie aus

____

gegen alle Kunden bzw. Schuldner mit den Anfangsbuchstaben (bei Zahl- oder Sonderzeichen in Worten)

____

– nachstehend der Drittschuldner genannt – gegenwärtig und zukünftig zustehenden Forderungen ab. Sie sind unter Nr. 1.1 näher bezeichnet.

1 Abgetretene Forderungen

1.1 Angaben zu den abgetretenen Forderungen
Die Abtretung bezieht sich auf die Forderungen, die aus der Geschäftstätigkeit des Zedenten entstanden sind oder hieraus künftig entstehen. Mit den Forderungen werden alle Nebenansprüche, einschließlich etwaiger Verzugszinsen, abgetreten. Beauftragt der Sicherungsgeber einen Dritten seine Ansprüche in seinem Namen einzuziehen, tritt er hiermit auch die ihm hieraus zustehenden Herausgabe- und Zahlungsansprüche an die Sparkasse ab. Sollte eine durch die Abtretung erfasste Forderung infolge einer Mängelrüge des Drittschuldners nicht oder nicht voll realisierbar sein, umfasst die Abtretung auch die etwaigen Gewährleistungsansprüche des Zedenten gegenüber seinen Lieferanten.
Für die Bestimmung des Anfangsbuchstabens ist bei Einzelpersonen oder Firmen, die einen oder mehrere Familiennamen enthalten, der erste Buchstabe des ersten Familiennamens maßgebend, im Übrigen der erste Buchstabe der Firmenbezeichnung.

1.2 Forderungen im Kontokorrent
Sollte eine abgetretene Forderung im Verhältnis zwischen dem Zedenten und dem Drittschuldner in eine laufende Rechnung (echtes oder sog. uneigentliches Kontokorrent) einzustellen sein, so werden auch die Forderungen aus gezogenen und künftigen Salden abgetreten. Abgetreten sind ferner das Recht auf Kündigung des Kontokorrents und auf Feststellung des Saldos.

2 Sicherungszweck

Gesichert werden bankmäßige Ansprüche der Sparkasse gemäß nachfolgend bestimmtem Sicherungszweck gegen

____

– nachstehend der Kreditnehmer genannt –.

☐ **a) Begrenzter Sicherungszweck:**
Die Abtretung dient **zur Sicherung aller Forderungen** der Sparkasse gegen den Kreditnehmer aus

____

Werden Leistungsraten (Zins- und Tilgungsbeträge) zu Lasten eines Girokontos des Kreditnehmers (Zahlungskonto) abgebucht und entsteht hierdurch eine Überziehung des Zahlungskontos (insbesondere eingeräumte oder geduldete Kontoüberziehung), so sichert die Abtretung nicht nur den auf dem Darlehens-/Kreditkonto geschuldeten Restbetrag. Vielmehr bezieht sie sich auch auf die durch die Ratenbelastung auf dem Zahlungskonto entstandene Überziehung, dies allerdings auf einen Betrag beschränkt, der den für einen Zeitraum von drei Monaten zu zahlenden Leistungsraten zzgl. der hieraus aufgelaufenen Zinsen entspricht. Sind die Leistungsraten in Zeitabständen von mehr als drei Monaten fällig, so sichert die Abtretung die durch die letzte Ratenbelastung entstandene Überziehung des Zahlungskontos.
Sollte der durch diese Abtretung gesicherte Kredit-/Darlehensvertrag nichtig sein, wirksam angefochten, widerrufen oder aufgehoben werden, oder aus sonstigen Gründen unwirksam oder nicht vollziehbar sein, so sind auch alle hieraus resultierenden vertraglichen und gesetzlichen Ansprüche der Sparkasse gegen den Kreditnehmer gesichert.

☐ **b) Weiter Sicherungszweck:**
Die Abtretung erfolgt zur Sicherung **aller bestehenden und künftigen, auch bedingten oder befristeten Forderungen** der Sparkasse gegen den Kreditnehmer **aus ihrer bankmäßigen Geschäftsverbindung** (insbesondere aus laufender Rechnung, Krediten und Darlehen jeder Art einschließlich etwaiger gesetzlicher Ansprüche und Wechseln). Sie sichert auch Ansprüche gegen den Kreditnehmer aus Wechseln, auch soweit sie von Dritten hereingegeben werden, aus Abtretungen oder gesetzlichem Forderungsübergang und aus vom Kreditnehmer gegenüber der Sparkasse übernommenen Bürgschaften ab deren Fälligkeit, soweit die Sparkasse diese Ansprüche im Rahmen ihrer bankmäßigen Geschäftsverbindung mit dem Kreditnehmer erwirbt.

3 Bestandsverzeichnisse

3.1 Der Zedent verpflichtet sich, der Sparkasse[1]

____

[1] *Hier ist der zeitliche Abstand einzusetzen.*

unaufgefordert Bestandsverzeichnisse der oben bezeichneten Forderungen zu übersenden, erstmals mit Abschluss dieses Vertrags. Die Sparkasse kann ein Bestandsverzeichnis auch in kürzeren Zeitabschnitten verlangen. Aus dem Bestandsverzeichnis müssen Namen und

193 682.000 D2 (Fassung März 2021) - v8.0

Geschäftszeichen

Anschriften der Drittschuldner, die Höhe der Forderung, Rechnungsdatum sowie ggf. Fälligkeitstag hervorgehen. Kontokorrentgebundene Forderungen sind in den Bestandsverzeichnissen ausdrücklich als solche zu kennzeichnen. Auf Verlangen ist das Bestehen der Forderungen durch Vorlage der Rechnungskopien oder sonstiger Belege glaubhaft zu machen. Der Umfang der Forderungsabtretung wird durch ein unvollständiges Bestandsverzeichnis nicht beeinträchtigt.

3.2 Der Zedent versichert für alle in die Bestandsverzeichnisse gemäß Nr. 3.1 aufgenommenen Forderungen, dass sie zu Recht bestehen und weder gepfändet, verpfändet noch anderweitig abgetreten sind (mit Ausnahme von Abtretungen aufgrund verlängerter Eigentumsvorbehaltsrechte von Lieferanten).

4 Besondere Vereinbarungen

5 Übergang der Forderungen

5.1 Die gegenwärtigen Forderungen gehen mit dem Abschluss dieses Vertrags, die künftigen mit ihrer Entstehung auf die Sparkasse über.

5.2 Forderungen, die dem verlängerten Eigentumsvorbehalt eines Lieferanten des Zedenten unterliegen, sind mit dem Zeitpunkt an die Sparkasse abgetreten, in dem sie nicht mehr durch den verlängerten Eigentumsvorbehalt erfasst werden. Soweit Forderungen nur zum Teil von einem verlängerten Eigentumsvorbehalt erfasst sind, erstreckt sich die Abtretung an die Sparkasse zunächst auf den dem Zedenten zustehenden Forderungsteil; der dem verlängerten Eigentumsvorbehalt unterliegende Forderungsteil ist mit dem Zeitpunkt an die Sparkasse abgetreten, in dem er nicht mehr dem verlängerten Eigentumsvorbehalt unterliegt. Der Zedent tritt hiermit seine gegen den Lieferanten gerichteten Ansprüche auf Rückübertragung (Freigabe) der Forderungen an die Sparkasse ab.

6 Sicherungsrechte/Versicherungen

6.1 Neben den Forderungen werden alle für sie haftenden Sicherheiten sowie die Rechte aus den zugrunde liegenden Rechtsgeschäften, soweit sich dies nicht bereits aus dem Gesetz ergibt (§ 401 BGB), auf die Sparkasse übertragen. Darunter fallen auch Sicherungseigentum und vorbehaltenes Eigentum. Die Übergabe wird dabei durch die Abtretung der Ansprüche auf Herausgabe der Gegenstände ersetzt. Bestehen weitere Sicherheiten, so kann die Sparkasse deren Übertragung verlangen.

6.2 Ist eine abgetretene Forderung versichert oder wird sie später versichert, so umfasst die Abtretung auch die Versicherungsansprüche. Der Zedent übergibt der Sparkasse auf Verlangen Abtretungsanzeigen. Die Sparkasse kann die Abtretung dem Kreditversicherer jederzeit anzeigen.

7 Nachsicherungspflicht

Falls der Zedent zugleich der Kreditnehmer ist, kann die Sparkasse von ihm die Bestellung oder Verstärkung von Sicherheiten für seine Kreditverbindlichkeiten verlangen, wenn sich aufgrund nachträglich eingetretener oder bekannt gewordener Umstände eine Veränderung der Risikolage ergibt. Zu diesen Umständen können z. B. eine Verschlechterung oder drohende Verschlechterung der wirtschaftlichen Verhältnisse des Zedenten, eines Mithaftenden oder Bürgen oder des Werts bestehender Sicherheiten zählen.

8 Weitere Pflichten des Zedenten

Der Zedent verpflichtet sich,

8.1 der Sparkasse auf Verlangen anzugeben, welche der in das Bestandsverzeichnis gemäß Nr. 3 aufgenommenen Forderungen aufgrund verlängerten Eigentumsvorbehalts von Lieferanten an diese abgetreten sind, bei welchen Forderungen die Abtretung ausgeschlossen ist oder der ausdrücklichen Zustimmung des Drittschuldners bedarf. Ferner hat der Zedent auf Verlangen anzugeben, ob Drittschuldnern zur Aufrechnung geeignete Gegenforderungen zustehen und ggf. welche;

8.2 der Sparkasse, einem von dieser beauftragten Treuhänder oder ihrer zuständigen Prüfungsstelle jederzeit auf Anfordern seine Bücher, Bilanzen, Abschlüsse und Geschäftspapiere vorzulegen oder die Einsicht und Prüfung dieser Vorgänge zu gestatten, jede gewünschte Auskunft zu erteilen und die Besichtigung seines Betriebes zu ermöglichen.
Die zur Prüfung der Sicherheiten erforderlichen Unterlagen können direkt bei den Beratern des Sicherungsgebers in Buchführungs- und Steuerangelegenheiten nach Rücksprache mit dem Sicherungsgeber angefordert werden. Soweit die genannten Unterlagen auf Datenträgern gespeichert sind, ist der Zedent verpflichtet, diese in angemessener Frist lesbar zu machen;

8.3 jede Maßnahme zu vermeiden, durch die Dritten, die an den Forderungen rechtlich oder wirtschaftlich interessiert sind, die Gläubigerstellung der Sparkasse verborgen bleibt, ferner
die Sparkasse umgehend zu benachrichtigen, wenn die abgetretenen Forderungen oder die übergegangenen Sicherungsrechte von einem Dritten gepfändet werden, und dem pfändenden Dritten die Abtretung bzw. den Übergang der Rechte mitzuteilen;

8.4 Verfügungen über die Forderungen, beispielsweise im Rahmen von Factoringgeschäften, nur mit ausdrücklicher Zustimmung der Sparkasse vorzunehmen;

8.5 über die Erhaltung und Sicherung aller der Sparkasse abgetretenen Forderungen oder die übergegangenen Sicherungsrechte selbst im Rahmen seiner Möglichkeiten zu wachen und die Sparkasse entsprechend zu unterrichten.

9 Einziehungsrecht des Zedenten

9.1 Solange die Sparkasse von ihren Rechten zur Offenlegung und Verwertung keinen Gebrauch macht, ist der Zedent berechtigt und verpflichtet, die abgetretenen Forderungen im Rahmen eines ordnungsgemäßen Geschäftsbetriebs einzuziehen. Das Einziehungsrecht des Zedenten erlischt spätestens mit dem Widerruf seitens der Sparkasse. Unabhängig von sonstigen Erlöschensgründen, erlischt das Einziehungsrecht immer, wenn der Zedent ein gerichtliches Insolvenzverfahren über sein Vermögen beantragt hat.

9.2 Geht der Gegenwert einer abgetretenen Forderung – in voller Höhe oder in Teilbeträgen in bar oder in anderer Form, z. B. in Schecks oder Wechseln – unmittelbar beim Zedenten ein, so verpflichtet sich dieser, die Sparkasse auf ihr Verlangen von dem Empfang unverzüglich unter genauer Bekanntgabe der Forderung, auf die der Gegenwert entfällt, zu benachrichtigen.

193 682.000 D2 (Fassung März 2021) - v8.0

Geschäftszeichen

9.3 Bei Zahlung auf die der Sparkasse abgetretene Forderungen durch Schecks oder Bargeld geht das Eigentum an dem Scheck oder an dem Bargeld auf die Sparkasse über, sobald der Zedent es erwirbt. Erfolgen Zahlungen durch Wechsel, so tritt der Zedent die ihm daraus zustehenden Rechte hiermit im Voraus sicherungshalber an die Sparkasse ab. Die Übergabe von Bargeld, Schecks und Wechseln wird zunächst dadurch ersetzt, dass der Zedent das Geld oder die Papiere für die Sparkasse verwahrt. Schecks und Wechsel wird er mit einem Indossament versehen und ebenso wie Bargeld unverzüglich an die Sparkasse abliefern.

10 Offenlegung und Verwertung

10.1 Der Zedent übergibt der Sparkasse auf Verlangen Abtretungsanzeigen. Die Sparkasse wird die Abtretung vorläufig nicht offen legen, ist jedoch unter den nachfolgenden Voraussetzungen dazu berechtigt. Der Zedent verpflichtet sich, nach Offenlegung auch seinerseits die Drittschuldner zur Zahlung an die Sparkasse anzuhalten.

10.2 Die Sparkasse ist berechtigt, die ihr abgetretenen Forderungen und die Sicherungsrechte offen zu legen und zu verwerten, wenn
– ihre gesicherten Forderungen fällig sind und der Kreditnehmer mit seinen Zahlungen in Verzug ist, oder
– der Kreditnehmer seine Zahlungen eingestellt hat, oder
– der Kreditnehmer ein gerichtliches Insolvenzverfahren über sein Vermögen beantragt hat.
Das Verwertungsrecht bleibt von der Verjährung der gesicherten Forderungen unberührt.

10.3 Die Sparkasse wird die Offenlegung und Verwertung mit angemessener Nachfrist vorab androhen, soweit dies nicht untunlich ist. Diese Frist wird so bemessen sein, dass sie dem Zedenten sowohl das Vorbringen von Einwendungen als auch das Bemühen um Zahlung der geschuldeten Beträge zur Abwendung der Verwertung ermöglicht. Soweit der vorliegende Vertrag für den Zedenten ein Handelsgeschäft nach HGB ist, beträgt die Frist grundsätzlich eine Woche. Im Übrigen wird sie in der Regel vier Wochen betragen.
Eine Fristsetzung ist nicht erforderlich, wenn der Zedent seine Zahlungen eingestellt hat oder die Eröffnung eines gerichtlichen Insolvenzverfahrens über sein Vermögen beantragt hat.

10.4 Die Sparkasse kann die abgetretenen Forderungen und die Sicherungsrechte auch in anderer Weise als durch Einziehung bzw. Veräußerung nach ihrem billigen Ermessen verwerten, insbesondere die übereigneten Sachen freihändig verwerten oder unter Berechnung eines angemessenen Preises selbst übernehmen und sich damit für ihre Forderungen befriedigen. Der Vereinbarung sofortiger Barzahlung des Kaufpreises bedarf es nicht. Beim Einzug darf die Sparkasse ohne vorherige Befragung des Zedenten alle Maßnahmen und Vereinbarungen mit Drittschuldnern treffen, die sie zur Eintreibung von Forderungen für zweckmäßig hält, insbesondere Stundungen oder Nachlässe gewähren und Vergleiche abschließen.

10.5 Unter mehreren Sicherheiten hat die Sparkasse das Wahlrecht. Bei der Auswahl und Verwertung wird die Sparkasse auf die berechtigten Belange des Zedenten tunlichst Rücksicht nehmen. Aus umsatzsteuerlichen Gründen ist die Sparkasse berechtigt, für eine in der Verwertung liegende Lieferung durch Gutschrift abzurechnen. Der Zedent erklärt sich damit einverstanden.

10.6 Reicht der Zessionserlös nicht zur Befriedigung sämtlicher durch die Abtretung gesicherten Forderungen aus, so wird er nach billigem Ermessen der Sparkasse verrechnet.

11 Freigabe von Sicherheiten

11.1 Die Sparkasse ist zur Freigabe ihrer Rechte aus der Forderungsabtretung verpflichtet, sobald sie wegen aller ihrer Ansprüche gegen den Kreditnehmer befriedigt ist.
Sie ist schon vorher auf Verlangen zur Freigabe von Forderungen aus dieser Zession nach ihrer Wahl verpflichtet, wenn und soweit der realisierbare Wert der abgetretenen Forderungen sowie aller sonstigen Sicherheiten 110 % aller gesicherten Forderungen der Sparkasse nicht nur kurzfristig übersteigt. Die Deckungsgrenze von 110 % erhöht sich um den jeweils aktuellen Umsatzsteuersatz, soweit die Sparkasse mit der Abführung der Umsatzsteuer aus Verwertungserlösen belastet ist.
Ausgehend vom Nennwert werden bei der Ermittlung des realisierbaren Werts Forderungen nicht berücksichtigt,
– die auf die Sparkasse nicht übergegangen sind (z. B. bei verlängerten Eigentumsvorbehalten), oder
– die von Dritten gepfändet oder an Dritte verpfändet sind, wenn das Recht des Dritten Vorrang hat, oder
– soweit zur Aufrechnung geeignete Forderungen von Drittschuldnern gegenüberstehen, oder
– bei denen eine Mängelgewährleistung geltend gemacht ist, allerdings nur in Höhe des Gewährleistungsanspruchs, oder
– die sich gegen Drittschuldner mit Sitz im Ausland richten, oder
– soweit Forderungen in ein Kontokorrent eingestellt sind.
Weiterhin wird bei der Ermittlung des realisierbaren Werts ein angemessener Sicherheitsabschlag wegen etwaiger Forderungsausfälle vorgenommen.
Die Sparkasse kann die Freigabepflicht auch dadurch erfüllen, dass sie andere Sicherheiten in entsprechendem Umfang freigibt.

11.2 Soweit der Zedent selbst der Kreditnehmer ist, wird die Sparkasse, wenn sie von einem Bürgen oder einem sonstigen Dritten befriedigt wird, ihre Rechte auf diesen übertragen, es sei denn, ihr werden Ansprüche anderer nachgewiesen.

193 682.000 D2 (Fassung März 2021) - v8.0

Durchführen

Kundeninformation zum Globalabtretungsvertrag

Kundeninformation	
Sehr geehrte Kundin, sehr geehrter Kunde, zur Besicherung eines Darlehens haben Sie mit uns eine Globalzession vereinbart. Bitte lesen Sie den Vertrag sorgfältig durch, da hier unsere gegenseitigen Rechte und Pflichten geregelt sind. Der ermittelte Deckungsbestand ergibt sich aus dem Nennwert der Forderungen, vermindert um einen Sicherheitsabschlag in Höhe von 20 % wegen etwaiger Forderungsausfälle. Wir möchten Sie bitten, insbesondere die nachstehend aufgeführten Merkmale zur Kenntnis zu nehmen. Freundliche Grüße Regio-Bank AG	
Merkmal	**Erläuterung**
Individualisierung des Sicherungsgutes	
Sicherungszweck	
Bestands-verzeichnisse	
Übergang der Forderungen	
Pflichten des Zedenten	
Einziehungsrecht des Zedenten	

Durchführen

Offenlegung und Verwertung	
Freigabe von Sicherheiten	
realisierbarer Wert der Forderungen	

Kundenpräsentation zur Globalzession als Kreditsicherheit

Fertigen Sie eine Präsentation an, in der Sie Frau Uhlmann die wesentlichen Merkmale der Globalzession in kundengerechter Form erläutern und die Vorzüge dieser Besicherung für die Fit & Fun KG herausstellen.

Kontrolle

- **Gleichen Sie Ihre Ergebnisse mit Ihren Mitschülern ab. Ergänzen Sie bei Bedarf fehlende Punkte in Ihren Unterlagen.**
- **Präsentieren Sie Ihre Ergebnisse zur Globalabtretung und prüfen Sie, ob Sie folgende Begriffe/Themen verwendet haben und diese erklären können.**

Individualisierung	stille Zession
Bewertung der Forderungen	Kontrolle der Existenz der Forderungen
Umfang der abgetretenen Forderungen	Abtretungsvertrag
Deckungsgrenze	Freigabeklausel

Bewerten

- **Reflektieren und bewerten Sie Ihre Vorgehensweise und Ihre Arbeitsergebnisse.**

Phase	Urteil	Verbesserungsvorschläge für diesen Bereich
Informationsschrift zum Kontokorrentkredit	🙂 😐 🙁	
Übersicht zum Pfandrecht an Forderungen und zur Sicherungsabtretung	🙂 😐 🙁	
Kundeninformation zum Globalabtretungsvertrag	🙂 😐 🙁	
Kundenpräsentation zur Globalzession als Kreditsicherheit	🙂 😐 🙁	

• **Bewerten Sie abschließend noch einmal die von Ihnen erstellte Präsentation.**

Besonders gut an der Präsentation fand ich ...	Darauf werde ich bei zukünftigen Präsentationen verstärkt achten. / Das werde ich zukünftig anders umsetzen.

Bewerten

Aufgaben zur Lernsituation

1. Sicherung eines Betriebsmittelkredites durch eine Globalzession

Die Regio-Bank AG gewährt der Elektron GmbH einen Betriebsmittelkredit von 120 000,00 EUR, der vollständig durch eine Globalzession gesichert werden soll.

a) Stellen Sie fest, welche der nachstehenden Aussagen zur Globalzession zutreffend ist. ☐

(1) Die zedierten Forderungen werden in der Bilanz der Regio-Bank AG ausgewiesen.
(2) Nach Abschluss des Zessionsvertrages können die Drittschuldner nur noch mit schuldbefreiender Wirkung an die Regio-Bank AG zahlen.
(3) Die Regio-Bank AG wird fiduziarische Gläubigerin der Forderungen mit einem eingeschränkten Verwertungsrecht.
(4) Eine Globalzession umfasst nur gegenwärtig bestehende Forderungen.
(5) Nach der Tilgung des Darlehens erlischt auch die Abtretung aufgrund ihrer Akzessorietät.

b) Bei der Ermittlung des realisierbaren Wertes der Sicherheit werden Forderungen nicht berücksichtigt, die unter einem verlängerten Eigentumsvorbehalt stehen.

Auszug aus dem Globalabtretungsvertrag

Nr. 15 Bewertung von Forderungen

(1) Zur Ermittlung des realisierbaren Wertes der abgetretenen Forderungen wird vom Nennwert der abgetretenen Forderungen ausgegangen. Hiervon werden zunächst solche Forderungen abgesetzt,
- bei denen die Bank wegen eines Abtretungsverbotes die Forderung nicht erworben hat,
- die wegen eines branchenüblichen verlängerten Eigentumsvorbehaltes nicht an die Bank abgetreten worden sind,
- die einredebehaftet sind, weil die zugrunde liegenden Leistungen nicht vollständig oder nicht mangelfrei erbracht worden sind.

(3) Von dem vorstehend ermittelten Nennwert ist ein Sicherheitsabschlag von 10% wegen etwaiger möglicher Forderungsausfälle vorzunehmen.

Stellen Sie fest, welche der nachstehenden Aussagen zutreffend ist. ☐

Forderungen, die unter einem verlängerten Eigentumsvorbehalt stehen, haben für das Kreditinstitut keinen Sicherungswert, weil

(1) der Lieferant der Elektron GmbH im Falle eines Weiterverkaufs der Ware seine Zustimmung hierzu erteilen muss.
(2) bei einer Weiterverarbeitung der Ware das Eigentum an der produzierten Ware auf den Lieferanten der Elektron GmbH übergeht.
(3) diese Forderungen einem vertraglichen Abtretungsverbot unterliegen.
(4) diese Forderungen im Zeitpunkt der Entstehung auf den Lieferanten der Elektron GmbH übergehen.
(5) die Globalzession nur dann den Vorrang besitzt, wenn der Zessionsvertrag zeitlich vor dem Kaufvertrag geschlossen wurde.

c) Die Regio-Bank AG nimmt nach Prüfung der Kundenforderungen einen Bewertungsabschlag gemäß Nr. 15 (1) des Globalabtretungsvertrages von insgesamt 15 % vor. Zusätzlich ist der Sicherheitsabschlag gemäß Nr. 15 (3) des Globalabtretungsvertrages zu berücksichtigen.

Wie viel Euro Nennwert Forderungen müssen zur werthaltigen Sicherung des Kredites von 120 000,00 EUR abgetreten werden? (Ergebnis auf volle Euro aufrunden.)

EUR ☐☐☐☐☐☐

2. Freigabe von Sicherheiten

Ein Betriebsmittelkredit der Regio-Bank AG an die Leibold GmbH ist durch eine Globalzession gesichert. Der Kreditnehmer hat alle Forderungen aus Lieferungen und Leistungen an Drittschuldner mit den Anfangsbuchstaben A - M im Nennwert von 325 000,00 EUR an das Kreditinstitut abgetreten. Der realisierbare Wert der Forderungen wird unter Berücksichtigung eines Sicherheitsabschlages mit 70 % des Nominalwertes veranschlagt.

a) Stellen Sie fest, welche Aussage über die Globalzession zutreffend ist. ☐

(1) Auch nach dem Forderungsübergang kann der Drittschuldner Einreden aus dem Grundgeschäft mit dem Zedenten geltend machen.
(2) Die Einreichung von Debitorenlisten hat eine konstitutive Bedeutung für den Forderungsübergang.
(3) Ein verlängerter Eigentumsvorbehalt kann den realisierbaren Wert der Sicherheit vermindern, weil auch bei einem Weiterverkauf der Ware das Eigentum bei dem Lieferanten verbleibt.
(4) Durch die Abtretung wird die Regio-Bank AG rechtlicher und wirtschaftlicher Gläubiger der Forderungen gegen die Drittschuldner.
(5) Nach der vollständigen Rückführung des Darlehens gehen die abgetretenen Forderungen wieder automatisch auf die Leibold GmbH über.

b) Die Bank ist verpflichtet, Sicherheiten auf Verlangen des Sicherungsgebers freizugeben, wenn der realisierbare Wert der Sicherheit 110 % des Kredites übersteigt. Da der Kredit inzwischen auf 120 000 EUR zurückgeführt wurde, verlangt der Kreditnehmer eine Freigabe von Sicherheiten.

Wie viel Euro Nennwert Forderungen sind freizugeben? *EUR* ☐☐☐☐☐☐▾☐☐

3. Die Gerd Steiner Maschinenbau GmbH beantragt einen Betriebsmittelkredit

Die Gerd Steiner Maschinenbau GmbH erhält einen größeren Auftrag zur Herstellung von Werkzeugmaschinen in Sonderanfertigung. Zur Finanzierung der Produktionskosten beantragt der Prokurist Manuel Krüger einen Betriebsmittelkredit in Höhe von 1 200 000,00 EUR.

Die Regio-Bank AG prüft die Kreditwürdigkeit des Unternehmens.

a) Stellen Sie fest, welche zwei der unten stehenden Aussagen in diesem Zusammenhang richtig sind. ☐☐

(1) Zur Beurteilung der Kreditwürdigkeit ist die Höhe des Stammkapitals der Gesellschaft von großer Bedeutung, da die GmbH nur mit ihrem Stammkapital haftet.
(2) Die Regio-Bank AG ist gesetzlich dazu verpflichtet, die Jahresabschlüsse der GmbH zu prüfen.
(3) Die aus den Jahresabschlüssen ermittelten Kennzahlen sind für die Beurteilung der Kreditwürdigkeit von entscheidender Bedeutung, da sie Auskunft über die zukünftige Unternehmensentwicklung geben.
(4) Der Gesellschaftsvertrag wird eingesehen, um sich Klarheit über die Haftungsverhältnisse des Unternehmens zu verschaffen.
(5) Da die GmbH als juristische Person den Kredit beantragt, sind die Geschäftsführer und Prokuristen bei der Beurteilung der Kreditwürdigkeit ohne Bedeutung.
(6) Bei einem Rating beurteilt die Regio-Bank AG unter anderem auch die Produkte des Unternehmens sowie die Markt- und Konkurrenzverhältnisse.

b) Zur Besicherung des Kredites sollen aus dem Vermögen der Gerd Steiner Maschinenbau GmbH und des Alleingesellschafters Gerd Steiner zugunsten der Regio-Bank AG verschiedene Kreditsicherheiten bestellt werden.

Stellen Sie fest, welche Kreditsicherungsrechte jeweils für die unten stehenden Vermögenswerte vereinbart werden sollten.

Kreditsicherungsrechte
(1) stille Sicherungsabtretung
(2) offene Sicherungsabtretung
(3) Pfandrecht an beweglichen Sachen
(4) Pfandrecht an Rechten
(5) Sicherungsübereignung
(6) Sicherungsgrundschuld

Vermögenswerte

ba) Festgeld der Gerd Steiner Maschinenbau GmbH bei der Regio-Bank AG ☐

bb) Produktionshalle der Gerd Steiner Maschinenbau GmbH ☐

bc) Sparguthaben von Gerd Steiner bei der Sparkasse Rheinland. Die Regio-Bank AG soll Gläubigerin werden. ☐

bd) Effekten von Gerd Steiner in einem Depot bei der Sparkasse Rheinland ☐

be) Forderungen der Gerd Steiner Maschinenbau GmbH aus Warenlieferungen ☐

bf) unfertige und fertige Erzeugnisse der Gerd Steiner Maschinenbau GmbH ☐

4. Kontokorrentabrechnung für die Artos GmbH

Für das Kontokorrentkonto der Artos GmbH gelten folgende Vereinbarungen:

- genehmigte Überziehung 20 000,00 EUR
- Sollzinssatz für genehmigte Überziehungen 8,00 %
- Sollzinssatz für geduldete Überziehungen 14,00 %
- Kreditprovision für genehmigte, aber nicht in Anspruch genommene Überziehungen 2,00 %

Im vergangenen Quartal hat die Regio-Bank AG folgende Umsätze erfasst.

a) Ermitteln Sie die Sollzinsen.

	Beträge	S/H	Wert	Tage	Sollzinsen	
					8,00 % genehmigte Überziehungen	14,00 % geduldete Überziehungen
Kontostand	8 000,00 EUR	H	31.03.20..			
Umsatz	22 000,00 EUR	S	15.04.20..			
Kontostand	14 000,00 EUR	S				
Umsatz	12 000,00 EUR	S	06.05.20..			
Kontostand	26 000,00 EUR	S				
Umsatz	7 000,00 EUR	S	28.05.20..			
Kontostand	33 000,00 EUR	S				
Umsatz	16 000,00 EUR	H	12.06.20..			
Kontostand	17 000,00 EUR	S	30.06.20..			

b) Ermitteln Sie die Kreditprovision.

genehmigte Überziehungen

Betrag	Tage	Summe
20000,00 EUR	90	EUR

genehmigte und in Anspruch genommene Überziehungen

Betrag	Tage	Summe
14000,00 EUR	21	EUR
20000,00 EUR		EUR
20000,00 EUR		EUR
17000,00 EUR		EUR
Summe		EUR

genehmigte, aber nicht in Anspruch genommene Überziehungen	EUR

2 % Kreditprovision	EUR

5. Kontokorrentabrechnung für die Wenger KG

Das Kontokorrentkonto der Wenger KG ist für den Monat Juni 20.. abzuschließen. Die eingeräumte Überziehungslinie beträgt 60000,00 EUR.

Im Juni gab es folgende Überziehungen:

- **vom 01.06. bis zum 12.06.: 48300,00 EUR**
- **vom 13.06. bis zum 20.06.: 69500,00 EUR**
- **vom 21.06. bis zum 30.06.: 52600,00 EUR**

Konditionen:

- **8 % Sollzinsen für genehmigte Kredite**
- **15 % Sollzinsen für geduldete Überziehungen**
- **3 % Kreditprovision (Bereitstellungszinsen für eingeräumten, aber nicht in Anspruch genommenen Kredit)**

Ermitteln Sie die

a) Sollzinsen für genehmigte Kredite, *EUR* [ ][ ][ ],[ ][ ]

b) Sollzinsen für geduldete Überziehungen, *EUR* [ ][ ],[ ][ ]

c) Kreditprovison. *EUR* [ ][ ],[ ][ ]

1.4 Avalkredit für die Argus Solution AG

Situationsbeschreibung

Die Argus Solution AG produziert Abfüllanlagen für Getränke- und Verpackungsmaschinen. Sie haben die Argus Solution AG bereits bei der Abwicklung von Auslandszahlungen unterstützt.

Zurzeit bahnt sich ein neuer Großauftrag für Ihren Kunden an. Er beinhaltet die Lieferung von insgesamt drei Abfüllanlagen an die Dexter Trink GmbH, einem großen Getränkehersteller in Süddeutschland.

Der Auftrag hat ein Gesamtvolumen von 3650000,00 EUR. Die Abfüllanlagen müssen zunächst vorproduziert und anschließend in den Produktionshallen der Dexter Trink GmbH aufgebaut werden. Die Übergabe der betriebsbereiten Anlagen soll in neun Monaten erfolgen.

Im Folgenden ist ein Auszug aus dem Vertragsentwurf abgebildet, den die Dexter Trink GmbH dem Prokuristen Daniel Rieger von der Argus Solution AG übermittelt hat:

Käufer	Dexter Trink GmbH
Verkäufer	Argus Solution AG
Auftrag	Produktion von drei Abfüllanlagen und Montage in den Produktionshallen der Dexter Trink AG
Lieferung und Montage	neun Monate nach Vertragsabschluss
Festpreis	3650000,00 EUR
Zahlungsbedingung	Zahlung gegen Rechnung nach Inbetriebnahme der drei Abfüllanlagen
Gewährleistung	zwei Jahre nach Abnahme des Aufbaus der Abfüllanlage, gesichert durch ein Aval in Höhe von 5 % des Auftragsgegenwertes

Daniel Rieger wendet sich an Sie und möchte mit Ihnen über die vorgesehenen Zahlungs- und Gewährleistungsmodalitäten sprechen.

Mit der Zahlungsbedingung im Vertragsentwurf ist er nicht einverstanden. Der Prokurist der Argus Solution AG wünscht eine Anzahlung in Höhe von 20 % auf den Kaufpreis. Dazu ist die Dexter Trink GmbH aber nur gegen Stellung einer Banksicherheit bereit.

Zudem weist Herr Rieger Sie auf die im Vertragsentwurf aufgeführte Regelung zur Sicherung der Gewährleistungsansprüche hin.

Sie unterstützen den Firmenkundenbetreuer Leon Reinders bei der Vorbereitung des Termins mit Herrn Rieger. Herr Reinders bittet Sie, einige Unterlagen zum Avalkredit vorzubereiten. Dabei soll zunächst die Anzahlungsgarantie im Vordergrund stehen, da die zweite Garantie (Sicherung der Gewährleistungsanspüche) erst zu einem späteren Zeitpunkt relevant ist.

Zur Vorbereitung auf den Gesprächstermin erstellen Sie folgende Unterlagen:

- Schaubild zu den Rechtsverhältnissen beim Avalkredit
- Übersicht zu den Avalarten als Grundlage für ein fallbezogenes Erklärvideo (z. B. mittels Lege-Trick-Technik)
- Formulare „Avalkreditvertrag" und „Anzahlungsgarantie" (unterschriftsfertig ausgefüllt)
- FAQs zum Avalkredit

Information

- Begründen Sie, warum die Dexter Trink GmbH Banksicherheiten verlangt.

- Wodurch unterscheidet sich ein Avalkredit von anderen Darlehen?

Planen und Entscheiden

Erstellen Sie einen Arbeits- und Zeitplan für die Bearbeitung der Lernsituation.

Durchführen

Bearbeiten Sie die Unterlagen zu den Handlungsprodukten.

Schaubild zu den Rechtsverhältnissen beim Avalkredit

Fügen Sie die folgenden Begriffe in das unten stehende Schaubild ein:

Avalkreditvertrag, Begünstigter, Bürge, Bürgschafts- bzw. Garantievertrag, Käufer, Kaufvertrag, Kreditgeber, Kreditnehmer, Verkäufer

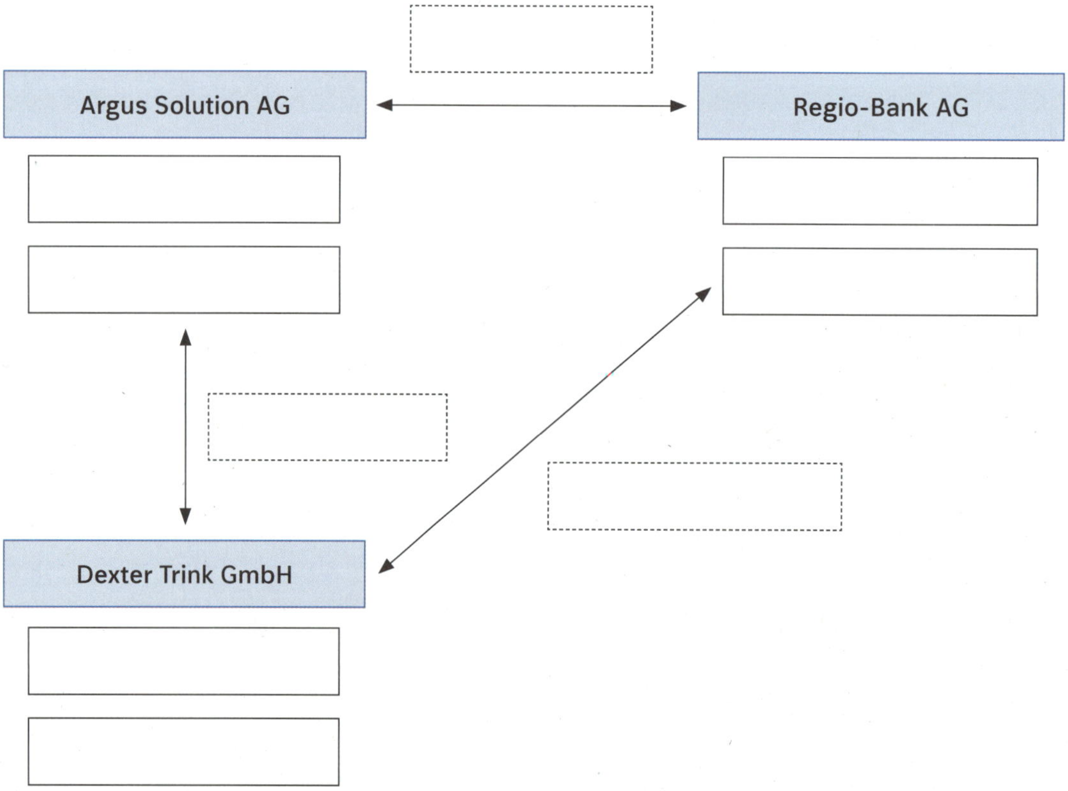

Durchführen

Übersicht zu den Avalarten als Grundlage für ein fallbezogenes Erklärvideo (z. B. mittels Lege-Trick-Technik)

	Aval 1 (Sicherung der Anzahlung)	Aval 2 (Sicherung der Gewährleistungsansprüche)
Genaue Bezeichnung des Avals		
Pflicht des Kreditinstitutes		
Pflicht des Kreditnehmers		
Betrag		
Laufzeit		

Ideen zur Gestaltung des Erklärvideos

Formulare „Avalkreditvertrag" und „Anzahlungsgarantie" (unterschriftsfertig ausgefüllt)

Füllen Sie die beiden folgenden Formulare mit den Ihnen zur Verfügung stehenden Daten aus.

Übernahme einer Bürgschaft

Bürgschafts-Auftrag

Konto

Geschäftszeichen

Auftraggeber:

– nachstehend der Auftraggeber genannt –.

1 Einzelheiten der Bürgschaft

Bitte übernehmen Sie ☐ entsprechend dem Rahmenvertrag vom ____________

folgende selbstschuldnerische Bürgschaft:

1.1 Bürgschaft **für** – Auftraggeber –

1.2 Bürgschaftsnehmer (Begünstigter)

1.3 Höchstbetrag der Bürgschaft[1]

[1] Betragsangabe, auch in Worten

EUR

1.4 Gegenstand der Bürgschaft (Geschäftsvorgang)

Genaue Bezeichnung der verbürgten Verpflichtung des Auftraggebers bzw. der Ansprüche des Begünstigten

(z. B. „Erfüllung aus Vertrag vom ....../Gewährleistung aus Bauvertrag vom ......").

☐ Bürgschaft gem. § 650f BGB.

1.5 Befristet bis

(Falls eine von vornherein zeitlich befristete Bürgschaft nicht möglich ist, empfiehlt es sich, die für den Ablauf der Bürgschaftsverpflichtung notwendigen Voraussetzungen und Daten intern festzuhalten.)

1.6 Avalprovision

Belastungsvereinbarung:

☐ Die Belastung erfolgt zu Lasten des Kontos ____________ in unserem Hause.

☐ Die Belastung erfolgt gemäß SEPA-Lastschriftmandat.

Mandatsreferenz: ____________

Gläubiger-ID: ____________

1.7 Falls keine **Umsatzsteuer** in Rechnung gestellt wird, handelt es sich um eine umsatzsteuerbefreite Finanzdienstleistung. Sofern der Auftraggeber nicht innerhalb von 4 Wochen nach Buchung der Umsatzsteuer unter Darlegung seiner berechtigten Interessen (insbesondere kein Recht zum Vorsteuerabzug) in Textform widerspricht, wird die Sparkasse die Kreditkosten weiterhin zuzüglich Umsatzsteuer in gesetzlicher Höhe abrechnen. Das Recht zum Widerspruch steht dem Auftraggeber auch zu, wenn sich sein Recht zum Vorsteuerabzug zu einem späteren Zeitpunkt ändert.

Anzahlungsbürgschaft

Konto

Geschäftszeichen

Datum

Telefon

Zwischen Ihnen als[1] ______ und der Firma

[1] *Besteller/Käufer.*

______

– Hauptschuldner – als[2] ______ ist gemäß Bestellung vom ______,

[2] *Lieferant/Verkäufer.*

Order-Nr. ______, ein Vertrag auf ______

______

gegen einen Preis von[3] ______ abgeschlossen worden. Gemäß den Zahlungsbedingungen haben Sie sofort eine erste Anzahlung von ______ % des Preises =[3] ______

[3] *Betrag und Währungseinheit.*

gegen Stellung einer Bankbürgschaft zu leisten. Wir, die unterzeichnende Sparkasse, übernehmen hiermit zu Ihren Gunsten eine selbstschuldnerische Bürgschaft bis zu einem Höchstbetrag von[4] ______

______

[4] *Betrag und Währungseinheit, auch in Worten.*

für die Rückzahlung der geleisteten Anzahlung, falls die Lieferung nicht ______ erfolgt.

Die Bürgschaft ermäßigt sich in der Weise, wie die Verrechnung des Anzahlungsbetrages im Vertrag, z. B. mit erfolgten Teillioforungen, vorgesehen ist.

Diese Bürgschaft tritt in Kraft, sobald der volle Anzahlungsbetrag in Höhe von[5] ______

[5] *Betrag und Währungseinheit.*

zur freien Verfügung und unter Hinweis auf diese Bürgschaft auf dem bei der unterzeichnenden Sparkasse geführten Konto des Hauptschuldners ______ eingegangen ist.

Wir übernehmen die Bürgschaft unter Verzicht auf die Einrede der Vorausklage gemäß § 771 BGB und der Anfechtbarkeit gemäß § 770 Abs. 1 BGB. Auf die Einrede der Aufrechenbarkeit gemäß § 770 Abs. 2 BGB verzichten wir, soweit die Gegenforderung des Hauptschuldners nicht unbestritten oder nicht rechtskräftig festgestellt ist.

Die Verpflichtungen aus der Bürgschaft enden, wenn uns diese Bürgschaftsurkunde zurückgegeben wird, spätestens aber wenn Ansprüche gegen uns aus der Bürgschaft nicht bis zum ______ geltend gemacht worden sind.

Durchführen

FAQs zum Avalkredit

Frage	Erläuterung
Welche Kosten verursacht ein Avalkredit?	
Warum ist eine Kreditwürdigkeitsprüfung erforderlich?	
Welche Vorteile bringt eine Anzahlungsgarantie für den Auftraggeber des Avals?	
Was bedeuten Verzicht auf die Einreden der Vorausklage, Anfechtbarkeit und Aufrechenbarkeit?	
Unter welcher Voraussetzung zahlt die Regio-Bank AG an den Begünstigten des Avals?	
Wann endet die Bürgschaft/Garantie?	

Wie kommt der Bürgschafts- bzw. Garantievertrag mit dem Begünstigten zustande?	

Durchführen

Kontrolle

- **Tauschen Sie die erstellten Unterlagen mit Mitschülern aus, um die Materialien gegenseitig auf Richtigkeit zu überprüfen.**
- **Überprüfen Sie, ob die folgenden Aussagen richtig oder falsch sind. Korrigieren Sie bei Bedarf die fehlerhaften Aussagen.**

Aussage	richtig/falsch
Der Avalkredit ist die Kreditgewährung eines Kreditinstituts durch Übernahme einer Bürgschaft oder einer Garantie im Auftrag des Begünstigten.	
Bei einem Avalkredit handelt es sich um eine Eventualverbindlichkeit des Kreditinstitutes.	
Bei einem Garantievertrag ist die Leistungspflicht des Kreditinstituts vom Bestehen und Umfang der Hauptschuld des Kreditnehmers einem Dritten gegenüber abhängig.	
Bei einem Mietaval verpflichtet sich das Kreditinstitut, dem Vermieter wegen Ansprüchen aus dem Mietvertrag einen bestimmten Geldbetrag (Kaution) zu zahlen.	
Bei einer Anzahlungsgarantie verpflichtet sich das Kreditinstitut, dem Verkäufer den Kaufpreis oder die Kaufpreisraten zu zahlen, falls der Käufer seinen Zahlungsverpflichtungen nicht nachkommt.	
Bei einer Gewährleistungsgarantie verpflichtet sich das Kreditinstitut, die im Vertrag versprochene Leistung zu erbringen, falls der Verkäufer die Leistung nicht in der festgelegten Qualität und Quantität erbringt.	
Die Verpflichtung des Kreditinstituts zur Bürgschafts- oder Garantieübernahme erlischt immer erst nach Rückgabe der Urkunde an das Kreditinstitut.	
Aus Sicht des Kreditinstitutes lassen sich durch die Gewährung von Avalkrediten Erträge unter Einsatz geringer liquider Mittel erzielen.	

Bewerten

Reflektieren und bewerten Sie Ihre Vorgehensweise und Ihre Arbeitsergebnisse.

Phase	Urteil	Verbesserungsvorschläge für diesen Bereich
Schaubild zu den Rechtsverhältnissen beim Avalkredit		
Erklärvideo zu den Avalarten		
Ausfüllen der Verträge		
FAQs zum Avalkredit		

Aufgaben zur Lernsituation

1. Avalkredit für die Beton & Mörtel GmbH

Das Bauunternehmen Beton & Mörtel GmbH hat von der Heuser GmbH den Auftrag zum Bau einer Lagerhalle erhalten. Bei einer Bauzeit von neun Monaten betragen die Baukosten 390 000,00 EUR. Die Heuser GmbH hat sich verpflichtet, eine Anzahlung von 130 000,00 EUR zu leisten. Die Anzahlung soll durch ein Bankaval von der Regio-Bank AG bis zur Rohbauabnahme gesichert werden.

a) Stellen Sie fest, welche der folgenden Aussagen zutreffend ist. ☐

(1) Aufgrund des Bürgschafts- bzw. Garantievertrages hat die Regio-Bank AG Anspruch auf eine Avalprovision.
(2) Im Avalkreditvertrag garantiert die Regio-Bank AG, dass die Beton & Mörtel GmbH ihren vertraglichen Pflichten gegenüber der Heuser GmbH nachkommt.
(3) Die Regio-Bank AG verpflichtet sich gegenüber der Beton & Mörtel GmbH zur Zahlung eines bestimmten Geldbetrages an die Heuser GmbH.
(4) Die Regio-Bank AG und die Heuser GmbH schließen einen einseitig verpflichtenden Vertrag.
(5) Die Regio-Bank AG und die Beton & Mörtel GmbH schließen einen Bürgschafts- bzw. Garantievertrag.

b) In dem Werkvertrag haben die Beton & Mörtel GmbH und die Heuser GmbH folgende Vereinbarungen getroffen:

- Baubeginn am 01.03.20..
- Rohbauabnahme am 30.09.20..
- Fertigstellung der Lagerhalle am 15.12.20..

Die Bereitstellung des Bankavals erfolgt am 10.02.20.. Die Heuser GmbH überweist die Anzahlung am 25.02.20.. an die Beton & Mörtel GmbH.

Die Regio-Bank AG stellt bei Avalkrediten eine Bearbeitungsgebühr von 120,00 EUR in Rechnung und berechnet zudem eine zeitabhängige Avalprovision von 2 % p. a.

Ermitteln Sie die Kosten für den Avalkredit. *EUR* ☐☐☐☐☐,☐

2. Avalkredit für die Bauschreinerei Müller GmbH

Die Bauschreinerei Rautenberg GmbH ist Kundin der Regio-Bank AG. Für die Beteiligung an der Ausschreibung für einen öffentlichen Bauauftrag benötigt die GmbH eine selbstschuldnerische Bankbürgschaft mit der Vereinbarung „Zahlung auf erstes Anfordern“ über 300 000,00 EUR.

Mit welchen zwei Aussagen beraten Sie den Geschäftsführer Ben Rautenberg richtig? ☐☐

(1) Bei einer Zahlungsaufforderung prüfen wir nicht, ob der Begünstigte tatsächlich eine Forderung an Sie hat.
(2) Für die Bürgschaft zahlen Sie Sollzinsen, die wir Ihnen monatlich in Rechnung stellen.
(3) Da wir keine liquiden Mittel zur Verfügung stellen, ist eine Kreditwürdigkeitsprüfung nicht erforderlich.
(4) Den Avalbetrag schreiben wir nach erfolgreicher Bonitätsprüfung ihrem Konto gut.
(5) Die Bürgschaft ist unabhängig vom Bestehen einer Forderung.
(6) Die Verpflichtung aus der Bürgschaft besteht auch im Falle der Zahlungsunfähigkeit Ihrer Bauschreinerei weiter.

3. Kreditarten im Firmenkundengeschäft

Ordnen Sie die folgenden Kreditarten den aufgeführten Sachverhalten zu.

Kreditart
(1) Betriebsmittelkredit
(2) Investitionskredit
(3) Avalkredit
(4) Realkredit

Sachverhalte

a) Diese Kredite können zu sehr günstigen Konditionen vergeben werden, da sie durch Eintragung einer Grundschuld abgesichert werden. ☐

b) Bei diesem Kreditvertrag handelt es sich nicht um einen Darlehensvertrag nach dem BGB. ☐

c) Diese Kreditart wird üblicherweise durch laufende Geldeingänge zurückgezahlt. ☐

d) Dieser Kredit wird häufig durch eine Sicherungsübereignung besichert und als Abzahlungsdarlehen zurückgezahlt. ☐

e) Diese Kredite können auch bei Zoll- und Steuerstundungen eingesetzt werden. ☐

1.5 Factoring als alternative Finanzierungsmöglichkeit

Situationsbeschreibung

Die FlexiTrans GmbH, ein mittelständisches Unternehmen aus der Transport- und Logistikbranche, möchte ihre Liquiditätssituation verbessern. Dabei hat die Geschäftsführung auch alternative Möglichkeiten zur Beschaffung von liquiden Mitteln in den Blick genommen.

Der zuständige Firmenkundenbetreuer Leon Reinders hat in der vergangenen Woche ein Gespräch mit Carsten Schmidt, dem Prokuristen der FlexiTrans GmbH, geführt und mit ihm über die Ausweitung des Betriebsmittelkredites gesprochen. Der Prokurist berichtete aber von Überlegungen des Unternehmens, anstelle eines Kredites einen Vertrag mit einer Factoring-Gesellschaft abzuschließen.

Folgendes Factoring-Angebot hat Ihnen Herr Schmidt vorgelegt:

Angebot der MX-Factoring GmbH (Auszug)

Vertragsgegenstand:	Ankauf von Forderungen aus Lieferung und Leistung
Factoring-Forderungsbestand:	250 000,00 EUR

Auszahlung:
Bevorschussung: 90 % (abzüglich Factoring-Gebühr)
Die Auszahlung erfolgt innerhalb von 1–2 Tagen.
Den Restbetrag der Forderung erhalten Sie unmittelbar nach Erhalt des Rechnungsbetrages.

Kosten:
Factoring-Zinsen: 6,50 % p. a. (laufzeitabhängig)
Factoring-Gebühr: 1,00 % (vom Forderungswert)

Weitere Vertragsbedingungen:
Der Factor kauft im Rahmen der von ihm für die Abnehmer eingeräumten Limite alle ab Vertragsbeginn entstehenden Forderungen aus Lieferungen und Leistungen des Kunden an, die ein Zahlungsziel von maximal 90 Tagen haben und mindestens 500,00 EUR betragen. Der größte Debitor darf maximal bis zu 30 % des vereinbarten Factoring-Forderungsbestandes ausmachen. Die Factoring-Gesellschaft erwirbt dabei nur Forderungen gegenüber gewerblichen Abnehmern, die regelmäßig oder mehrfach beim Factoring-Kunden kaufen (Mehrfachabnehmer). Zweifelhafte Forderungen sind vom Ankauf ausgeschlossen.

Der Factor übernimmt für die angekauften Forderungen die Debitorenbuchhaltung sowie das Inkasso- und Mahnwesen. Die MX-Factoring GmbH übernimmt zudem das Ausfallrisiko bei den angekauften Forderungen.

Auf Wunsch des Kunden erfolgt eine Bevorschussung der Forderungen (bis zu 90 %). Der Kunde kann selbst entscheiden, zu welchem Zeitpunkt und in welchem Umfang er von der Bevorschussung Gebrauch machen will. Der Restbetrag dient der Sicherung von etwaigen Ansprüchen, die Schuldner wegen des Grundgeschäftes geltend machen (z. B. wegen mangelhafter Lieferung).

Herr Reinders teilt Ihnen mit, dass in letzter Zeit viele seiner Kunden Factoring als eine Alternative zu einem Bankdarlehen in Form eines Betriebsmittelkredites für ihr Unternehmen entdeckt haben, weil sie damit ihre Bilanzkennzahlen verbessern können.

Der Firmenkundenbetreuer hat für diese Woche einen Anschlusstermin mit Herrn Schmidt vereinbart, um mit ihm über die Finanzierungsalternative Factoring zu sprechen. Er bittet Sie, einen Vergleich zwischen den Finanzierungsalternativen mit dem Ziel vorzubereiten, den Kunden von den Vorteilen der Kreditfinanzierung zu überzeugen. Zur Sicherung des Darlehens könnte eine Globalzession vereinbart werden.

Aus Sicht der Regio-Bank AG ist Factoring ein Konkurrenzprodukt. Da Sie bisher noch nie etwas von Factoring als Finanzierungsmöglichkeit gehört haben, verschaffen Sie sich zunächst einen Überblick über die Vielzahl der Finanzierungsmöglichkeiten.

Zur Vorbereitung auf den Gesprächstermin erstellen Sie folgende Unterlagen:

- Schaubilder zu den Finanzierungsarten
- Vergleich zwischen Factoring und einer Kreditfinanzierung (KK-Kredit mit Globalzession)
- Vergleichsrechnung zwischen Factoring und einer Kreditfinanzierung (KK-Kredit mit Globalzession)
- Analyse der bilanziellen Auswirkungen des Factorings

Information

- **Welche Finanzierungsalternative kann die Regio-Bank AG der FlexiTrans GmbH anbieten?**

- **Was sind Bilanzkennzahlen?**

- **Was ist eine Globalzession?**

Planen und Entscheiden

Erstellen Sie einen Arbeits- und Zeitplan für die Bearbeitung der Lernsituation.

Durchführen

Bearbeiten Sie die Unterlagen zu den Handlungsprodukten.

Schaubilder zu den Finanzierungsarten

Fügen Sie die folgenden Wörter in das unten stehende Schaubild ein:

Aufnahme neuer Gesellschafter, Beteiligungsfinanzierung, Betriebsmittelkredite, Emission von Aktien, Finanzierung durch Vermögensumschichtung, Fremdfinanzierung, Gewinnthesaurierung, Innenfinanzierung, Investitionskredite

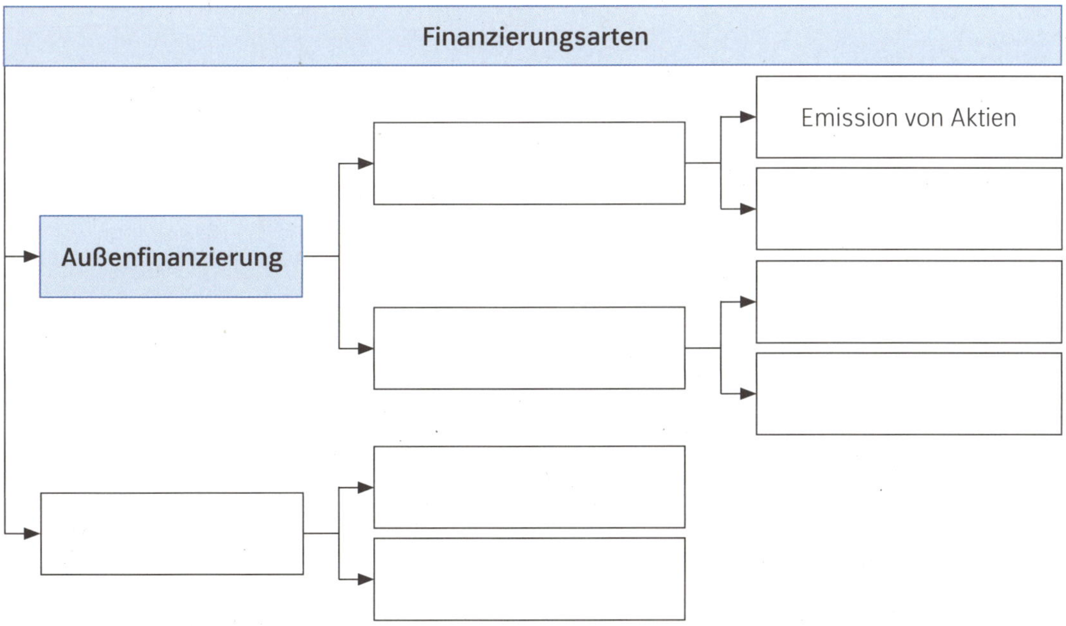

Durchführen

- Factoring

Fügen Sie die folgenden Begriffe in das unten stehende Schaubild ein:

Bevorschussung, Factoring-Vertrag, Forderungen a. LL, Forderungsabtretung, Forderungseinzug bei Fälligkeit, Forderungsübergang, Zahlung des Rechnungsbetrages

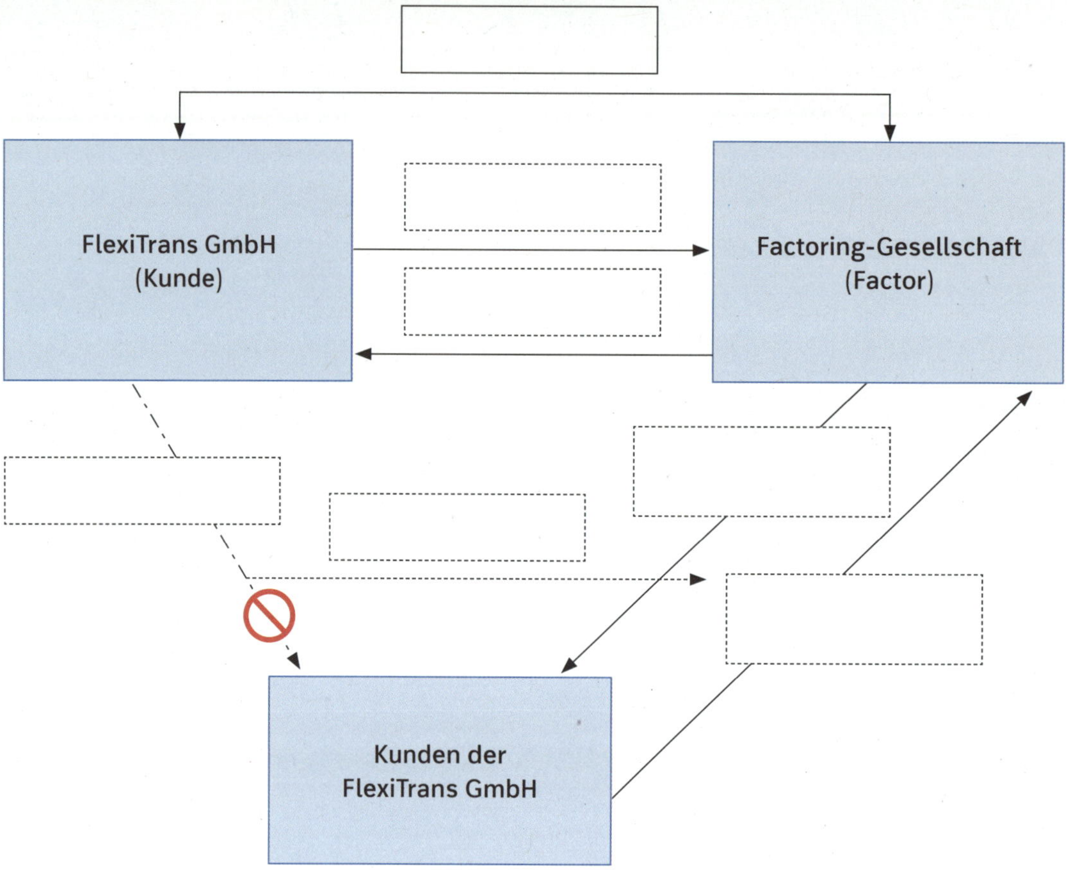

Vergleich zwischen Factoring und einer Kreditfinanzierung (KK-Kredit mit Globalzession)

	Factoring	KK-Kredit mit Globalzession
Finanzierungsart		
Beschreibung der Verträge		
Kosten		
Gläubiger der Forderung		
Bilanzierung		
Zufluss liquider Mittel		

Durchführen

	Factoring	KK-Kredit mit Globalzession
Vorteile		

Vergleichsrechnung zwischen Factoring und einer Kreditfinanzierung (KK-Kredit mit Globalzession)

Basis: 90 Tage Laufzeit

- **Kosten beim Factoring**

Nennwert der Forderungen	250 000,00 EUR
– Einbehalt	
= **Bevorschussungsbetrag**	
– Zinsen	
– Factoring-Gebühr	
= **Auszahlungsbetrag**	

Kosten des Factorings in Euro	
Kosten des Factorings in Prozent p. a.	

Kosten eines Kontokorrentkredites bei einem Sollzinssatz von 7,50 %

vergleichbarer Darlehensbetrag	

Zinsen	

Vorteil KK-Kredit	

Stellungnahme

Durchführen

Analyse der bilanziellen Auswirkungen des Factorings

Die Kosten des Factorings bleiben unberücksichtigt.

Vereinfachte Bilanz der FlexTrans GmbH

Aktiva	**Bilanz zum 31.12.20..**		**Passiva**
Anlagevermögen	860 000,00 EUR	A. Eigenkapital	260 000,00 EUR
Umlaufvermögen		B. Fremdkapital	
1. Vorräte	50 000,00 EUR	1. Verbindlichkeiten ggü. Banken	450 000,00 EUR
2. Forderungen a. LL	300 000,00 EUR	2. Verbindlichkeiten a. LL	460 000,00 EUR
3. Kassenbestand	130 000,00 EUR	3. Sonstige Verbindlichkeiten	170 000,00 EUR
Summe	1 340 000,00 EUR	Summe	1 340 000,00 EUR

Der Bevorschussungsbetrag der Factoringgesellschaft (vgl. Seite 243) wird zur Begleichung von Lieferantenverbindlichkeiten genutzt.	Betrag

Aktiva	**Bilanz nach Factoring und Rückzahlung**		**Passiva**
Anlagevermögen		A. Eigenkapital	
Umlaufvermögen		B. Fremdkapital	
1. Vorräte		1. Verbindlichkeiten ggü. Banken	
2. Forderungen a. LL		2. Verbindlichkeiten a. LL	
3. Kassenbestand		3. Sonstige Verbindlichkeiten	
Summe		Summe	

Bilanzkennzahl	vor Factoring	nach Factoring
Eigenkapitalquote		

Kontrolle

Vergleichen Sie Ihre Ergebnisse und prüfen Sie, ob Sie folgende Begriffe/Themen verwendet haben und diese erklären können.

Delkrederefunktion	Dienstleistungsfunktion
Finanzierungsfunktion	Factoring-Vertrag
Kosten des Factorings	Bilanzierung der Forderungen
Forderungsübergang	Sofortauszahlung

Bewerten

Reflektieren und bewerten Sie Ihre Vorgehensweise und Ihre Arbeitsergebnisse.

Phase	**Urteil**	**Verbesserungsvorschläge für diesen Bereich**
Schaubilder zu den Finanzierungsarten und zum Factoring	🙂 😐 🙁	
Vergleich zwischen Factoring und einer Kreditfinanzierung	🙂 😐 🙁	
Vergleichsrechnung zum Factoring und Kontokorrent-kredit	🙂 😐 🙁	
Analyse der bilanziellen Auswirkungen des Factorings	🙂 😐 🙁	

Aufgaben zur Lernsituation

1. Finanzierungsarten

Entscheiden Sie, ob eine Finanzierungsmaßnahme bzw. ggf. welche Finanzierungsart bei den nachfolgenden Maßnahmen der Stadel AG vorliegt.

Es handelt sich um eine
(1) Innenfinanzierung durch Vermögensumschichtung,
(2) Innenfinanzierung durch Gewinnthesaurierung,
(3) Außenfinanzierung durch Beteiligungsfinanzierung,
(4) Außenfinanzierung durch Fremdfinanzierung,
(5) keine Finanzierungsmaßnahme.

a) Inanspruchnahme eines Zahlungsziels der Lieferanten der Stadel AG ☐

b) Kapitalerhöhung aus Gesellschaftsmitteln ☐

c) Emission einer Anleihe ☐

d) Gewährung eines Zahlungsziels an die Abnehmer der Stadel AG ☐

e) Verkauf von Wertpapieren über Buchwert ☐

f) Kauf eigener Aktien ☐

g) Teilweise Verwendung des Jahresüberschusses zur Bildung offener Rücklagen ☐

h) Verkauf von Forderungen aus Lieferungen und Leistungen an eine Factoring-Gesellschaft ☐

i) Kapitalerhöhung im Bookbuilding-Verfahren ☐

j) Verkauf einer eigenen Geschäftsimmobilie unter gleichzeitiger Anmietung der Immobilie vom neuen Eigentümer („Sale-and-lease-back-Verfahren") ☐

k) Inanspruchnahme einer KK-Linie bei der Regio-Bank AG ☐

l) Teilweise Verwendung des Jahresüberschusses zur Ausschüttung einer Dividende ☐

2. Auswahl der passenden Finanzierungsart für die Fit & Fun KG

Die Fit & Fun KG hat in Zusammenhang mit der Eröffnung eines weiteren Fitnessstudios einen Finanzierungsbedarf in Höhe von 150 000,00 EUR. Luisa Uhlmann und Petra Becker sind heute bei Ihnen zu einem Beratungsgespräch, um sich über unterschiedliche Finanzierungsarten informieren zu lassen.

Stellen Sie fest, mit welcher Aussage Sie die Gesellschafter richtig beraten. ☐

(1) Die Zahlung der Kapitaleinlage durch einen neu aufgenommenen Komplementär ist eine Art der Innenfinanzierung.
(2) Beim Factoring handelt es sich um eine Außenfinanzierung.
(3) Die Neuaufnahme eines weiteren Komplementärs und die daraus resultierende Zahlung der Kapitaleinlage ist eine Art der Fremdfinanzierung.
(4) Die Aufnahme eines Darlehens und eines neuen Komplementärs stellen jeweils eine Art der Außenfinanzierung dar.
(5) Bei der Finanzierung aus einbehaltenem Gewinn handelt es sich um Fremdfinanzierung, da der Gewinn den Gesellschaftern zusteht.

1.6 Die Sontex AG muss Insolvenz anmelden

Situationsbeschreibung

Die Sontex AG, langjähriger Kunde der Regio-Bank AG, steckt seit längerer Zeit in finanziellen Schwierigkeiten. Vor zwei Jahren hatte das Unternehmen in neue Maschinen investiert, die erhofften neuen Aufträge blieben jedoch aus. Die Zahl der offenen Rechnungen häuften sich, die Sontex AG stand kurz vor der Insolvenz. Es fehlte an Liquidität. Das Frühwarnsystem der Regio-Bank AG schlug Alarm. Die Betreuung der Sontex AG wurde daher aus dem Marktbereich heraus an spezialisierte Mitarbeiterinnen und Mitarbeiter abgegeben. Nach zahlreichen Gesprächen und Umstrukturierungen konnte die Sanierungsabteilung von dem Konzept der Sontex AG überzeugt werden. Das Kreditengagement der Regio-Bank AG wurde ausgeweitet, dem Unternehmen standen zeitweilig genügend liquide Mittel zur Verfügung; es wurde anschließend wieder in die Firmenkundenabteilung rückgeführt und dort weiter betreut.

Als neulich ein großer Kunde der Sontex AG Insolvenz anmelden musste, änderte sich die Lage jedoch wieder nachhaltig. Das Unternehmen ist nicht mehr zu retten. Die Schulden übersteigen mittlerweile das Firmenvermögen, die Sontex AG ist überschuldet. Der Vorstand musste einen Insolvenzantrag beim Amtsgericht stellen.

Der vom Gericht bestellte Insolvenzverwalter hat eine Insolvenzmasse in Höhe von 4 438 500,00 EUR ermittelt.

Zudem hat der Insolvenzverwalter alle Gläubiger angeschrieben und um Anmeldung der bestehenden Forderungen gebeten. Bisher sind ihm folgende Forderungen gemeldet worden, es fehlen jedoch noch die Forderungen der Regio-Bank AG:

Anspruch	Betrag
absonderungsberechtigte Ansprüche	1 812 500,00 EUR
aufrechnungsberechtigte Ansprüche	410 000,00 EUR
Kosten des Insolvenzverfahrens	26 000,00 EUR
Massegläubiger	430 000,00 EUR
Insolvenzgläubiger ohne Absonderungsrechte	1 065 000,00 EUR
nachrangige Insolvenzgläubiger	103 000,00 EUR

Der Firmenkundenbetreuer Leon Reinders bittet Sie nun darum, die sich aus der neuen Situation ergebenden notwendigen Schritte in der Bank vorzubereiten und die Ansprüche der Bank genau zu prüfen. Auch möchte er wissen, ob aus Ihrer Sicht noch eine Rettung der Sontex AG denkbar ist. Sie sollen ihm im Laufe der Woche Ihre Ergebnisse präsentieren. Es handelt sich um den ersten Insolvenzfall, mit dem Sie es zu tun haben. Der Ablauf eines solchen Verfahrens ist Ihnen noch nicht klar. Auch sind Sie aufgeregt, da Sie gerne nach der Ausbildung in dieser Abteilung arbeiten würden und sich dem Firmenkundenbetreuerteam entsprechend gut präsentieren möchten. Sie schauen sich das Kundenengagement der Sontex AG an.

Folgende Forderungen hat die Regio-Bank AG an die Sontex AG:

Art der Forderung	Höhe
Betriebsmittelkredit	eingeräumte Überziehung: 200 000,00 EUR aktueller Sollsaldo: 240 000,00 EUR
Investitionskredit 1	ursprünglicher Kreditbetrag: 580 000,00 EUR Restschuld: 490 000,00 EUR
Investitionskredit 2	ursprünglicher Kreditbetrag: 250 000,00 EUR Restschuld: 207 000,00 EUR
Investitionskredit 3	ursprünglicher Kreditbetrag: 1 620 000,00 EUR Restschuld: 1 090 000,00 EUR

Werthaltige Sicherheiten mit weiter Sicherungszweckerklärung für die gesamte Geschäftsverbindung	
Globalzession von Forderungen:	370 000,00 EUR
Pfandrecht an Wertpapieren:	125 000,00 EUR
Sicherungsübereignung von Maschinen:	180 000,00 EUR (Zeitwert der Maschinen)
Grundschuld auf Betriebsgrundstück:	850 000,00 EUR

Zur Vorbereitung der Präsentation erstellen Sie folgende Unterlagen:

- Information zur Darlehenskündigung und zur Sicherheitenverwertung
- Ablaufplan eines Insolvenzverfahrens
- Aufstellung der Ansprüche der Regio-Bank AG gegen die Sontex AG
- Rechnerischer Nachweis über den erwarteten Forderungsausfall
- Präsentation zum weiteren Ablauf des Insolvenzverfahrens

Information

- **Informieren Sie sich über Regelungen in den Mindestanforderungen an das Risikomanagement (MaRisk, BTO 1 Kreditgeschäft) zum Umgang und der Betreuung von risikobehafteten Krediten in einer Bank.**

- **Informieren Sie sich über die beiden Insolvenzgründe „Zahlungsunfähigkeit" und „Überschuldung".**

Planen und Entscheiden

Erstellen Sie einen Arbeits- und Zeitplan für die Bearbeitung der Lernsituation.

Durchführen

Bearbeiten Sie die Unterlagen zu den Handlungsprodukten.

Information zur Darlehenskündigung und zur Sicherheitenverwertung

Kündigung von Darlehen aus wichtigem Grund

(AGB Sparkassen Nr. 26 Ziffer 2, 4; AGB Banken Nr. 17 Ziffer 3)

Durchführen

Verwertung der Sicherheiten

Kreditsicherheit	Erläuterung
Globalzession	
Sicherungs-übereignung	
Verpfändung von Wertpapieren	
Grundschuld	

Ablaufplan eines Insolvenzverfahrens

Definition Insolvenzverfahren

Durchführen

Phase	Beschreibung
1. Insolvenzantrag	Antragsteller: ______ ______ Gründe: ______ ______ Beantragungsort: ______ Voraussetzung für eine Insolvenzeröffnung: ______ ______
2. Beginn des Insolvenzverfahrens	Verwaltung: ______ ______ ______ Bekanntmachung: ______ ______ Bestandsaufnahme/Massebereinigung: ______ ______
3. Feststellung der Insolvenzmasse	______ ______ ______ ______ ______
4. Gläubigerversammlung	______ ______ ______ ______ ______
5. Verwertung der Masse	______ ______ ______ ______

Durchführen

6. Verteilung des Vermögens	**Rangfolge:**
7. Abschluss des Verfahrens	

Aufstellung der Ansprüche der Regio-Bank AG gegen die Sontex AG

Forderungen der Regio-Bank AG	
Betriebsmittelkredit	
+ Investitionskredit 1	
+ Investitionskredit 2	
+ Investitionskredit 3	
= **Summe der Forderungen**	

Absonderungsrechte der Regio-Bank AG	
Globalzession	
+ Pfandrecht an Wertpapieren	
+ Sicherungsübereignung einer Produktionsmaschine	
+ Grundschuld	
= **Summe der Absonderungsrechte**	

Rechnerischer Nachweis über den erwarteten Forderungsausfall

Ermittlung der Insolvenzquote	
Insolvenzmasse	
– Forderungen mit Absonderungsrechten	
• Forderungen von anderen Gläubigern	
• Forderungen der Regio-Bank AG	
– Forderungen mit Aufrechnungsansprüchen	
– Kosten des Insolvenzverfahrens	
– Forderungen von Massegläubigern	
= restliche Insolvenzmasse	

Durchführen

Gläubiger ohne Absonderungsrechte	
+ Restforderungen der Regio-Bank AG	
= Summe	

Insolvenzquote	

Ermittlung des Forderungsausfalles der Regio-Bank AG	
Gesamtforderung	
– Forderungen mit Absonderungsrechten	
– Geldeingang für nicht bevorrechtigte Forderungen	
= Forderungsausfall	

Präsentation zum weiteren Ablauf des Insolvenzverfahrens

Bereiten Sie Ihre Ergebnisse in Form einer Präsentation gegenüber dem Firmenkundenbetreuerteam auf.

Kontrolle

Gleichen Sie Ihre Arbeitsergebnisse mit den Ergebnissen Ihrer Mitschülerinnen und Mitschüler ab und prüfen Sie die Inhalte auf sachliche Richtigkeit.

Bewerten

- **Reflektieren und bewerten Sie Ihre Vorgehensweise und Ihre Arbeitsergebnisse.**

Phase	Urteil	Verbesserungsvorschläge für diesen Bereich
Information zur Darlehenskündigung und zur Sicherheitenverwertung	🙂 😐 🙁	
Ablaufplan zum Insolvenzverfahren	🙂 😐 🙁	
Aufstellung der Ansprüche der Regio-Bank AG gegen die Sontex AG	🙂 😐 🙁	
rechnerischer Nachweis über den erwarteten Forderungsausfall	🙂 😐 🙁	
Präsentation	🙂 😐 🙁	

Verbesserungsvorschläge für die Kommunikation in der Arbeitsgruppe: Auf diese drei Aspekte werde ich beim nächsten Mal verstärkt achten:

Aufgaben zur Lernsituation

1. Insolvenz der Spedition Transum GmbH

Die Regio-Bank AG ist Hausbank der Spedition Transum GmbH. Über das Vermögen der Transum GmbH wird ein Insolvenzverfahren eröffnet. Die Kreditabteilung der Regio-Bank AG ermittelt folgende eigene Ansprüche:

- **Kontokorrentkredit: aktueller Sollsaldo 280 000,00 EUR (eingeräumte Kreditlinie 300 000,00 EUR)**
- **Investitionskredite: aktueller Saldo 860 000,00 EUR**

Die Regio-Bank AG hat mit dem Kunden folgende Sicherheiten vereinbart:

- **erstrangige Grundschuld auf das Betriebsgelände von 400 000,00 EUR**
- **Sicherungsübereignung von zwei Lkw**

Bei der Sicherheitenbestellung wurde jeweils eine weitere Sicherungszweckerklärung vereinbart.

a) Stellen Sie fest, welche zwei der folgenden Aussagen über die Bedeutung der Insolvenzeröffnung zutreffend sind.

(1) Die Regio-Bank AG ist berechtigt, die Lkw zur Verwertung in Besitz zu nehmen.
(2) Die Regio-Bank AG ist berechtigt, sofort alle Konten zu sperren und keine Verfügungen mehr zuzulassen, obwohl die Kreditlinie noch nicht ausgeschöpft ist.
(3) Da die Regio-Bank AG das Eigentum an den Lkw erworben hat, besitzt sie ein Aussonderungsrecht.
(4) Verfügungen über Konten kann nur noch der Insolvenzverwalter gemeinschaftlich mit dem Geschäftsführer der Transum GmbH vornehmen.
(5) Gläubiger der Transum GmbH können während des Insolvenzverfahrens keine Zwangsvollstreckung in das Vermögen der Transum GmbH betreiben.
(6) Aus dem Verwertungserlös des Grundstückes kann die Regio-Bank AG maximal 400 000,00 EUR fordern.

b) Das Insolvenzverfahren führte zur Liquidation des Unternehmens. Die Verwertung des Grundstückes brachte einen Nettoerlös von 320 000,00 EUR, die Verwertung der Lkw einen Nettoerlös von 170 000,00 EUR. Die Insolvenzquote beträgt 15 %.
Die Regio-Bank AG hat neben den oben genannten Ansprüchen in dem Verfahren auch Zinsen seit Beginn der Insolvenzeröffnung in Höhe von 80 000,00 EUR angemeldet.

Wie viel Euro beträgt der Forderungsausfall der Regio-Bank AG? *EUR*

2. Insolvenz der Lopper Tiefbau GmbH

Über das Vermögen der Lopper Tiefbau GmbH wird das Insolvenzverfahren eröffnet. Aufgrund der Ablehnung des Insolvenzplans wird das Liquidationsverfahren eingeleitet. Dem Insolvenzverwalter liegen u. a. die aufgeführten Ansprüche vor.

a) Entscheiden Sie, wie folgende Ansprüche bei der Liquidation der Unternehmung behandelt werden.

(1) Absonderungsrecht
(2) Aufrechnungsrecht
(3) Aussonderungsrecht
(4) Gläubiger ohne Absonderungsrecht
(5) Massegläubiger
(6) Nachrangiger Gläubiger

Tragen Sie eine 9 ein, wenn der Anspruch nicht das Insolvenzverfahren betrifft

aa) Die P. Plunk Immobilien KG hat an die Lopper GmbH Buroräume vermietet und erhebt aufgrund rückständiger Miete Ansprüche auf das in den Buroräumen befindliche Mobiliar.

ab) Die BüroDAT GmbH erhebt Anspruch auf Herausgabe eines unter Eigentumsvorbehalt gelieferten Computers. ☐

ac) Der Zahnarzt Dr. med. Fischer macht eine Forderung in Höhe von 6 000,00 EUR an Herrn Lopper wegen einer Zahnspangenbehandlung seiner Tochter Sandra geltend. ☐

ad) Die ehemaligen Mitarbeiter der Lopper GmbH fordern die Herausgabe ihrer Kegelkasse, die im Banksafe der Lopper GmbH aufbewahrt wird. ☐

ae) Das Finanzamt fordert die Überweisung fälliger Umsatzsteuer aus Leistungen vor Eröffnung des Insolvenzverfahrens. ☐

af) Die Lofforth KG lehnt die Begleichung einer Verbindlichkeit in Höhe von 2 400,00 EUR gegenüber der Lopper GmbH mit der Begründung ab, dass sie ihrerseits eine Gegenforderung in Höhe von 4 000,00 EUR wegen der Lieferung von Büromaterial hat. Der Insolvenzverwalter stimmt der Ablehnung zu, es verbleibt eine Restforderung der Loffort KG in Höhe von 1 600,00 EUR. ☐

ag) Die Regio-Bank AG fordert aufgrund einer Sicherungsübereignung die Herausgabe des Fahrzeugsparks der Lopper GmbH, Wert ca. 65 000,00 EUR. Die Gesamtforderung der Raiffeisenbank wegen eingeräumter Kredite beträgt 70 000,00 EUR. ☐

ah) Zinsansprüche der Regio-Bank AG seit Eröffnung des Insolvenzverfahrens. ☐

ai) Ansprüche des Insolvenzverwalters aufgrund seiner eigenen Verfahrenskosten. ☐

b) Bei der Verwertung des sicherungsübereigneten Fahrzeugsparks (vgl. ag)) wird ein Erlös von insgesamt 73 000,00 EUR erzielt. Erläutern Sie, wie der Verwertungserlös verteilt wird.

____

____

____

____

Dem Insolvenzverwalter steht eine Insolvenzmasse in Höhe von insgesamt 186 000,00 EUR zur Verfügung.

Absonderungsberechtigte Ansprüche	137 000,00 EUR
Aufrechnungsberechtigte Ansprüche	15 000,00 EUR
Massegläubiger	16 000,00 EUR
Insolvenzgläubiger ohne Absonderungsrechte	60 000,00 EUR
nachrangige Insolvenzgläubiger	5 000,00 EUR

c) Ermitteln Sie die Insolvenzquote. *%* ☐☐☐☐

Die Deutsche Telekom AG macht im Rahmen des Insolvenzverfahrens folgende Ansprüche geltend:

Rückständige Telekommunikationskosten aus der Zeit

- vor Beginn des Insolvenzverfahrens .... 1 560,00 EUR
- nach Beginn des Insolvenzverfahrens .... 350,00 EUR

Zinsforderungen aufgrund rückständiger Gebühren

- aus der Zeit vor Beginn des Insolvenzverfahrens .... 115,00 EUR
- aus der Zeit nach Beginn des Insolvenzverfahrens .... 32,00 EUR

d) Wie viel Euro überweist der Insolvenzverwalter an die Deutsche Telekom AG? *EUR* ☐☐☐☐☐

2 Aufgaben zum Lernfeld

2.1 Finanzierung von Maschinen

1. Aufgabe

Die Metaxo AG plant den Kauf von neuen Produktionsmaschinen zum Preis von 5 Mio. EUR. Der Hersteller bietet eine Garantie von fünf Jahren. Die betriebsgewöhnliche Nutzungsdauer der Maschinen beträgt gemäß AfA-Liste acht Jahre.

Der Prokurist der Metaxo AG möchte die Maschine wie folgt finanzieren:
- **fälliges Festgeld 1,5 Mio. EUR**
- **Investitionsdarlehen 1,5 Mio. EUR (Tilgung in gleichen Jahresraten)**
- **Kontokorrentkredit 2,0 Mio. EUR**

Zur Absicherung der Kredite bietet die Metaxo AG eine Sicherungsübereignung der Maschinen an.

Aktiva	**Bilanz (in Mio. EUR)**		**Passiva**
Grundstücke und Gebäude	3,80	Gezeichnetes Kapital	5,00
Maschinen, Anlagen	40,00	Rücklagen	18,80
BGA	16,00	Bilanzgewinn	1,20
Roh- und Betriebsstoffe	19,00	langfristige Verbindlichkeiten	35,00
Fertigwaren	18,00	kurzfristige Verbindlichkeiten	53,00
Forderungen a. LL	14,00		
Bankguthaben	1,70		
Kasse	0,50		
	113,00		113,00

Sie lehnen den Finanzierungsvorschlag des Prokuristen der Metaxo AG ab.

Welche Aussage gibt eine zutreffende Begründung für die Ablehnung wieder? ☐

(1) Das Festgeld sollte nicht zur Finanzierung herangezogen werden, da es als eiserne Liquiditätsreserve dient.

(2) Der Anteil des Kontokorrentkredites ist zu niedrig. Er hat den Vorteil, dass er beliebig zurückgeführt werden kann und somit Zinskosten erspart.

(3) Ein Kontokorrentkredit ist ungeeignet zur Finanzierung von Investitionsgütern, da er immer nur kurzfristig gewährt wird.

(4) Der Kontokorrentkreditanteil zieht kostenintensive Kreditwürdigkeitsprüfungen nach sich.

(5) Die Absicherung des Kontokorrentkredites ist durch die Sicherungsübereignung der Maschine nicht möglich.

2. Aufgabe

Welche Laufzeit sollte der Investitionskredit nicht übersteigen? *Jahre* ☐

3. Aufgabe

Die Produktionsmaschinen werden angeschafft und gemäß Ihrem Vorschlag finanziert.

Berechnen Sie folgende Bilanzkennzahlen, die sich nach der geplanten Investition ergeben (Ergebnisse auf zwei Nachkommastellen runden)

a) Eigenkapitalquote % ☐☐☐☐

b) Anlagendeckungsgrad I % ☐☐☐☐

c) Anlagendeckungsgrad II % ☐☐☐☐

4. Aufgabe

Welche der folgenden Maßnahmen würde zu einer Verbesserung des Anlagedeckungsgrads II führen? ☐

(1) Die langfristigen Verbindlichkeiten könnten durch eine Sondertilgung reduziert werden.
(2) Die Hauptversammlung der Metaxo AG könnte beschließen, den Bilanzgewinn vollständig in die Rücklagen einzustellen.
(3) Der Debitorenbestand könnte durch Skontoanreize abgebaut werden.
(4) Die Metaxo AG könnte eine Verlängerung des Debitorenzieles durch Verhandlungen mit ihren Kunden erreichen.
(5) Es könnte eine Kapitalerhöhung aus Gesellschaftsmitteln vorgenommen werden.

2.2 Sicherungsübereignung eines Lkw

1. Aufgabe

Die Spedition Trans-Europe GmbH ist langjährige Kundin der Regio-Bank AG. Sie haben mit dem Geschäftsführer Dr. Christoph Ungruh einen Beratungstermin vereinbart.

Dr. Ungruh schildert, dass er den Kauf eines neuen Lkw plane. Die Gesamtkosten des Lkw betragen 185 000,00 EUR. 25 000,00 EUR kann das Unternehmen aus eigenen Mitteln aufbringen, der Rest soll durch ein Darlehen finanziert werden. Der Geschäftsführer möchte bei dem Darlehen ein Disagio von 5 % vereinbaren.

Nach einer umfassenden Bonitätsprüfung im Rahmen eines Ratingverfahrens bieten Sie der Spedition Trans-Europe GmbH ein Darlehen zu folgenden Konditionen an:

Nominalzins:	**8,0 % p. a.**
Auszahlung:	**95 %**
Laufzeit:	**5 Jahre**
Tilgung:	**in konstanten Raten**

a) Begründen Sie, warum der Kunde an einem Disagio interessiert sein könnte.

b) Ermitteln Sie den Darlehensbetrag. Runden Sie den Betrag auf volle tausend Euro auf. *EUR* ☐☐☐☐☐☐,☐☐

c) Erstellen Sie den Tilgungsplan.

Jahr	Darlehnsbetrag	Zinsen	Tilgung	Jahresleistung
1				
2				
3				
4				
5				

2. Aufgabe

Der Lkw soll zur Absicherung des Darlehens an die Regio-Bank AG sicherungsübereignet werden.

a) Begründen Sie, warum die Sicherungsübereignung und nicht die Verpfändung gewählt wird.

b) Erklären Sie, wie eine eindeutige Identifizierung (Individualisierung) des Sicherungsgutes erfolgt.

c) Beschreiben Sie die Verwertung des Sicherungsgutes im Fall der Nichterfüllung des Kreditvertrages.

2.3 Die Regio-Bank AG sichert einen Betriebsmittelkredit durch eine Globalzession

1. Aufgabe

Die Regio-Bank AG hat der HeroTech GmbH auf dem Kontokorrentkonto eine Überziehungslinie von 140 000,00 EUR eingeräumt. Für das Darlehen gelten folgende Konditionen:

- **Sollzinssatz für genehmigte Überziehungen 6,50 %**
- **Sollzinssatz für geduldete Überziehungen 11,00 %**
- **Kreditprovision für genehmigte, aber nicht in Anspruch genommene Überziehungen 2,00 %**

Im Juni 20.. hat die Regio-Bank AG unten stehende Umsätze erfasst.

a) Ermitteln Sie die Sollzinsen.

	Beträge	S/H	Wert	Tage	Sollzinsen	
					6,50 %	11,00 %
					genehmigte Überziehungen	geduldete Überziehungen
Kontostand	92 210,00 EUR	S	31.05.20..			
Umsatz	38 400,00 EUR	S	07.06.20..			
Kontostand	130 610,00 EUR	S				
Umsatz	29 150,00 EUR	H	13.06.20..			
Kontostand	101 460,00 EUR	S				
Umsatz	58 920,00 EUR	S	22.06.20..			
Kontostand	160 380,00 EUR	S				
Umsatz	10 570,00 EUR	H	27.06.20..			
Kontostand	149 810,00 EUR	S	30.06.20..			

b) Ermitteln Sie die Kreditprovision.

genehmigte Überziehungen

Betrag	Tage	Summe
140 000,00 EUR	30	EUR

genehmigte und in Anspruch genommene Überziehungen

Betrag	Tage	Summe
92 210,00 EUR		EUR
130 610,00 EUR		EUR
101 460,00 EUR		EUR
140 000,00 EUR		EUR
140 000,00 EUR		EUR
	30	EUR

genehmigte, aber nicht in Anspruch genommene Überziehungen	EUR

2 % Kreditprovision	EUR

2. Aufgabe

Zur Sicherung einer vereinbarten Überziehungslinie hat die Regio-Bank AG mit der HeroTech GmbH eine Globalzession vereinbart. Demnach tritt die HeroTech GmbH einen Teil ihrer Forderungen aus Warenlieferungen und Leistungen an die Regio-Bank AG ab.

a) Beschreiben Sie die Rechtsverhältnisse bei der Globalabtretung zwischen den Beteiligten (HeroTech GmbH, Regio-Bank AG, Drittschuldner) durch Vervollständigung des Schemas.

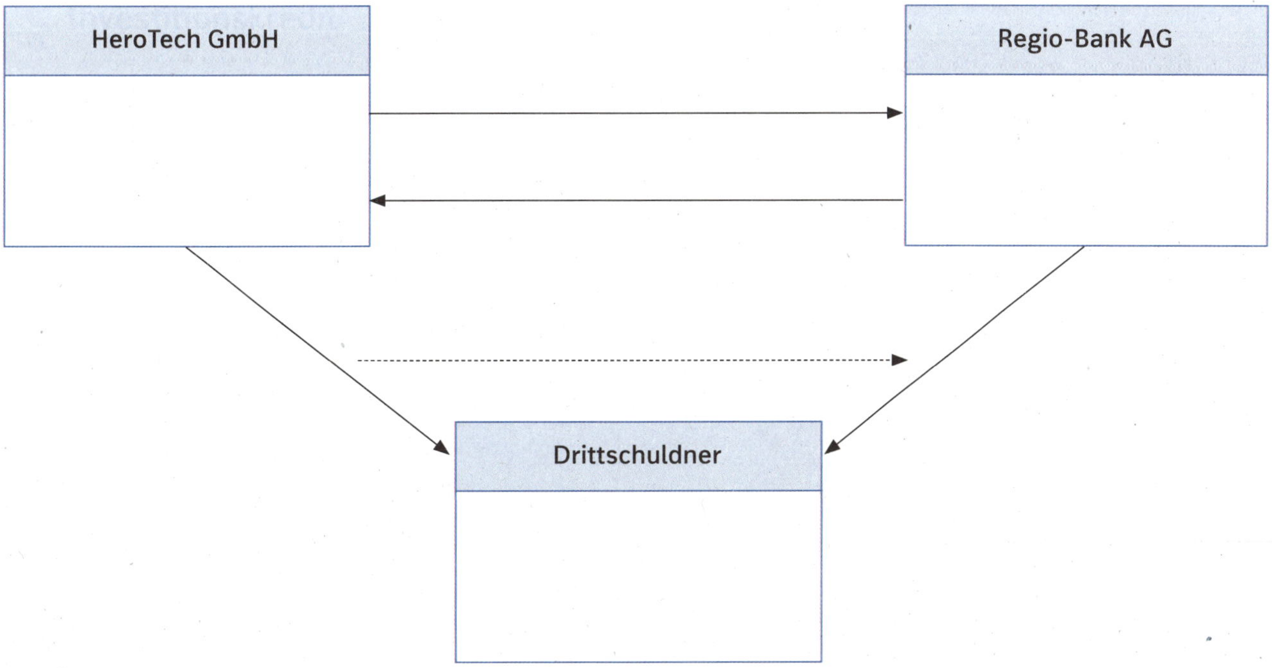

b) Wodurch kommt die Fiduziarität der Sicherungszession zum Ausdruck?

c) Warum wurde zur Besicherung des Kredites die Sicherungszession und nicht die Verpfändung der aufgeführten Forderungen gewählt?

d) Auf welche Weise erfolgt die Individualisierung der zedierten Forderungen?

3. Aufgabe

Prüfen Sie mithilfe des Globalabtretungsvertrages, ob die unten stehenden Schuldner der HeroTech GmbH von der Zession erfasst werden.

Auszug aus dem Globalabtretungsvertrag

1 Gegenstand der Abtretung

(1) Die Abtretung umfasst alle Schuldner der Herotech GmbH mit den Anfangsbuchstaben A bis einschließlich M, ohne Rücksicht darauf, ob die Drittschuldner ihren Sitz oder Wohnsitz innerhalb oder außerhalb der Grenzen der Bundesrepublik Deutschland haben.

(2) Für die Feststellung der Anfangsbuchstaben ist maßgebend

a) bei Nichtkaufleuten, Einzelfirmen, Personengesellschaften und sonstigen Drittschuldnern, deren Name (Firmenbezeichnung) aus Personennamen besteht oder mit solchen beginnt, der erste Familienname (nicht Vorname, Adelsbezeichnung, Zusatz wie „Gebrüder“ usw.),

b) bei allen anderen Drittschuldnern das erste Wort der Firmenbezeichnung oder sonstigen Bezeichnung.

	Abtretung	
Schuldner	**ja**	**nein**
1. Gebrüder Ott e. K.		
2. Weingut Erben von Beulwitz		
3. Arabia Sweet Dream GmbH		

4. Aufgabe

Bei der Ermittlung des realisierbaren Wertes der abgetretenen Forderungen mindert die Regio-Bank AG den Nennwert der Forderungen zunächst um 15 %, da ein Teil der Forderungen einem Abtretungsverbot unterliegt bzw. mit Einreden, z. B. wegen mangelhafter Lieferung, zu rechnen ist. Zudem ist ein Sicherheitsabschlag in Höhe von 20 % wegen etwaiger Forderungsausfälle zu berücksichtigen.

a) Ermitteln Sie den zur Besicherung der KK-Linie von 140 000,00 EUR notwendigen Deckungsbestand. Runden Sie das Ergebnis auf volle tausend Euro auf. *EUR* ☐☐☐☐☐☐

b) Beschreiben Sie, auf welche Weise die Einhaltung des Sicherungsrahmens vom Kreditnehmer bewiesen werden kann.

c) Erläutern Sie vier Risiken der Regio-Bank AG aus dieser Sicherungszession, die nicht unmittelbar ausgeschlossen werden können.

2.4 Die Weintraut GmbH beantragt einen Betriebsmittel- und einen Investitionskredit

1. Aufgabe

Die Weintraut GmbH ist ein mittelständisches Unternehmen der Metall verarbeitenden Industrie mit einem voll eingezahlten Stammkapital von 120 000,00 EUR. Sie wird vertreten durch ihren Geschäftsführer Horst Weintraut.

Herr Weintraut beantragt bei der Regio-Bank AG folgende Darlehen:

- **Betriebsmittelkredit in Höhe von 300 000,00 EUR zur Finanzierung des Umlaufvermögens sowie**
- **Investitionskredit in effektiver Höhe von 280 000,00 EUR zur Finanzierung folgender Objekte:**
  - **ein Mehrspindeldrehautomat, Kaufpreis 175 000,00 EUR**
  - **zwei Lastkraftwagen, Kaufpreis je Stück 150 000,00 EUR**

Die Bonitätsprüfung führt zu dem Ergebnis, dass bei Stellung angemessener Sicherheiten den Darlehensanträgen entsprochen werden kann.

Geben Sie Auskunft über die Haftung von Herrn Weintraut für die beantragten Kredite.

2. Aufgabe

Der Betriebsmittelkredit soll durch eine Abtretung der Forderungen aus Lieferungen und Leistungen gesichert werden. Die Weintraut GmbH besitzt Forderungen aus Warenlieferungen in Höhe von 485 000,00 EUR. Der Sicherungswert des Forderungsbestandes wird mit 80 % des Nominalwertes veranschlagt. Der Sicherungswert der abzutretenden Forderungen soll 110 % der zu sichernden Ansprüche der Bank erreichen.

Prüfen Sie, ob der Betriebsmittelkredit durch die Forderungsabtretung ausreichend gesichert werden kann.

3. Aufgabe

Der Investitionskredit soll durch eine Sicherungsübereignung des Mehrspindeldrehautomaten und der Lastkraftwagen gesichert werden.

Die Regio-Bank AG ermittelt die Beleihungswerte wie folgt:

- **Mehrspindeldrehautomat: Beleihungswert 50 % der Anschaffungskosten**
- **Lastkraftwagen: Beleihungswert 70 % der Anschaffungskosten**

Prüfen Sie, ob der Investitionskredit durch die Sicherungsübereignungen ausreichend gesichert werden kann.

4. Aufgabe

Aufgrund einer positiven Kreditentscheidung werden die Kredite am 20. Mai 20.. in der gewünschten Höhe bewilligt.

a) Unterbreiten Sie jeweils einen Vorschlag für die Laufzeit der beantragten Kredite und erläutern Sie, wie sie bereitgestellt werden.

b) Nennen Sie die Unterlagen, die im Zusammenhang mit der Sicherheitenbestellung und -überwachung von der Kundin der Regio-Bank AG einzureichen sind.

c) Erstellen Sie für den Investitionskredit den Tilgungsplan für die ersten zwei Jahre unter Berücksichtigung folgender Daten:

Zinssatz:	4 % p. a.
Laufzeit:	8 Jahre
Tilgung:	in konstanten Jahresraten

Jahr	Darlehnsbetrag	Zinsen	Tilgung	Jahresleistung
1				
2				

5. Aufgabe

Am 15. Januar des nächsten Jahres teilt Herr Weintraut der Regio-Bank AG mit, dass aus der Insolvenz ihres wichtigsten Abnehmers ein Verlust von ca. 350 000,00 EUR eingetreten sei und die Kredite nicht mehr bedient werden können.

a) Nennen Sie die Voraussetzungen zur Sicherheitenverwertung und beschreiben Sie die anschließende Durchführung der Sicherheitenverwertung.

b) Beurteilen Sie folgende im Zusammenhang mit der Sicherheitenverwertung auftretende Probleme:

ba) Herr Weintraut weigert sich, einen der beiden Lastkraftwagen der Regio-Bank AG zu übergeben, da er sich damit eine neue Existenz aufbauen will.

bb) Ein Schuldner der Weintraut GmbH wendet ein, dass die an ihn gelieferte Ware mangelhaft sei und er deswegen das Sicherungsrecht der Regio-Bank AG nicht anerkenne.

bc) Ein Gläubiger der Weintraut GmbH macht geltend, dass die von ihm gelieferten Waren im Wert von 18 000,00 EUR unter einem verlängerten Eigentumsvorbehalt gestanden hatten. Er verlangt daher von der Regio-Bank AG die Überweisung von 18 000,00 EUR, die ihr bereits im Zusammenhang mit der Sicherheitenverwertung zugeflossen seien.

2.5 Die Regio-Bank AG gewährt der Beck & Bauer Industrieanlagen GmbH einen Avalkredit

1. Aufgabe

Die Beck & Bauer Industrieanlagen GmbH, 30169 Hannover, steht seit ca. drei Jahren mit der Regio-Bank AG, Hannover, in angenehmer Geschäftsverbindung.

Die Beck & Bauer GmbH erhält am 15. Juli dieses Jahres aufgrund einer vorausgegangenen Ausschreibung von der XENOS Computer AG, Schluterstr. 200, 38640 Goslar, folgenden Auftrag:

Objekt	Errichtung einer schlüsselfertigen Produktionshalle gemäß Baubeschreibung; Vertrags-Nr. 117/BB
Bauzeit	1. September dieses Jahres bis 30. Juni nächsten Jahres
Festpreis	2 695 000,00 EUR
Zahlungsbedingung	20 % Anzahlung auf den Kaufpreis, fällig bei Baubeginn gegen Stellung eines bis zur Bauabnahme befristeten Bankavals Fälligkeit des Restkaufpreises nach Fertigstellung und Bauabnahme durch die XENOS Computer AG
Gewährleistung	zwei Jahre nach Bauabnahme, gesichert durch einen Einbehalt in Höhe von 5 % des Auftragsgegenwertes oder durch Stellung eines Bankavals

Die Beck & Bauer GmbH bittet die Regio-Bank AG am 20. Juli um den erforderlichen Avalrahmen.

a) Beschreiben Sie die in der Ausschreibung geforderten Avalkredite.

	Aval (1)	Aval (2)
genaue Bezeichnung		
Inhalt der Verpflichtungserklärung der Regio-Bank AG		
Betrag		
Laufzeit		

b) Beschreiben Sie die Vorteile dieser Art der Kreditgewährung für die Beck & Bauer GmbH.

2. Aufgabe

Aufgrund einer positiven Kreditentscheidung wird der Avalkredit zur Sicherung der Anzahlung eingeräumt. Die Avalprovision beträgt 0,15 % p. M. und wird der Kundin für die gesamte Bauzeit im Voraus in Rechnung gestellt.

a) Ermitteln Sie die Avalprovision. *EUR* ☐☐☐☐☐☐

b) Erläutern Sie folgende, in der Verpflichtungserklärung der Regio-Bank AG enthaltene Formulierung:

„Wir übernehmen hiermit ... die selbstschuldnerische Bürgschaft unter Verzicht auf die Einreden der Anfechtung und der Aufrechenbarkeit. Die Bürgschaft ist zahlbar auf erstes Anfordern des Bürgschaftsnehmers."

3. Aufgabe

Am 20. September nächsten Jahres erhält die Regio-Bank AG ein Schreiben der XENOS Computer AG mit einer Zahlungsaufforderung in Höhe von 25 000,00 EUR mit der Begründung, dass die von der Beck & Bauer Industrieanlagen GmbH in der Produktionshalle installierten Gasleitungen Undichtigkeiten aufgewiesen hatten und auf eigene Kosten repariert worden seien. Nach telefonischer Rückfrage erhält die Regio-Bank AG vom Geschäftsführer der Beck & Bauer Industrieanlagen GmbH die Auskunft, dass die Gasimmissionen vom städtischen Gas- und Elektrizitätswerk zu verantworten seien, keinesfalls jedoch Folge eines Montagefehlers seines Unternehmens seien.

a) Prüfen Sie, ob und ggf. unter welchen Voraussetzungen die Regio-Bank AG zur Zahlung verpflichtet bzw. berechtigt ist.

b) Prüfen Sie, ob die Regio-Bank AG gegenüber der Beck & Bauer Industrieanalgen GmbH Regressansprüche geltend machen kann, sofern sie aus ihrer Verpflichtungserklärung in Anspruch genommen wird. Begründen Sie Ihre Auffassung.

2.6 Dic Elektron GmbH verkauft ihre Forderungen aus Lieferungen und Leistungen

1. Aufgabe

Die Elektron GmbH hat ihre Forderungen aus Lieferungen und Leistungen an eine Factoring-Gesellschaft verkauft.

a) Erklären Sie, warum Factoring zu einer Erhöhung der Eigenkapitalquote führen kann.

b) Begründen Sie, warum eine höhere Eigenkapitalquote für das Unternehmen von Vorteil sein kann.

c) Beschreiben Sie drei Vorteile des Factorings im Unterschied zu einer Kreditfinanzierung, die durch eine Globalzession gesichert ist.

2.7 Insolvenzantrag der Bertram GmbH

1. Aufgabe

Die Bertram GmbH, Kundin der Regio-Bank AG, hat beim Amtsgericht einen Insolvenzantrag gestellt. Die Forderungen der Regio-Bank AG an das Unternehmen betragen aktuell 935 000,00 EUR. Zur Sicherung der Darlehen wurde eine Sicherungsübereignung von Maschinen vereinbart. Die Regio-Bank AG hatte einen Beleihungswert von 820 000,00 EUR für die Maschinen ermittelt.

a) Welche der folgenden Aussagen ist zutreffend? ☐

(1) Die Regio-Bank AG besitzt ein Aussonderungsrecht für die Maschinen.
(2) Über die Konten der Bertram GmbH können nur noch der Insolvenzverwalter und die Geschäftsführer des Unternehmens gemeinsam verfügen.
(3) Die Regio-Bank AG kann die Herausgabe der Maschinen verlangen.
(4) Weitere Überziehungen, die der Insolvenzverwalter tätigen möchte, lässt die Regio-Bank AG in der Regel zu.
(5) Für Waren, die unter Eigentumsvorhalt geliefert wurden, besitzen die Lieferanten ein Absonderungsrecht.

2. Aufgabe

Nach sechs Monaten ist das Insolvenzverfahren abgeschlossen. Folgende Werte wurden ermittelt:

• **Gesamtvermögen der Bertram GmbH ohne Berücksichtigung von Ab- und Aussonderungsrechten**	**6 350 000 EUR**
• **Wert der unter Eigentumsvorbehalt gelieferten Waren**	**931 000 EUR**
• **Versteigerungserlös der an die Regio-Bank AG sicherungsübereigneten Maschinen**	**640 000 EUR**
• **Massekosten und Masseschulden**	**79 000 EUR**
• **insgesamt angemeldete Forderungen (davon Ansprüche auf rückständige Zinsen seit Insolvenzeröffnung 125 000,00 EUR, davon von der Regio-Bank AG angemeldet 37 200,00 EUR)**	**31 458 000 EUR**

a) Ermitteln Sie die Insolvenzquote. (Auf zwei Nachkommastellen runden.) % ☐☐☐☐

b) Wie viel Euro überweist der Insolvenzverwalter insgesamt an die Regio-Bank AG? EUR ☐☐☐☐☐☐☐☐

Bildquellenverzeichnis

BaFin – Bundesanstalt für Finanzdienstleistungsaufsicht, Bonn: 29.1, 34.1. |fotolia.com, New York: bluedesign 36.1; LVDesign 240.1. |Hild, Claudia, Angelburg: 19.2. |Imago, Berlin: ITAR-TASS 231.1. |Microsoft Deutschland GmbH, München: Ettmann, Bernd 83.1, 83.2, 119.1, 120.1, 120.2, 120.3, 121.1, 121.2, 121.3, 202.1, 202.2, 215.1, 215.2. |OKS Group, Delhi: 65.1. |Picture-Alliance GmbH, Frankfurt a. M.: dpa-infografik 27.1; F. Rumpenhorst 56.1; Grolik, Markus 55.1. |Shutterstock.com, New York: marcinjozwiak 8.1; Twin Design 49.1. |stock.adobe.com, Dublin: Bartussek, Ingo 117.1; benjaminnolte 181.1; bluedesign 42.1; Coloures-Pic 22.1; contrastwerkstatt 138.1; DenisProduction.com 198.1, 209.1, 219.1; dizain 74.1; El Gaucho 173.1; Eppele, Klaus 15.1, 19.1; fotomek 98.1; Funtap 73.1; Gehkah 106.1; goodluz 137.1; graphixchon 197.1; Jung, Christian 156.1; magele-picture 110.1; MH 166.1; moonrun 86.1; MQ-Illustrations 82.1, 147.1; photolars 162.1; PMDesign 92.1; Racle Fotodesign 143.1, 178.1, 187.1; Rymden 7.1, 197.1; sebra Titel; Zerbor 246.1. |United Nations/Department of Global Communications, New York, NY: https://www.un.org/sustainabledevelopment/ „The content of this publication has not been approved by the United Nations and does not reflect the views of the United Nations or its officials or Member States“ 30.1, 30.2, 31.1, 31.2, 31.3, 31.4, 31.5, 31.6, 31.7, 31.8, 31.9, 31.10, 32.1, 32.2, 32.3, 32.4, 32.5. |© Deutscher Sparkassen Verlag, Stuttgart: 211.1, 212.1, 213.1, 222.1, 223.1, 224.1, 234.1, 235.1.